UNA PEQUEÑA LOCURA LLAMADA MATRIMONIO

Una pequeña locura llamada matrimonio: 12 secretos para un romance perdurable

ISBN 978-1-4964-2849-3

Un libro de Enfoque a la Familia, publicado por Tyndale House Publishers, Inc., Carol Stream, Illinois 60188, EE. UU.

Visite Tyndale en Internet: www.tyndaleespanol.com y www.BibliaNTV.com.

Originalmente publicado en inglés en el 2017 como *Crazy Little Thing Called Marriage* por Tyndale House Publishers, Inc., en asociación con Enfoque a la Familia, con ISBN 978-1-58997-850-8 (tapa dura) y ISBN 978-1-58997-883-6 (tapa rústica).

Diseño de la portada: Faceout Studio, Tim Green

Edición en inglés: Larry K. Weeden y Lizabeth Duckworth

Traducción al español: Mayra Urízar de Ramírez

Edición en español: Christine Kindberg

Para información acerca de descuentos especiales para compras al por mayor, por favor contacte a Tyndale House Publishers a través de espanol@tyndale.com.

ISBN 978-1-4964-2849-3

Impreso en Estados Unidos de América
Printed in the United States of America

24 23 22 21 20 19 18
7 6 5 4 3 2 1

IMONIO

Una pequeña locura *llamada* matrimonio

12 secretos para un romance perdurable

DR. GREG & ERIN SMALLEY

PRÓLOGO POR EL DR. GARY CHAPMAN

TYNDALE HOUSE PUBLISHERS, INC.
CAROL STREAM, ILLINOIS, EE. UU.

En memoria del difunto S. Truett Cathy
y su esposa de sesenta y siete años, Jeannette McNeil Cathy.
Un matrimonio bien hecho.

Contenido

Prólogo por el Dr. Gary Chapman ix

Esta cosa llamada amor 1

SECRETO ROMÁNTICO #1
El amor verdadero se compromete 13

SECRETO ROMÁNTICO #2
El amor verdadero busca a Dios 29

SECRETO ROMÁNTICO #3
El amor verdadero se esfuerza por conocer y ser conocido 59

SECRETO ROMÁNTICO #4
El amor verdadero lucha por la paz 87

SECRETO ROMÁNTICO #5
El amor verdadero honra 111

SECRETO ROMÁNTICO #6
El amor verdadero nutre 133

SECRETO ROMÁNTICO #7
El amor verdadero requiere de tiempo para crecer 155

SECRETO ROMÁNTICO #8
El amor verdadero abraza 175

SECRETO ROMÁNTICO #9

El amor verdadero sirve 195

SECRETO ROMÁNTICO #10

El amor verdadero perdura 215

SECRETO ROMÁNTICO #11

El amor verdadero se autoevalúa 237

SECRETO ROMÁNTICO #12

El amor verdadero busca una comunidad 257

La tierra prometida del matrimonio 281

Reconocimientos 285

Notas 289

Prólogo

Cada persona casada quiere naturalmente un matrimonio próspero. Cada cónyuge quiere paz y armonía en el hogar. Cada esposo razonable quiere sentir que suple las necesidades de su esposa. Y cada esposa buena quiere sentir lo mismo hacia su esposo.

Por eso es que los hábitos que formamos en el matrimonio son tan importantes. Al encontrarnos frente a una situación, especialmente si no estamos felices o si hay algún conflicto evidente, ¿qué es lo primero que pensamos? ¿Qué suposiciones tenemos de los motivos de nuestro cónyuge? ¿Qué palabras salen de nuestra boca, quizá aun antes de que hayamos considerado lo que debemos decir?

Tristemente, es demasiado fácil desviarnos. El tren puede salirse de los rieles antes de que nos demos cuenta de lo que ha ocurrido. ¡Recuerdo muy bien una época en la que eso ocurrió en mi propio matrimonio! Aunque he contado la historia antes, amerita que se repita aquí.

Mi esposa, Karolyn, y yo vivíamos una típica mañana frenética de día de semana, preparando a los niños para la escuela, y yo para salir al trabajo. Buscando desesperadamente, le pregunté:

—Karolyn, ¿dónde está mi portafolios?

—No lo sé —respondió ella.

Cada noche llevo a casa mi portafolios y lo dejo en el mismo lugar. Ya que no estaba allí, ella tenía que haberlo movido.

—Vamos, Karolyn —dije, aumentando el volumen—.

¡Estoy de prisa! ¿Dónde está mi portafolios? Anoche lo puse justo aquí, al lado del tocador, y ya no está. ¿Dónde lo pusiste?

La respuesta llegó de vuelta, también con el volumen más alto.

—Gary, ¡yo no sé dónde está tu portafolios!

Seguimos de aquí para allá un par de veces más, cada vez con un poco más de volumen. Yo me estaba poniendo bastante molesto. Por supuesto que ella había movido mi portafolios, pero por alguna razón no podía o no quería decir dónde. ¿Acaso no entendía cuánto lo necesitaba y cuánta prisa tenía? ¿Acaso no le importaba lo frustrado que me estaba poniendo?

Ardiendo de enojo, de prisa saqué a los niños de la casa, los metí al auto y nos fuimos a la escuela. Me tranquilicé lo suficiente para hablarles calmadamente de sus tareas escolares. Pero después de que se dirigieron al edificio, inmediatamente volví a mi enojo ardiente con Karolyn por perder mi portafolios.

Durante todo el recorrido hacia mi oficina, mis pensamientos eran algo así: *¿Cómo pude haberme casado con esa atolondrada? Mi portafolios es importante. De hecho, no puedo funcionar sin él. ¿Qué voy a hacer hoy?*

Usted puede ver todas las suposiciones que yo tenía, ¿verdad? Y de ellas había sacado conclusiones, ninguna de las cuales elogiaban al amor de mi vida. Pero su falta de disposición a ayudar me estaba volviendo loco.

Mientras ideas y emociones como estas se revolvían en mi mente y estómago, estacioné el auto y entré a la oficina echando humo. ¿Y qué fue lo que vi al momento que pasé por la puerta? Mi portafolios, por supuesto, exactamente donde lo había dejado la noche anterior.

Me alegra informar que la historia mejora a partir de allí. Toda esa ira que se fue generando instantáneamente se escurrió de mi mente y cuerpo. En su lugar surgieron vergüenza, disgusto y el deseo de arreglar las cosas. ¿Cómo pude haber entretenido semejantes pensamientos acerca de Karolyn? ¿Cómo pude haberle dicho tales cosas, y con semejante tono de voz?

Siendo humano, me pregunté brevemente si podía de alguna manera justificar mis palabras y acciones desagradables y sin amor. Pero no, solo había un curso de acción aceptable. Primero, oré a Dios y le pedí que me perdonara. Le agradecí por la Cruz y por la seguridad de que, de hecho, ya se ha pagado por mis pecados. Con mi conciencia limpia ante Él, le pedí gracia y fortaleza para hacer lo que tenía que hacer después.

Levanté el teléfono, llamé a Karolyn, le dije lo que ella ya sabía, me disculpé y le pedí que *ella* me perdonara.

¿Y cómo respondió?

«¡Pensé que ibas a llamar!».

Claramente, todavía necesitaba trabajar en algunos de mis hábitos con relación a nuestro matrimonio. Pero ella también sabía que uno de mis muy buenos hábitos era y es un compromiso compartido de no permitir que las disputas se infecten y que la ira eche raíz. Ella comprendía que yo pronto me daría cuenta de mi error, admitiría mi culpa y daría los pasos para arreglar las cosas entre nosotros.

Sin embargo, como cualquier hábito bueno, los hábitos saludables en el matrimonio se desarrollan solamente cuando uno es intencional con respecto a ellos y se esfuerza constantemente para cultivarlos en lugar de los malos hábitos. Nuestra naturaleza humana se inclina hacia la haraganería y el egocentrismo... y ninguno de ellos produce relaciones fuertes, mucho menos un matrimonio próspero.

Por eso es que me emociona mucho recomendarle el libro que ahora tiene en sus manos, *Una pequeña locura llamada matrimonio.* Greg y Erin Smalley han tomado en cuenta las mejores investigaciones acerca de cómo tener un excelente matrimonio. Además, han aprovechado de su amplia experiencia ayudando a sanar matrimonios que una vez estaban al borde del colapso.

A partir de estas investigaciones y esta experiencia, han identificado doce rasgos, o «secretos románticos», de un matrimonio próspero. Han visto que si usted aprende estos rasgos y desarrolla estos hábitos de pensamiento y acción, también puede tener un matrimonio excelente.

Al fondo de lo que hace que un matrimonio funcione está esta cosa llamada amor. Dios nos amó cuando éramos muy desagradables. Cuando respondemos a Su amor y recibimos lo que Cristo hizo por nosotros, Su amor comienza a fluir a través de nosotros. Pero fluye únicamente cuando mantenemos una relación íntima con Él. Como lo dije antes, no amamos por naturaleza, sino que somos egocéntricos y egoístas. Dos personas que siempre son egoístas nunca tendrán un matrimonio saludable. Por otro lado, dos personas que se aman experimentarán todo lo que Dios tuvo en mente cuando nos creó hombre y mujer.

Así que, disfrute la lectura de este libro. Aprenda los doce hábitos que le permiten colaborar con Dios para mantener el amor vivo en su matrimonio. Las ideas prácticas que los Smalley comparten animarán y equiparán a aquellas parejas que quieren experimentar un matrimonio próspero.

Gary Chapman

Autor de *Los 5 lenguajes del amor*

ESTA COSA LLAMADA AMOR

Tres cosas durarán para siempre: la fe, la esperanza y el amor; y la mayor de las tres es el amor.

1 Corintios 13:13

No hace mucho tiempo, mi hijo de quince años, Garrison, me mostró una cinta de VHS que había encontrado en el armario. «Mi maestro de historia nos exhibió fotos de estas el otro día —dijo riéndose—. No sabía que alguna de ellas hubiera sobrevivido».

Este comentario resultó en la idea de digitalizarla. La cinta de hacía décadas era de una boda, específicamente el casamiento de un perdidamente enamorado Gregory Thomas Smalley con la bella Erin Christine Murphy. Ya que por muchos años no habíamos tenido una videocasetera, decidí que era hora de convertirla en un DVD.

De muchas maneras, sentía como si hubiera sido ayer: viendo a Erin, acompañada de sus padres, caminar por el pasillo hacia mi mano que la esperaba. Por otra parte, sentía que nuestra boda había sido hacía toda una vida. No me quejo de la «atadura», porque amo a mi esposa y nuestro matrimonio. Pero era extraño verme de veintitrés años. Apenas me afeitaba, pero allí estaba de pie, haciendo votos que transformarían mi vida.

> Yo, Greg, te acepto a ti, Erin, como mi esposa y prometo serte fiel en las alegrías y en las penas, en la salud y en la enfermedad, a amarte y respetarte todos los días de mi vida.

Y allí fue cuando observé algo extraordinario. Reproduje la escena varias veces para asegurarme de que la había escuchado bien. Sonreí cuando me di cuenta de que todo lo que he aprendido del matrimonio durante los últimos veinticuatro años, tanto como esposo y como psicólogo, podría resumirse en una palabra sencilla. Aun así, no logré entender su importancia cuando la había dicho.

El 88 por ciento de estadounidenses mencionaron el amor como una razón «muy importante» para casarse.

¿Cuál es esa palabra transformadora? *Amarte.*

Estoy seguro de que usted está pensando: *¿Amor? ¿Esa es su gran revelación del secreto para un buen matrimonio? ¡Que me devuelvan mi dinero!*

Pero espere, yo sé que usted reconoce la importancia del amor. De hecho, un estudio reciente del Pew Research Center reflejó que el 88 por ciento de estadounidenses mencionaron el amor como una razón «muy importante» para casarse, más que el compromiso de toda la vida (81 por ciento) y el compañerismo (76 por ciento)[1]. Pero no me refiero al amor, como sustantivo. Mi momento de revelación fue escuchar de mi propia boca que prometí «amar» a Erin.

Esta palabra es el secreto de un matrimonio próspero y es la base de todo lo que usted aprenderá en las páginas de este libro.

Y los doce secretos para un romance para toda la vida, con base en los conceptos bíblicos de cómo «amar», harán que la barca de su matrimonio se sacuda, porque la cultura ha estado transmitiendo mentiras sobre el amor.

Las opiniones de la sociedad acerca del amor y el matrimonio no solo son falsas, sino que también pueden dañar o perjudicar su relación. Las partes tóxicas de las ideas no bíblicas acerca del amor frecuentemente están arraigadas profundamente en el corazón. Máximas como «tu cónyuge "te completará"» suenan grandiosas como un titular, pero con el tiempo, las ideas falsas resultan en dolor emocional y tensión en la relación.

Permítame contarle una historia para demostrarle lo que quiero decir.

EL EQUIPO SMALLEY

Erin y yo desarrollamos este material juntos, trabajando lado a lado como compañeros y consejeros matrimoniales. Representa ideas que se han estado formando a lo largo de dos décadas durante la presentación de más de doscientos talleres matrimoniales juntos.

Para que la lectura sea más sencilla, la mayor parte del material está escrito desde mi perspectiva. Erin agregará su ángulo femenino cuando tenga alguna palabra particular para las mujeres (o cuando yo, al estar sobrecargado de mi masculinidad, no pueda articular de manera efectiva el punto de vista del sexo más bello).

La letra pequeña del amor

Nunca olvidaré una llamada telefónica especial que le hice a Erin durante nuestro compromiso. Estaba eufórico por un fortuito giro de acontecimientos.

Después de que ella respondió el teléfono, le pedí que se sentara y que se preparara, luego anuncié orgullosamente que había recibido una notificación oficial por correo de que *¡había ganado el gran sorteo!* Sí, de hecho, Erin estaba a punto de casarse con un hombre *muy* rico. Yo tenía la posibilidad de un automóvil nuevo, un viaje de lujo gratis o incluso ¡un millón de dólares!

Al principio, Erin se quedó sin palabras. Pensé que esto verdaderamente sería el sueño hecho realidad de una novia: comenzar el matrimonio sin preocupaciones financieras. Por lo que no cabía duda de que la noticia la había dejado en silencio. Un minuto después, no entendí por qué ella, de hecho, se reía en voz alta mientras yo hablaba sin parar de cómo nos gastaríamos el dinero y de lo que le iba a comprar.

Uno es muy loco cuando está enamorado.

Sigmund Freud, fundador del psicoanálisis

Para acortar una larga y vergonzosa historia, yo había caído en una estafa. (Ahora Erin dice que cuando estuvo en la escuela de enfermería, había tenido conversaciones increíblemente similares... con los pacientes del ala de psiquiatría del hospital).

Por cierto, esos comercializadores habían hecho un trabajo excelente al presentar su discurso. Yo no fui capaz de distinguir entre la realidad y la esperanza de independencia financiera. La notificación de «ganador» sonaba legítima porque tenía toda la jerga legal correcta. El papel de la carta se veía tan auténtico, y ¡el sobre tenía incluso un sello de cera!

Me sentí humillado. No solo había creído que era un millonario, sino que también le había dicho a toda mi familia y me había jactado con muchos de mis amigos de posgrado.

En un día, aprendí que sin leer ni entender la letra pequeña, fácilmente puedo acabar sonando como un tonto.

Cuando se trata del matrimonio, todos estamos siendo engañados. Sin embargo, no es por algún estafador que pregona un sorteo falso; es por la cultura en la que vivimos. Nos venden ideas acerca del matrimonio que contienen «letra pequeña», lo que destinan al fracaso a las parejas, incluso a las parejas que han estado casadas por diez años o más.

Las mentiras acerca del amor

Vea si reconoce algunas de estas estafas del matrimonio:

El matrimonio es fácil cuando encuentra a su «alma gemela».

El conflicto es señal de una relación en problemas.

El romance y la pasión siempre estarán vivos en un buen matrimonio.

Su cónyuge debería saber automáticamente qué es lo que usted necesita.

El matrimonio se trata de ser felices.

A medida que el tiempo pasa, los cónyuges llegarán a ser más íntimos de manera natural.

El amor es autosostenible.

La unidad tiene que ver con perder su identidad.

Las diferencias son el problema en la mayoría de los matrimonios.

Tan maravillosas como suenan, estas creencias erróneas crean expectativas irreales que, en general, socavan su relación matrimonial. Pero quiero enfocarme en un mito en particular. En mi opinión, es el más destructivo. Este concepto lo resume de mejor manera la novelista francesa George Sand, al escribirle a su futura nuera Lina Calamatta acerca del matrimonio: «Solo hay una felicidad en esta vida, amar y ser amado»[2].

Como ya lo he señalado, esta cita contiene una pizca de verdad. Es bueno «amar». El sentimentalismo distorsionado es la parte de «ser amado». La felicidad no depende de que usted encuentre a alguien que lo ame. La noción popular de que *necesitamos* que nos ame nuestro cónyuge, o cualquier persona, es basura intelectual.

La verdad es que yo no *necesito* que Erin me ame.

Sé que esto suena ilógico y descabellado, porque probablemente a todos se nos ha bombardeado con esta mentira cultural por medio de artículos de revista, libretos de películas y letra de música. Una canción de la cantante de música *country* Wynonna Judd da el siguiente consejo: «Tienes que encontrar a alguien que te ame / Alguien que esté a tu lado día y noche»[3].

Sin embargo, la Biblia no dice que usted tiene que encontrar a alguien que lo ame.

Permita que eso penetre. *No tiene que encontrar a alguien que lo ame.*

No hay nada en las Escrituras que diga eso. Ni un solo versículo. Ninguno.

Usted no necesita que su cónyuge lo ame, pero sí necesita amor. *Necesita el amor de Dios.*

CUANDO UN MATRIMONIO NO ES SEGURO

Este libro no pretende tratar el caso de un matrimonio destrozado por la violencia física, la explotación sexual o el abuso psicológico. ¿Cree usted que está en una relación dañina emocionalmente o llena de violencia? ¿Cree usted que su cónyuge es inestable emocionalmente y podría hacerle daño a usted o a sí mismo? Si es así, usted o su cónyuge, o ambos, podrían estar en peligro. Si está en una situación que pone la vida en peligro, llame al número de emergencias de la policía. Si no necesita ayuda urgente, y si se encuentra en los Estados Unidos, le invitamos a que llame al 1-800-A-FAMILY (1-800-232-6459) entre las 6:00 a.m. y las 8:00 p.m., tiempo de la montaña (GMT -7). Puede tardar tanto como cuarenta y ocho horas para que un consejero capacitado y autorizado le devuelva la llamada, por lo que, por favor, deje un mensaje con su información de contacto. Para agendar una cita virtual o en persona con uno de los consejeros de Enfoque a la Familia en Costa Rica, por favor entre a la página www.enfoquealafamilia.com/consejeria.

Los consejeros de Enfoque a la Familia pueden darle apoyo mientras usted da los pasos para garantizar su seguridad y la de sus seres amados.

Dios *es* amor (1 Juan 4:8), y Su amor es perfecto, eterno, incondicional, sacrificial, firme, fiel, genuino y activo. Dios ha cubierto completamente su necesidad de ser amado.

La cultura no reconoce que existe un Dios personal y amoroso. Por lo que le vende esta mentira, y es un embuste grande:

> Si usted no logra encontrar a su «alma gemela», entonces en su corazón quedará un «vacío de amor», y pasará el resto de su vida sin sentido, llorando y crujiendo sus

dientes hasta que encuentre a alguien más que le dé el amor que usted tanto anhela.

La verdad sobre el amor

Aquí tiene un resumen de la verdad del amor que se encuentra en las Escrituras:

> Usted no tiene un «vacío de amor» en su corazón. Dios es la fuente del amor. Su Padre celestial ya ha satisfecho en un 100 por ciento su necesidad de ser amado.

Su cónyuge nunca será «la fuente» de amor en su vida. Esa es la función exclusiva de Dios, ¡y Él es un amante celoso! Toda la Biblia constantemente nos recuerda el amor posesivo de Dios: «Con amor eterno te he amado» (Jeremías 31:3, RVR60). El apóstol Pablo nos llamó «hijos queridos» (Efesios 5:1) y Juan escribió: «Amados, si Dios nos ha amado así, debemos también nosotros amarnos unos a otros» (1 Juan 4:11, RVR60). La palabra *amados* significa «muy queridos». ¡El Creador del universo lo ama a usted completamente!

Así que, nuestra primera y más importante tarea en el matrimonio es abrir nuestro corazón al amor sin límites de Dios. Por eso es que el principal mandamiento comienza con la instrucción de amar a Dios: «Ama al Señor tu Dios con todo tu corazón, con toda tu alma, con toda tu mente y con todas tus fuerzas» (Marcos 12:30).

Cuando usted pone a Dios en primer lugar, Él promete suplir todas sus necesidades. «Busquen el reino de Dios por encima de todo lo demás y lleven una vida justa, y él les dará todo lo que necesiten» (Mateo 6:33). Solo Dios puede llenarlo plenamente.

Nada en esta tierra se compara con ser amado por Él (Efesios 3:16-21).

Entonces, ¿por qué el matrimonio?

Dios diseñó al matrimonio para que comenzara con Su amor. El Señor lo creó a usted para que dependiera completamente de Él: de corazón, alma, mente y fuerza. Él lo llena de maneras que nada más lo puede hacer. Usted nunca encontrará la satisfacción total, excepto en una relación vital y dinámica con Dios.

Dicho esto, el diseño de Dios para nosotros incluye la comunidad, tanto la comunidad de sangre como la comunidad de fe. El matrimonio es el plan de Dios para los individuos y también para la comunidad. Dios nos dio el matrimonio como un regalo, pero ese regalo no sustituye nuestra relación principal, que es con Él como nuestra Fuente de vida y amor.

Amarte...

Una vez que usted es capaz de recibir el amor de Dios, ahora como persona casada tiene una tarea por hacer. Al ser liberado de las ataduras de tratar de hacer que su cónyuge lo ame, usted ahora es capaz de amar completamente. En lugar de gastar tiempo, esfuerzo y energía mirando hacia adentro, su trabajo es ver hacia afuera y amar a su cónyuge.

Borre de su mente y corazón los mitos y las estafas culturales en cuanto al matrimonio; este es el verdadero trabajo que su Padre celestial le ha dado: «Así que ahora les doy un nuevo mandamiento: ámense unos a otros. Tal como yo los he amado, ustedes deben amarse unos a otros» (Juan 13:34).

Su destino en su matrimonio es amar a su cónyuge.

El aspecto del amor

Entonces, ¿cómo se manifiesta verdaderamente el amor a su cónyuge?

Permítame ilustrar la respuesta a esta pregunta. Recientemente estaba editando el currículo en video que presentaba a veinte de los mejores expertos matrimoniales cristianos. Ellos daban consejo para las parejas comprometidas*. Nosotros no escribimos un guión para los expertos ni les dijimos qué decir, y recibimos algunos poderosos consejos bíblicos.

Mientras observaba a todos los expertos, uno tras otro, me sorprendió un tema en particular que los presentadores repetían: el sacrificio. Es como si todos hubieran leído Juan 15:13 como su lectura devocional matutina: «No hay un amor más grande que el dar la vida por los amigos».

El amor se presenta como sacrificio. Es renunciar a algo que usted valora (su tiempo, dinero, comodidad o deseos) por el bien de otra persona a quien usted considera aún más valiosa[4].

Es relativamente fácil para mí como adulto servir a alguien, sea ayudar o atenderlo. Generalmente, lo hago con buena voluntad. Pero es un asunto totalmente distinto cuando servir a alguien me cuesta algo.

Admito que sacrificarme por Erin puede ser una lucha. Pero no lo lamento ni lo resiento. De hecho, la acción de sacrificar ahora es una forma en la que me acerco más a Dios.

La cultura dice que el sacrificio es una pérdida. En la apreciación bíblica, el sacrificio en el matrimonio es una situación en la que ambos ganan.

---

* Este recurso increíble es el currículo en DVD *Ready to Wed* (Listos para casarse) publicado por Enfoque a la Familia / Tyndale, 2015.

Esa es la locura del matrimonio bíblico. Hay doce secretos, secretos contraculturales descabellados, que surgen de las Escrituras y que, una vez adoptados, llenarán a su matrimonio de intimidad, confianza y romance.

Veamos el «Secreto romántico #1: El amor verdadero se compromete».

SECRETO ROMÁNTICO #1

EL AMOR VERDADERO SE COMPROMETE

Hay tres cosas que me asombran; no, son cuatro las que no comprendo: cómo planea el águila por el cielo, cómo se desliza la serpiente sobre la roca, cómo navega el barco en el océano, y cómo ama el hombre a la mujer.

Proverbios 30:18-19

Escondido detrás de la ostentación matrimonial de los años noventa, como se grabó en el DVD de nuestra boda, había un segundo concepto transformador.

Allí estábamos, vestidos con galas casi dignas de la realeza. Ella llevaba el acostumbrado vestido blanco, acentuado por una diadema con cuentas y un estallido de tul por atrás. Yo llevaba un esmoquin gris claro, y mi boca esbozaba una sonrisa ingenuamente entusiasta.

Después de hacer los votos con solemnidad y sinceridad, el pensamiento de estar dedicado hasta que la muerte nos separe fue superado por el remolino de las celebraciones. Se hicieron los brindis, se partió el pastel, se lanzó la liga y la preocupación por el compromiso fue lanzada con ella.

La forma en que yo lo veía entonces era que había encontrado a una chica y que me había casado. Marqué eso como completado en mi listado de cosas que hacer en la vida y fijé mi mente en otras metas. Por supuesto que sabía que tendría que comprarle un regalo de aniversario (¿los diamantes son el regalo del quinto aniversario? ¿o del décimo?) y pensaba que tendría problemas con Erin si no se me ocurría algo romántico para el Día de San Valentín. Pero esos dos acontecimientos ocurrían una vez al año, con parámetros claramente definidos. De forma egoísta, sabía que, si jugaba bien mis cartas y hacía feliz a Erin en esos días de celebraciones, probablemente yo también sería feliz... ya saben a qué me refiero.

Me avergüenza admitirlo, pero pensaba en el mantenimiento del matrimonio como algo simple y rutinario, como adelantar los relojes una hora o reemplazar las baterías de los detectores de humo. La promesa de valorar a mi esposa se relegó a un par de citas en el calendario.

Yo iba a cosechar pronto las tristes consecuencias de mi ignorancia y de mi actitud arrogante en cuanto al compromiso matrimonial.

El huracán N

Adelantémonos dos semanas después de la boda. Aparentemente, Erin y yo nos habíamos esforzado más en prepararnos para el día perfecto en lugar de trabajar en la relación perfecta. Aunque nuestra boda transcurrió sin ninguna dificultad, «se acabó la luna de miel» incluso antes de que se acabara la luna de miel.

¿El escenario? Hawái. ¿El problema? Definitivamente Erin. O eso pensé en ese entonces. Así fue como ocurrió...

En el último día de nuestro viaje, queríamos visitar unas cataratas tropicales. Ya sabe, las que la agencia de viajes pone en los anuncios: agua burbujeante cortando a través de torres de granito gris y que luego cae en un estanque inmaculado azul, rodeado de follaje exuberante que explota con brotes de grandes flores rojas. Yo había trazado una ruta, y alegremente caminamos hacia el lugar.

«Se acabó la luna de miel» incluso antes de que se acabara la luna de miel.

Al llegar, me quité la ropa que llevaba encima de mi traje de baño y salté directo al agua refrescante, esperando que mi bella esposa se me uniera. Sería un chapuzón para recordar.

Es tan descabellado no estar loco por Cristo como es descabellado estar loco por cualquier otra cosa.

Peter Kreeft, *Jesus-Shock* (Choque de Jesús)

Hice señales con los brazos extendidos y con una mirada irresistiblemente invitadora en mis ojos.

Pero Erin se quedó parada en la orilla, totalmente vestida y, por alguna razón inexplicable, *se resistía.*

«Entra», le dije, haciéndole señas.

Ella sacudió la cabeza y simplemente apuntó a una señal que decía: «PROHIBIDO NADAR».

El clima emocional cambió tan pronto como una tormenta

tropical. El huracán N había entrado en escena... N por Nuestra Primera Gran Pelea.

Pasamos discutiendo los siguientes minutos, y después de que finalmente me di cuenta de que ella no iba a moverse, grité: «¡Acabas de arruinar la luna de miel!».

Entonces la vi introducirse a la vegetación de la jungla y desaparecer.

Parecía que el escenario majestuoso se burlaba de mí. Por fuera, mi mundo era perfecto. Por dentro, se derrumbaba. (Nos enteraremos de la versión de Erin de esta historia en el «Secreto romántico #4: El amor verdadero lucha por la paz». No se pierda cómo aprendimos el secreto de no solo reconciliar argumentos como este, sino de acercarnos aún más como pareja a lo largo del proceso).

De alguna manera, suavizamos las cosas en una fiesta hawaiana, silenciosamente acordando evitar el tema. Pero durante los siguientes meses, varias olas de tensión nos inundaron. La corriente se las llevaba antes de que pudiéramos resolverlas. Discutíamos acerca de la familia política, los quehaceres y el dinero. Parecía que la tensión de nuestros trabajos y mi horario de posgrado nos iban a ahogar.

Yo me preguntaba: *¿Qué salió mal? ¿Elegí a la persona equivocada?*

Se suponía que este asunto del matrimonio sería fácil. Después de todo, yo era el hijo de Gary Smalley, experto en relaciones y gurú del matrimonio. Sin duda yo sabía cómo llegar a Erin con amor y recuperar su corazón. Pero en lugar de que se me ocurrieran ideas para tranquilizar las tormentas emocionales, mis esfuerzos de comunicación empeoraban las cosas aún más.

Este hombre y esta mujer, que habían estado tan enamorados, ahora estaban totalmente miserables.

Un cimiento sólido

Erin y yo sufríamos la devastación del huracán N y de las tormentas subsiguientes. Muchos días, sentía que la base de nuestro matrimonio se derrumbaba.

Pero se mantuvo firme.

¿Por qué? Porque habíamos tenido un comienzo «rocoso».

Y en el contexto de la Biblia, ¡eso es algo bueno!

Erin y yo teníamos uno de los ingredientes esenciales para una relación firme. Habíamos construido la casa de nuestro matrimonio sobre una roca, como se describe en la parábola de Jesús (vea Mateo 7). El poder de Dios nos mantuvo unidos.

Antes de comprometernos, Erin y yo, individualmente, habíamos dedicado nuestra vida a servir a Dios y a seguir Sus enseñanzas de la Biblia.

Cuando haya aprendido a amar a Dios más que a mis seres queridos terrenales, entonces amaré más a mis seres queridos terrenales.

C. S. Lewis, *Letters of C. S. Lewis* (Cartas de C. S. Lewis)

De manera intencional, había estado dándole seguimiento a mi fe desde la secundaria. Cuando nos casamos, yo estaba en el seminario, estudiando teología sistemática hasta muy tarde en la noche. Cuando estaba en la universidad, Erin había hecho el compromiso de crecer espiritualmente de manera intencional. Como pareja, estábamos decidiendo si asistir a una iglesia católica o a una evangélica, pero por lo menos sabíamos que estar de acuerdo en lo espiritual era esencial. Ese compromiso con Dios nos sostuvo (y todavía nos sostiene) durante nuestros tiempos tormentosos.

Tu tesoro: Tu corazón

Me encanta la frase *de todo corazón*. Erin y yo la hemos usado para el título de varios de nuestros libros sobre el matrimonio. «De todo corazón» implica un serio compromiso total. Total, serio: estas son las palabras que quiero que definan mi compromiso con Erin.

Un compromiso de todo corazón con el matrimonio comienza al reconocer su valor increíble. Mateo 6:21 dice: «Donde esté tu tesoro, allí estará también tu corazón» (NVI). El compromiso, el invertir total y seriamente todo su corazón, fluye de lo que usted atesora. En otras palabras, usted va a invertir únicamente en lo que estima. Y mientras más comprometido esté con eso, más invertirá.

¿Ha pensado alguna vez en lo que le gusta de su matrimonio, o por qué Hebreos 13:4 (NVI) dice: «Tengan todos en alta estima el matrimonio»? Es porque usted debe tratar a su matrimonio con gran respeto.

Aunque teníamos dificultades, Erin y yo todavía valorábamos algunas cosas. Este es el listado como estaba entonces:

- divertirnos y reír juntos
- hacer viajes misioneros juntos
- tener a alguien con quien celebrar
- tener relaciones sexuales
- estar con nuestro mejor amigo
- ser parte de un equipo

¿Qué le encanta de su matrimonio? Atesorar y tener en alta

estima a su matrimonio es vital, pero no es suficiente para un matrimonio para toda la vida. En algún momento, el esposo y la esposa tienen que decidir permanecer casados en las alegrías y en las penas, en la salud y en la enfermedad, hasta que la muerte los separe.

El voto de una viuda

Un pasaje bíblico que frecuentemente se cita en las bodas refleja este compromiso con Dios de una manera poderosa. Viene de la historia de Rut del Antiguo Testamento.

A primera vista, es posible que el pasaje no parezca tener mucho que ver con el matrimonio; sin embargo, el compromiso inicial de una viuda moabita con Dios y Su pueblo establece la base para, más adelante, una de las historias de amor más grandes de la Biblia. Rut hace un voto sencillo pero profundo con su suegra, una israelita desplazada llamada Noemí. El fundamento formativo de ese amor está en el juramento de Rut de seguir al Señor. Como lo veremos, el compromiso de honrar a Dios es el primer paso para desarrollar un matrimonio que pueda sustentar una pasión de por vida.

El compromiso de honrar a Dios es el primer paso para desarrollar un matrimonio que pueda sustentar una pasión de por vida.

La tensión de la historia de Rut se desarrolla después de la muerte de su esposo, Mahlón, quien le proveía financieramente a ella y a Noemí cuando vivían en Moab. Después de la muerte de Mahlón, Noemí decide regresar a su tierra natal, Belén. Ella le prohíbe a Rut regresar con ella y la anima a buscar otro esposo entre los moabitas. La historia se desarrolla en Rut 1:16:

> Pero Rut respondió [a Noemí]: —No me pidas que te deje y regrese a mi pueblo. A donde tú vayas, yo iré; dondequiera que tú vivas, yo viviré. Tu pueblo será mi pueblo, y tu Dios será mi Dios.

Rut hace esta promesa, en esencia, dedicando su vida para servir al Dios vivo.

Apague su vela

Rut claramente da el primer paso de preparación para el matrimonio al dedicar su vida al Dios de los israelitas. Después, ella jura dejar atrás su vida con los moabitas. Renuncia a su antigua religión politeísta, su país natal y sus vínculos emocionales y financieros con sus parientes. Rut nunca más mira hacia atrás, jurando servir a Dios y a Noemí hasta que ella muera.

> Donde tú mueras, allí moriré y allí me enterrarán. ¡Que el Señor me castigue severamente si permito que algo nos separe, aparte de la muerte! (v. 17)

Rut deja ver que su compromiso con Dios y su pueblo es hasta la muerte, así como lo es el pacto del matrimonio.

Pero hay dos clases de muerte. Una se lleva a cabo antes de la muerte física: la muerte al yo. Solo hay dos pasajes en la Biblia que nos dicen que hagamos algo «cada día». Uno es «anímense unos a otros cada día» (Hebreos 3:13, NVI); el otro es «[tomen] su cruz cada día» (Lucas 9:23). Tomar nuestra cruz se refiere a la forma en que Cristo hizo el sacrificio supremo: dio Su vida. De igual manera, yo debo dejar mi vida, mis deseos egoístas, y servir a mi esposa de manera sacrificial.

Sabíamos que éramos amados, sabíamos que el Señor era cabeza de nuestro hogar, sabíamos cuáles eran los límites, estábamos a salvo.

Elisabeth Elliot, *Love Has a Price Tag* (El amor tiene etiqueta de precio)

«Morir al yo» cada día es clave no solo para la vida cristiana, sino para el amor y el romance perdurable con su cónyuge. Parte de esa «muerte» significa dejar su vida pasada de adulto soltero y crear una cultura nueva con base en la unión de un hombre con una mujer. Un segundo aspecto esencial del éxito matrimonial es que las personas deben dejar atrás su vida anterior y comprometerse a un futuro con su cónyuge.

El día de nuestra boda, Erin y yo, de igual manera, juramos dejar atrás nuestra vida de solteros y formar un vínculo nuevo, una vida como pareja. Decidimos simbolizar este aspecto del matrimonio utilizando una vela de unidad en nuestra boda.

Las velas mágicas

Desafortunadamente, las circunstancias que rodeaban mi vida de casado no eran un paralelo con la tradición de las velas de unidad. En mi alma, yo tenía una de esas velas mágicas que se vuelven a encender, porque los deseos de mi vida antigua seguían ardiendo.

Yo sabía que debía «dejar» mi vida antigua y «unirme»

AMOR ARDIENTE

La tradición de la vela de la unidad funciona de esta manera: al inicio de la boda, hay dos velas encendidas en el altar; las velas representan la vida de cada miembro de la pareja antes del matrimonio. Sosteniendo dos encendedores de velas con un cono en forma de campana en el extremo, el hombre y la mujer tocan las mechas de los encendedores con la llama de la primera vela. Después apagan las primeras velas con los conos. Finalmente, juntos encienden una tercera vela, que simboliza su unidad.

¿Observó algo poderoso en esa ceremonia corta? Es el simbolismo de «morir al yo». Las dos velas originales, que representan la vida separada de cada uno, son apagadas para demostrar un compromiso con la única vida nueva que la pareja inicia juntos.

solamente a mi esposa, como Génesis le ordena al hombre. Pero bajo la presión de los primeros meses de nuestro matrimonio, yo estaba indeciso. Los recuerdos de mis prioridades independientes, de solo Greg, animaban mis pensamientos y me hacían querer reavivar mi forma de vida soltera (es decir: egocéntrica).

Yo quería gastar dinero en mis CDs, y Erin quería pagar las cuentas. Yo quería jugar básquetbol cinco días a la semana o ver televisión hasta altas horas de la noche. Erin tenía otros planes para mí, como lavar platos. Yo pensaba que vivir como un cavernícola estaba bien; no tenía ganas de aceptar sus estándares de Martha Stewart.

Mientras batallaba con las realidades difíciles del matrimonio, dejé que el descontento agobiara mi alma.

Erin batallaba en la arena movediza aún más que yo. La depresión y la ansiedad amenazaban con sofocarla. En esa época de mi vida, la inmadurez y el orgullo impedían que asumiera la responsabilidad de nuestros problemas, por lo que Erin buscó consejería sola.

Estábamos atascados, anclados en la isla de la autocompasión, y cada uno de nosotros en secreto anhelaba las tierras de la soltería.

Lecciones de *El arte de la guerra*

Irónicamente, los conceptos revelados en el libro antiguo *El arte de la guerra* nos ayudaron a hacer las paces. Finalmente me di cuenta de que el matrimonio es una batalla de toda la vida en contra del egocentrismo, un adversario fuerte y capaz de producirle heridas mortales a nuestro amor. Aún me faltaba comprometerme totalmente con la lucha por nuestro matrimonio.

Encontré principios inspiradores para la lucha en una fuente inusual.

Notas de un general chino

Si se encuentra en una batalla, necesita buscar consejo. Las palabras son del filósofo-general chino Sun Tzu, al dirigir a los que querían proteger y avanzar sus países en el arte esencial de la guerra. En el siglo VI a. C. él observó:

> [La guerra] es el terreno de la vida y la muerte [...], el camino a la seguridad o la ruina. Su estudio no se puede dejar de lado por ningún motivo[1].

Si reemplaza la palabra *guerra* con *matrimonio*, el mensaje es profundo para las parejas, tal vez aún más que para los generales. Yo quería un matrimonio exitoso. No, eso no es exactamente cierto. Yo quería un deseo absorbente, divertido, aventurero y apasionado por Erin que dominara mis pensamientos y definiera mis prioridades. Y quería que ella sintiera lo mismo por mí y nuestro matrimonio. Pero estábamos muy lejos de ganar la batalla porque estábamos descuidando algo que amenazaba la vida de nuestro matrimonio. Nos dirigíamos a la ruina, no a la seguridad. Teníamos que aprender una lección importante acerca de pelear la guerra en contra del egocentrismo.

Deseche la idea del divorcio

En esos primeros días, la palabra que empieza con D no se pronunciaba, pero la amenaza de ella permeaba nuestras discusiones. Nuestras batallas verbales escalaban hasta el punto que yo trataba de poner palabras en la boca de Erin como: «¿Estás diciendo que debería irme?» o «¿Por qué querrías quedarte conmigo?». Ninguno de nosotros quería la separación, pero nuestra incapacidad de resolver nuestras peleas se materializaba en un melodrama. Las frases agudas eran anclas de plomo de insatisfacción, astutamente empacadas en nuestro equipaje emocional. No pudimos alejarnos navegando de nuestros problemas hasta que tiramos por la borda la idea del divorcio.

Mencionar el divorcio dejó ver que no estábamos tomando en serio la advertencia de Dios de Mateo 19:6: «Que nadie separe lo que Dios ha unido».

Cuando el divorcio no es una opción, el compromiso obliga a que la pareja trate con sus problemas. La idea de vivir el resto de mi vida con mi matrimonio en miseria me asustó. Podía decidir entre huir o trabajar para resolver los problemas. Debido a que estaba comprometido con Dios y Sus valores (vea Malaquías 2:16), abandoné la opción del divorcio. Tenía solo una posibilidad: decidí luchar por el amor de Erin, aunque eso me matara.

Queme las naves

La idea de sabotear la opción de retirada y de mantenerse en la guerra sin importar el precio es otro concepto que se describe en *El arte de la guerra*:

> Queme su equipaje y su impedimenta, lance sus acopios y provisiones, obstruya los pozos, destruya sus estufas y deje en claro a sus hombres que no podrán sobrevivir, sino que tienen que pelear hasta la muerte[2].
>
> Cuando su ejército avanza y cruza una frontera, debe quemar sus naves y puentes para mostrar a la población que no tiene intención de retroceder[3].

En cualquier batalla, la opción de retirada se tiene que eliminar. Pero aún más drástico que quemar un puente sobre tierra es destruir su medio para atravesar un océano. A eso le llamo la mentalidad matrimonial de «quemar las naves». Es la exhibición suprema de compromiso.

Cuando el divorcio no es una opción, el compromiso obliga a que la pareja trate con sus problemas.

Quizá se pregunta qué comandantes actuaron bajo este consejo extremo. Las leyendas dicen que un bereber llamado Taric el Tuerto quemó las naves de su ejército después de desembarcar a lo largo de la costa de España en 711[4]. La táctica se describe en el mito romano de Eneas, cuando la diosa Juno trató de mantener a los troyanos en Sicilia[5]. Otra leyenda habla de Alejandro Magno, que quema sus naves después de desembarcar rumbo a conquistar Persia alrededor de 334 a. C.[6] Pero mi historia favorita acerca de «quemar las naves» presenta al políticamente incorrecto Hernán Cortés. (Sus ideales eran atroces, pero sus métodos fueron valientes).

Imagine que es un soldado español que llega a una misteriosa costa extranjera y que se enfrenta con los guerreros aztecas, hombres feroces que usaban cascos de madera y estaban vestidos como jaguares[7]. El líder de los aztecas, Moctezuma II, ha repelido incontables ejércitos. ¡Y entonces Cortés le ordena a usted que les prenda fuego a las velas del barco! A medida que el fuego arde resplandeciente y caliente, usted se da cuenta de que debe luchar hasta morir. No hay vuelta atrás. Su supervivencia ahora depende de su habilidad para derrotar a los aztecas[8].

De igual manera, si los cónyuges perciben que conquistar el matrimonio es la única opción, sus opciones se enfocan en mejorar las posibilidades de la supervivencia del matrimonio. Los cónyuges eligen sabiamente cuando saben que el destino de su vida está ligado con el bienestar de otra persona. Hablan de sus sentimientos, aunque sea doloroso, en lugar de aparentar que «todo está bien». Se rehúsan a obsesionarse en lo negativo cuando su cónyuge los irrita. Permiten que «nunca [les] abandone el amor y la verdad» (Proverbios 3:3, NVI), aunque su cónyuge tenga una enfermedad o un accidente que les cambie la vida. «Quemar las naves» quiere decir que un cónyuge ha prometido seguir en la batalla, no solamente hoy, sino para siempre.

Después de tomar la forma de pensar de «quemar las naves», el divorcio ya no fue una opción para Erin y para mí. Ni siquiera bromeamos acerca de eso, ni aludimos al abandono.

El secreto romántico del compromiso

Probablemente usted se pregunta: *Entonces, Greg, ¿cuál es el secreto para un mejor romance, como usted prometió, si me comprometo incondicionalmente con mi matrimonio?*

Investigaciones del tema revelan que el compromiso en el matrimonio produce una relación más satisfactoria en todos los niveles[9]. Muchachos, las mujeres responden cuando saben que ustedes «morirán a sí mismos» por ellas. La confianza y la seguridad atraen el corazón de la mujer, y será más probable que ella establezca un vínculo emocional[10].

> *Investigaciones del tema revelan que el compromiso en el matrimonio produce una relación más satisfactoria en todos los niveles.*

Damas, los hombres vacilan en invertir, a menos que sepan que hay una recompensa. Hágale saber a su esposo que usted lo apoyará incondicionalmente a él y a su matrimonio. Un investigador en particular llegó a la conclusión de que «el hombre tiende a darse más completamente a una mujer, una vez que ha decidido: *Ella es mi futuro*»[11].

Nuestro futuro

En 1992, a Jason Heinrich le diagnosticaron una forma rara de cáncer. El temor y el dolor entraron a su perspectiva de seis años de edad.

Las células malignas destruyeron su fémur derecho, y le removieron el hueso. Cuando tenía doce años, un cirujano le ofreció una opción: ajustarse a la vida con muletas, o probar un procedimiento ortopédico experimental que hasta ese entonces nunca se había hecho en los Estados Unidos. El implante nuevo era de vanguardia y supliría las necesidades de una persona joven como Jason.

La cura fue extensa y abarcó más de siete años. Los tratamientos fueron intensos, y su pierna fue mutilada por una falla accidental de un instrumento. La experiencia fue agotadora, y los estragos emocionales y físicos para la mente y el cuerpo de Jason lo envejecieron, más allá de su edad.

Pero al alcanzar la escuela secundaria, Jason ya había permitido que Dios reemplazara su miedo y temor de los hospitales con una meta cautivadora: llegar a ser perfusionista, para ayudar a otras personas con condiciones que ponen su vida en peligro. Actualmente, con un título en bioquímica y un trabajo como técnico de atención al paciente, él anticipa ingresar a un programa de maestría en Tecnología de Perfusión en la zona central de los Estados Unidos.

De igual manera, Erin y yo queríamos que Dios reemplazara el dolor de nuestra relación con algo positivo. Por eso es que decidimos comprometernos con el ministerio de matrimonios como pareja, para redimir nuestra relación —para batallar con el cáncer del egocentrismo—, a fin de ayudar a otros. Juntos zarpamos hacia una aventura nueva, y ni una vez hemos mirado hacia atrás.

Si usted está interesado en ideas para citas románticas con base en el tema de este capítulo, visite www.12secretos.com. También encontrará preguntas que invitan a la reflexión para parejas y grupos pequeños.

En el «Secreto romántico #2», descubrirá que el compromiso también es la clave para la intimidad espiritual.

SECRETO ROMÁNTICO #2

EL AMOR VERDADERO BUSCA A DIOS

Sean siempre humildes y amables. Sean pacientes unos con otros y tolérense las faltas por amor. Hagan todo lo posible por mantenerse unidos en el Espíritu y enlazados mediante la paz.

Efesios 4:2-3

Si Sun Tzu estuviera escribiendo *El arte de la guerra* el día de hoy, veintisiete siglos después, tendría que abordar las realidades de la tecnología nuclear y la competencia de las armas. Tendría que desarrollar un plan antimisiles («[Hay que] prepararse contra [el enemigo] cuando está seguro en todas partes»[1]), así como ingeniar cómo usar de manera efectiva los aviones piloteados a control remoto («Ataca al enemigo cuando no está preparado, y aparece cuando no te espera»[2]). Para tener ventaja competitiva, el general Tzu también necesitaría la bomba atómica. Y para la bomba atómica, necesitaría plutonio.

Hice un poco de investigación sobre ese elemento radioactivo y quedé intrigado. No solo por la historia del Proyecto Manhattan y lo difícil que es transportar el plutonio, sino también por los muchos aspectos de la intimidad matrimonial que son paralelos a la búsqueda del plutonio.

El amor no es solo mirarse uno al otro; es mirar en una misma dirección.

Antoine de Saint-Exupéry, novelista

Sí, sé que suena descabellado y más que un poco raro: ¿cómo podría ser semejante a la comunión con el Creador el tener una sustancia con el potencial químico de destruir el planeta? Aunque hay algunas diferencias obvias, permítame explicar las similitudes sorprendentes entre un matrimonio espiritual y el PU-239, la forma de plutonio que se usa para impulsar la fuerza nuclear:

- Ambos son altamente deseados, pero difíciles de obtener.
- Ambos tienen el poder de ser transformadores.
- Si usted mezcla los químicos en el orden equivocado, obtiene la sustancia equivocada.
- Una vez que se descubre la fuente, los buscadores tienen un poder increíble por encima de sus enemigos.

Y espere, ¡hay más! ¿Sabía que cualquier forma de plutonio rara vez se encuentra en la naturaleza? Los científicos tienen que crearlo deliberadamente en un laboratorio. De igual manera, la intimidad espiritual en un matrimonio rara vez ocurre sin esfuerzo. Tiene que desarrollarse de manera intencional.

Para las parejas que trabajan juntos para producir una

energía con base en la fe (piense en el plutonio) para sus matrimonios, vale la pena el esfuerzo. Aquí les doy un ejemplario de algunos estudios que demuestran que las parejas que están cerca espiritualmente son más felices o están mejor ajustadas que sus contrapartes no espirituales:

- Las parejas que asisten a la iglesia juntos y tienen opiniones religiosas similares son más felices, viven más tiempo y tienen menos probabilidades de beber alcohol de manera problemática[3].
- Las parejas espiritualmente íntimas que están criando a su primer hijo experimentan más interacción positiva durante el primer año del niño[4].
- Las parejas mayores que desarrollan el amor compasivo con base en el matrimonio como un compromiso sagrado tienen una alta calidad de relación[5].

La arquitectura espiritual 101

El desarrollo de la intimidad espiritual en el matrimonio se basa en los principios que se revelaron en el «Secreto romántico #1: El amor verdadero se compromete». Nos hemos dado cuenta de que un compromiso con Dios como individuos es el precursor para las parejas que quieren una profunda conexión de fe. Rut, la heroína bíblica, hizo un compromiso radical con el pueblo del Dios vivo antes de involucrarse en un pacto de matrimonio. Erin y yo permanecimos firmes durante nuestros tiempos tumultuosos porque cada uno primero había dedicado su vida soltera a buscar a Dios y Sus caminos; comenzamos nuestra relación «rocosa» al construir sobre el cimiento de la verdad bíblica. De ahí aprendimos a «quemar las naves» y a mirar hacia adelante y no hacia atrás a nuestra vida de solteros. En la casa Smalley, decidimos desde el principio seguir al Señor, a pesar de lo que los mensajes culturales contrarios nos decían.

El segundo secreto para una relación romántica requiere dar otro paso de fe: la pareja necesita buscar a Dios juntos. Las Escrituras animan a los cónyuges a enfocarse en Cristo, no solo cada uno en su vida individual, sino también juntos en su matrimonio. Y Dios, quien «puede lograr mucho más de lo que pudiéramos pedir o incluso imaginar», honra a las parejas que buscan crecer juntos espiritualmente (Efesios 3:20).

Dios, quien «puede lograr mucho más de lo que pudiéramos pedir o incluso imaginar», honra a las parejas que buscan crecer juntos espiritualmente.

A lo largo de la Biblia, los autores inspirados usaron la metáfora de construir un edificio para ilustrar el desarrollo de la fe. Ya hemos visto la parábola de la casa construida sobre la roca en Mateo 7. El apóstol Pablo les dio a los creyentes de Éfeso el ejemplo familiar de un proyecto de construcción para enseñar a la iglesia. Creo que este pasaje da una explicación reveladora de cómo funciona la intimidad espiritual:

> Son miembros de la familia de Dios. Juntos constituimos su casa, la cual está edificada sobre el fundamento de los apóstoles y los profetas. Y la piedra principal es Cristo Jesús mismo. Estamos cuidadosamente unidos en él y vamos formando un templo santo para el Señor. Por medio de él, ustedes, los gentiles, también llegan a formar parte de esa morada donde Dios vive mediante su Espíritu. (Efesios 2:19-22)

Estos versículos revelan que Dios, el Arquitecto Principal, construye la comunidad de creyentes. La metáfora concreta de un edificio nos da un vistazo de cómo el Espíritu misterioso e inmaterial vive entre los creyentes en Jesucristo.

A la comunidad de creyentes Dios le da la forma de una casa, un hogar para su Espíritu.

Piense como un efesio

Observe que al edificio se le llama *casa*, *templo* y *morada*. Para el cristiano, la vida y la adoración no se pueden separar. Toda la vida para el ciudadano de la comunidad de Dios es un acto de adoración. Por consiguiente, este hogar funciona también como un templo.

Los efesios antiguos no eran judíos ni estaban vinculados culturalmente con la historia del templo de Salomón. Tampoco estaban geográficamente cerca de Jerusalén, donde se encontraba el segundo templo santo judío[6]. Sin embargo, ellos entendían el concepto de un templo, aunque fuera de un templo pagano. Ya que los templos lujosos para los dioses griegos estaban cerca del centro del mercado de la ciudad y requerían de años para ser construidos, muy probablemente los ciudadanos efesios habían presenciado la construcción de uno que otro templo. Habrían visto a los constructores colocar la piedra angular, el punto inicial del fundamento. Las palabras «vamos formando un templo santo» probablemente habrían evocado la imagen del Templo de Artemisa, la bella estructura de mármol con veintisiete columnas, que se enumera entre las siete maravillas del mundo antiguo[7]. (Vea Hechos 19:23-34).

El templo de Dios no está hecho de mármol frío y duro, sino de hombres y mujeres vivos y activos, dedicados a él.

El concepto de templo de los efesios era pagano en la práctica, pero la intención del significado de Pablo era clara, incluso para esa comunidad no judía: el templo de Dios no está hecho de mármol frío y duro, sino de hombres y mujeres vivos y activos, dedicados a él.

La transformación del templo

Piense en el matrimonio cristiano como una microcomunidad o una miniiglesia, un templo construido para dos. El matrimonio cristiano, *su matrimonio*, llega a ser un templo donde el Espíritu Santo vive si consagran sus caminos a los principios bíblicos. No pueden evitar tener una relación espiritual dinámica cuando el Creador del amor está entre ustedes.

El matrimonio, una unión de todo corazón, se hace incluso más íntimo cuando el esposo y la esposa llegan a ser «una carne» (Marcos 10:8). Así que, en un sentido, la matemática del matrimonio espiritual es esta: 1 + 1 = 1. Pero hay otra manera de calcularlo: 1 + 1 = 3, porque cuando un hombre y una mujer están unidos en el reino espiritual, Dios se les une y agrega su poderosa presencia a su unión. Él crea una sinergia increíble entre el esposo y la esposa.

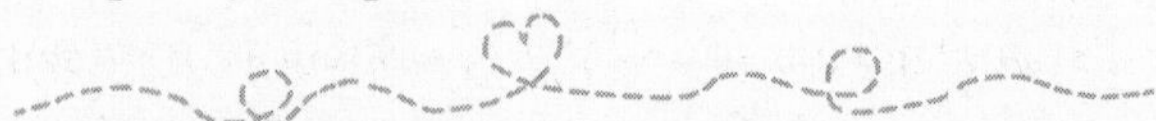

Una persona casada no vive en aislamiento. Él o ella ha hecho una promesa, un juramento, un voto, a otra persona. Hasta que ese voto se haya cumplido y la promesa se cumpla, la persona está en deuda con su socio de matrimonio.

R. C. Sproul, teólogo, autor y pastor

¿Se acuerda del PU-239 del que hablamos antes? Esa sustancia poderosa está hecha de otro elemento, el uranio, específicamente de dos variedades llamadas U-235 y U-238. El proceso llamado fisión nuclear resulta de una prestidigitación de intercambio de corteza con neutrones de movimiento lento. ¡El poder resultante es un solo evento de fisión que puede producir más de doscientos millones de veces la energía del neutrón que lo desencadenó![8]

Cuando un hombre y una mujer forman su templo en el matrimonio cristiano, se forma un *nuevo* elemento o entidad. Una pareja con Dios en su centro tiene más poder potencial que la «química» normal que se describe en las relaciones románticas. Es el poder del Espíritu Santo.

Para algunos de ustedes, todo este discurso de la «intimidad espiritual» parece una promesa vacía, etérea, esotérica y elusiva. Usted cree que sería más realista encontrar ese PU-239 entre los artículos de ferretería en la tienda de la esquina. Puede que dude si puede lograr esta clase de unión espiritual. Pero se lo aseguro, aprender a conectarse con su cónyuge espiritualmente a través de la mente, el alma, el cuerpo y la fortaleza es un regalo espiritual que se manifiesta en los matrimonios sólidos.

Comenzando en este capítulo y en cada capítulo subsecuente, voy a revelarle cómo conseguir la intimidad espiritual en una relación realista, en otras palabras, cómo alinear su matrimonio con las prioridades bíblicas para que sea fuerte y esté lleno de pasión. Pero para colocar el fundamento, primero tengo que decirle cómo Erin y yo lo estropeamos (sí, *otra vez*), y luego cómo permitimos que Dios lo arreglara.

Las secoyas espirituales

Yo agregué algunos conceptos mentales no saludables a la mezcla de nuestro matrimonio, porque tenía una opinión malformada de lo que significa ser un líder espiritual. Mi trasfondo familiar incluye haber crecido rodeado por «secoyas espirituales» (así es como he llegado a pensar de las personas que son líderes fuertes y maduros en Cristo).

Las secoyas gigantes viven miles de años y pueden elevar sus troncos tanto como veinticinco pisos de altura, como quien dice que llegan al cielo. Su tamaño y grandeza llaman la atención y atraen millones de turistas cada año[9]. Los enormes árboles tienen mucho en común con los líderes cristianos como mi padre, que parecen épicos. Al igual que las secoyas gigantes, los «gigantes espirituales» son fuertes y sorprendentemente adaptados para prosperar aun en climas hostiles.

Rodeado de gigantes

Cuando era niño, los amigos de mis padres llegaban a la casa o se reunían con nuestra familia en restaurantes o en otros lugares. Cuando yo tenía once años, el primer libro de mi padre estaba en rumbo a vender más de un millón de copias[10]. Su carrera como orador también estaba despegando, y él viajaba por todo el país para dar conferencias sobre el matrimonio. Los destacados cristianos famosos como John Trent, Corrie ten Boom, Michael W. Smith, Billy y Ruth Graham, Kay Arthur, Chuck Norris, Josh McDowell (mi mamá en realidad salió con él antes de salir con mi papá), James y Shirley Dobson, Chuck Swindoll y Keith Green entraban y salían de mi vida, dejando sus impresiones en mi mente y corazón.

De ahí, me fui al posgrado, donde algunos profesores

Ustedes pueden ser más efectivos juntos que separados. En una relación genuinamente sana, nos habilitamos mutuamente para lograr más de lo que podríamos haber logrado solos. Este fue Su plan.

Francis Chan, *You and Me Forever* (Tú y yo por siempre)

asombrosos invirtieron en mí. El Dr. Gary Oliver fue uno de ellos. Él no solo es un respetado erudito y autor, sino también un hombre de gracia y compasión. Los estudiantes en el campus acudían a él en masa en busca de su consejo, ánimo y oración.

Él nos invitó a Erin y a mí a su casa en varias ocasiones, y un salón en particular quedará grabado para siempre en mi memoria. Él y su difunta esposa tenían parte de su sala apartada para sus tiempos devocionales matutinos. Los Oliver se levantaban temprano, y todavía con sus batas, se sentaban en dos sillas acogedoras, con tazas de café caliente recién preparadas. Allí se reunían con el Señor, juntos, cada día, con lectura bíblica y oración.

Bajo las sombras

Yo pude haber mirado hacia el cielo y visto la fuente de luz que bendecía a esos gigantes; en lugar de eso, miraba mi vida y me sentía inadecuado. Dejé que las largas sombras de su gran presencia oscurecieran la percepción que tenía de mis dones espirituales. No parecía haber una forma en la que yo estuviera a la altura de esas secoyas llenas de fe.

Yo no fui el único que se dio cuenta de mi inmadurez. Mi

esposa también descubrió que yo no estaba a la altura de sus estándares, preguntándome cuándo íbamos a orar y sorprendiéndose bastante porque yo no era más semejante a mi padre en las áreas de liderazgo. Antes de que yo descifrara el secreto para conectarme espiritualmente con Erin, estuve atascado por un par de años, y cultivé solamente el concepto erróneo de que era un mal líder y, por lo tanto, un fracaso espiritual.

Por qué esquivé mi dinastía espiritual

El error que cometí en los primeros años de matrimonio fue tratar de evitar el fracaso porque no era un líder espiritual sólido. Detestaba sentir que no podía estar a la altura de mi papá o de Gary Oliver. En ese entonces, evitaba el fracaso: lo ignoraba, le restaba importancia o pretendía que todo el asunto no existía. Solté el cetro del liderazgo, pero no a propósito; cuando el fracaso me rodeaba, me escabullía. Me quedé paralizado e inmóvil. Me adormecí al punto de que llegué a estar inactivo. Me retiré del liderazgo espiritual al evitar orar o ir a la iglesia con Erin.

Como consejero matrimonial, sé que, al igual que yo, muchos esposos introvertidos, inseguros o desinformados al principio batallan con guiar espiritualmente en el hogar. Algunas de las razones son que ellos:

- Tienen conceptos erróneos de lo que significa ser un líder espiritual
- Nunca tuvieron un buen líder espiritual como ejemplo
- Creen que su relación con Dios es buena y no tienen que trabajar para conectarse con Dios
- Carecen de confianza, ya sea en su conocimiento bíblico o en sus habilidades como líder

- Se sienten intimidados por la intensa relación de su esposa con Dios
- Evitan las batallas de poder con una esposa de voluntad firme o dominante, o piensan que su esposa no se someterá a su liderazgo
- Tienen una personalidad más introvertida o pasiva que la de su esposa, y eso hace que el liderazgo sea más difícil
- Prefieren un enfoque espiritual más ligero que chocar con el estilo más serio de su esposa
- Se sienten más cómodos con ser espontáneos en lugar de estructurados

Como resultado de factores como estos, muchos hombres abdicarán su liderazgo espiritual, su lugar en el «trono» como cabeza espiritual de la casa.

Si el esposo se marcha de su trono, una de dos cosas puede ocurrir. La primera es que el asiento permanezca vacío y la influencia del Espíritu de Dios se pierda y se desvanezca como esas barras brillantes de neón que venden en los parques de diversión.

El segundo escenario es que su esposa tome posesión de la silla. Ella la volverá a tapizar o pondrá una colgadura en la parte de atrás. Allí, ella tomará su té o café, y dejará las tazas en una mesa cercana; sus libros y cestos de manualidades se acumularán en el suelo. Mientras más tiempo se siente allí, más se conformarán los cojines a su complexión femenina. Los aromas de su champú y su perfume saturarán la tela. Se verá, sentirá y olerá como su silla. *Con el tiempo, nadie recordará que el trono alguna vez fue de él.*

Para muchas parejas, dejar que la esposa tome la iniciativa del liderazgo espiritual en el hogar puede sentirse bien al principio, especialmente si la esposa es dinámica y el hombre es más pasivo o introvertido. La pregunta entonces es esta: si ella tiene el deseo y la habilidad, ¿qué tiene de malo que ella se haga cargo?

La respuesta corta regresa a la analogía del PU-239: si mezcla los químicos en el orden equivocado, obtiene resultados no deseados y frecuentemente peligrosos. Típicamente, intercambiar los papeles espirituales del marido y la mujer produce vergüenza y resentimiento, no paz.

Típicamente, intercambiar los papeles espirituales del marido y la mujer produce vergüenza y resentimiento, no paz.

Para ilustrarlo, tendré que contarle lo que nos pasó a mí y a Erin. El marco de tiempo ahora es dos años después de que nos casamos. Teníamos una hija, Taylor, quien trajo amor y desafíos en cantidades casi iguales a nuestra vida. Yo era básicamente el mismo despreocupado de siempre, sin nada de interés en mi papel de liderazgo espiritual. Pero Erin, una enfermera agotada y madre nueva, se sentaba en mi trono abandonado, con el cetro en la mano.

El orden de Dios para su dinastía matrimonial

Yo soy el primero en difundir que Erin es una mujer y esposa asombrosa e inteligente, prácticamente un ejemplo perfecto de Proverbios 31 en la vida moderna. (Cualquier día de estos, espero que ella me regale una bata roja que tejió a mano con fibras de lino).

Todavía estoy descubriendo las capas de dones y talentos que Dios le ha dado. Yo la animo a seguir su deseo de ministrar en la iglesia o a través de su trabajo. Dependo de ella para organizar los quehaceres de la casa y el cuidado del castillo cuando estoy lejos dando alguna conferencia. Pero ella no puede ejercer bien su papel si yo no la apoyo en el hogar como Dios quiso que lo hiciera.

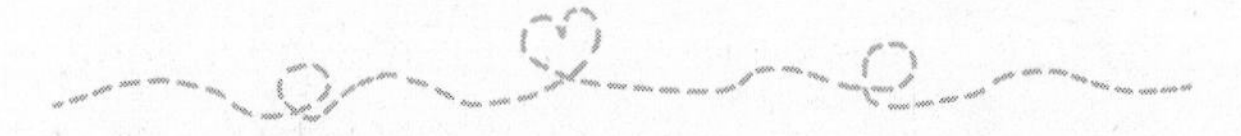

Tal como Dios formó dos de uno en la creación,
Él creó uno de dos a través del matrimonio.

Thomas Adams, pastor y autor del siglo XVII

Desde el comienzo, ella iniciaba las disciplinas de oración, servicio y estudio. «Tenemos que orar por esto y aquello, y este y aquel», decía ella. Ahora entiendo que uno de los dones espirituales de Erin es la oración intercesora. Eso solía intimidarme. Cuando a ella se le ocurría orar por alguien, yo solía pensar: *¿Qué me pasa? Se me debería de haber ocurrido orar por esa persona.* Yo tomaba sus recordatorios de orar, sin importar lo amables y alentadores que fueran, como señales de que yo era un fracaso.

Yo estaba tan cansado los domingos que ella tenía que convencerme para ir a la iglesia. De vez en cuando, ella nos anotaba para ayudar en cosas en las que yo tenía poco interés. Una vez, me encontré en una clase de escuela dominical, ayudando con los pequeñitos. Me distraje mientras Erin enseñaba la lección. Mi mente vagaba hacia las preguntas importantes como por qué los niños les quitaban los envoltorios a las crayolas o cómo iba yo a sacar el polvo de galletas de los bolsillos de mis pantalones.

Ella asistía a reuniones bíblicas con otras mujeres y quería hablar de las verdades de las Escrituras que estaba estudiando. En lugar de estar emocionado por su aprendizaje y desear compartirlo, yo me distanciaba. Ya estaba inundado de teología en el seminario durante el día, y no quería que mis noches se saturaran con más.

Iluminación

¿Se acuerda que le dije que mi papá es un gran líder y consejero? Él es esa secoya espiritual gigante. Un día, después de que él y yo enseñamos en un seminario de matrimonios en Clovis, Nuevo México, me sacó de la sombra de su legado para que mis dones, no los suyos, fueran iluminados.

Estábamos sentados en un restaurante tailandés, simplemente hablando y relajándonos. Mi papá inició la conversación, explicándome lo que el Señor le había enseñado en cuanto al liderazgo durante una de sus reuniones matutinas con Dios, cuando oraba y corría.

Saber que mi papá corría y oraba simultáneamente durante horas cada semana activó mis inseguridades. Yo podía correr la distancia, pero solo me podía enfocar en la oración por quizá treinta y cinco segundos. Me sentí insignificante.

—Sí, tú eres el gran líder —dije, lanzando un misil sarcástico—. Hasta mi esposa se pregunta por qué no me parezco más a ti.

—Greg, yo veo a un gran líder espiritual en ti —dijo mi papá.

Yo no tenía idea de lo que él estaba hablando. *Yo, ¿un líder? Yo soy el tipo con un matrimonio miserable y que apenas puede recordar Juan 3:16.*

—Un hombre puede dar liderazgo espiritual de muchas maneras —dijo—. Es más que leer la Biblia y memorizar pasajes bíblicos. —Me miró directo a los ojos y dijo estas palabras de ánimo:

Veo a un hombre que ama a su esposa e hija de todo corazón.

Veo a un hombre que sirve a su esposa e hija de forma sacrificial.

Veo a un hombre que provee financieramente para su familia.

Veo a un hombre que lleva a su esposa e hija a la iglesia.

Veo a un hombre que protege a su familia.

Veo a un hombre que resuelve los conflictos bíblicamente.

Veo a un hombre que está involucrado con la crianza de su hija. Da disciplina y apoyo emocional, mira *Veggie Tales* con ella, le lee historias bíblicas, juega con ella y le enseña a respetar a sus padres y a Dios.

Veo a un hombre que asume responsabilidad y busca el perdón cuando comete un error.

Veo a un hombre que ora con su esposa y por su hija.

Nunca más me he golpeado a mí mismo por no despertarme al amanecer para guiar a Erin en un estudio de 1 Crónicas. Dios usó a mi papá ese día para darme una visión espiritual renovada de lo que en realidad significa el liderazgo espiritual.

Hombres, guíen como Jesús

Quiero desafiar a los hombres a que dejen las nociones preconcebidas de lo que significa ser un líder espiritual, en las que solo se enfocan en las disciplinas espirituales. Quiero desafiar a cada mujer a que amplíe su definición de lo que significa ser un líder espiritual y que observe todas las maneras en las que su esposo ama y cuida a su familia.

Encontrar un lugar de intimidad espiritual con su cónyuge

debería ser cómodo y práctico, como un par de botas de excursionismo amoldadas. Buscar el plan de Dios para su matrimonio requiere de intencionalidad, pero no deja ampollas. Puede ser una subida cuesta arriba, pero la vista en la cima es fantástica.

Puede ser una subida cuesta arriba, pero la vista en la cima es fantástica.

Dios ha dotado a cada persona de fortalezas específicas. Ciertos dones ayudan a los hombres a guiar a la familia hacia Dios, usando Sus métodos de humildad y gracia.

Un hombre puede ejercer liderazgo espiritual de muchas maneras. A continuación, he enumerado varias que he encontrado en las Escrituras. Ya hemos visto los principios que están detrás de las primeras, y varias más del listado se discutirán a profundidad más tarde en este libro.

Un hombre espiritual:

- Deja a sus padres y se une a su esposa: 1 + 1 = 1 (Génesis 2:24, Efesios 5:31)
- Es fiel (Malaquías 2:15)
- Sirve de manera sacrificial (Efesios 5:25)
- Ama a su esposa (Colosenses 3:19)
- Se involucra en la crianza de sus hijos (Proverbios 22:6)
- Provee financieramente para su familia (1 Timoteo 5:8)
- Valora y nutre a su esposa (Efesios 5:28)
- Resuelve conflictos bíblicamente, manteniendo el temperamento bajo control (Efesios 4:31-32)
- Pide perdón y perdona a otros (Mateo 5:23-24)
- Honra a su esposa (1 Pedro 3:7)
- Enseña y modela un respeto apropiado ante la autoridad (Romanos 13:1)
- Provee un ambiente alentador (Hebreos 3:13)

Hombres, tener la autoridad para guiar a su esposa en los caminos de Dios no es una razón para dejar que se le suban los humos a la cabeza; se le ha llamado al nivel más alto de autosacrificio que hay, con Jesús como su ejemplo a seguir (Efesios 5:25). Para su información, ese es el Jesús humilde que «no consideró que el ser igual a Dios fuera algo a lo cual aferrarse» (Filipenses 2:6) y el obediente Jesús que «sufrió por nuestros pecados una sola vez y para siempre. [...] [Y] murió por los pecadores para llevarlos a salvo con Dios» (1 Pedro 3:18).

Robertson McQuilkin

En cualquier manera que el hombre guíe a su familia —si tiene la guía del Espíritu Santo y supera sus deseos egoístas—, la humildad y el amor sacrificial serán el estilo distintivo. Un hombre que personificó este estilo fue el difunto Robertson McQuilkin.

Escuché su historia hace años, y nunca la he olvidado. Tan profundo era el amor sacrificial de Robertson McQuilkin por su esposa, Muriel, que renunció a un trabajo prestigioso para cuidarla después de que el Alzheimer de inicio precoz destruyó su capacidad de quedarse sola. Devastado, McQuilkin vio a su compañera de vida pasar de ser una persona dinámica a una sombra disminuida de sí misma[11].

La carta que McQuilkin escribió a la Columbia University al renunciar como presidente casi me hace llorar:

> Mi querida esposa, Muriel, ha estado con una salud mental deficiente casi por 12 años. Hasta aquí he podido suplir sus necesidades crecientes y cumplir con mi responsabilidad de liderazgo en Columbia. Pero, recientemente, ha llegado a ser claro que Muriel se alegra la mayor parte del tiempo que está conmigo y casi nada del tiempo que estoy lejos de ella.

No se trata solo de «descontentamiento». Ella se llena de miedo, incluso terror, de que me ha perdido y siempre me busca cuando salgo de casa. Por lo que me queda claro que ella me necesita ahora, a tiempo completo. [...]

La decisión se tomó, en un sentido, hace 42 años, cuando prometí cuidar a Muriel «en la salud y en la enfermedad... hasta que la muerte nos separe». [...] La integridad tiene algo que ver con eso. Pero también la justicia. Ella me ha cuidado de una forma total y sacrificial todos estos años; si yo cuidara de ella durante los próximos 40 años, todavía estaría en deuda con ella. Sin embargo, el deber puede ser serio y estoico. Pero hay más: amo a Muriel. Ella es un deleite para mí: su dependencia y confianza infantil en mí, su cálido amor, los destellos ocasionales de ese ingenio que solía apreciar tanto, su espíritu feliz y su resiliencia tenaz en presencia de su continua frustración angustiante. No *tengo* que cuidar de ella. ¡Tengo la *suerte* de poder hacerlo! Es un gran honor cuidar a una persona tan maravillosa[12].

Una esposa como Priscila

Esposas, ustedes son llamadas a ayudar a su esposo con sus tareas de liderazgo, cada uno cediendo ante el otro, pero, en última instancia, respetando y enalteciendo su liderazgo (Efesios 5:33). Priscila, la esposa de Aquila, era fiel, y el Nuevo Testamento siempre la menciona en la misma oración que a su esposo: fueron exiliados juntos, se convirtieron juntos y trabajaban hombro a hombro[13].

Ustedes también pueden encontrar esa clase de cercanía matrimonial. Aquí tienen algunos consejos para desarrollar esa intimidad espiritual que anhelan. Primero, si usted ha tomado el control como cabeza del hogar, retírese de esa función para que vuelva a ser de su esposo. Luego, examine este corto inventario y vea lo que puede hacer esta semana:

- Ayude a su esposo a descubrir la verdad en cuanto a sus dones de liderazgo al identificar sus fortalezas. Revise el listado de la sección anterior, marque los que su esposo hace bien, y luego agregue los suyos.
- Identifique sus propios dones espirituales para que él sepa cómo ayudarla en su función dada por Dios.
- Aliente las buenas maneras en las que usted y su esposo trabajan bien ahora mismo.
- Anímelo a diario.

IDEAS DE ERIN ACERCA DEL LIDERAZGO

Cuando Greg y yo recién nos casamos, yo inadvertidamente tenía expectativas enormemente altas de él como líder espiritual de nuestro hogar. Yo quería un hombre con la convicción moral del misionero olímpico Eric Liddell, el carisma del evangelista Billy Graham y el valor del pastor-insurgente Dietrich Bonhoeffer... todo eso combinado con la gentileza del señor Rogers. Si no podía encontrar eso, quería algo obtenible, algo que hubiera visto y admirado en una persona real. Sin siquiera darme cuenta, ese algo era una versión más joven del papá de Greg, Gary Smalley, quien en mi mente era un gigante espiritual.

Yo venía de una familia en la que mi mamá había sido la principal influencia espiritual para mi hermano y para mí. Esta dinámica creó la fórmula perfecta para un desastre en la relación espiritual. Resulta que, al principio de nuestro matrimonio, Greg no actuaba mucho como Gary, quien dedicaba horas a la oración y a la memorización de pasajes bíblicos. Por lo que yo intervine y tomé el control, muy parecido a como mi mamá lo había hecho. Continuamente le pedía a Greg que orara o hablara de la Biblia. Yo nos anotaba para grupos pequeños y actividades de la iglesia sin preguntar, porque pensaba que eso estimularía a Greg a participar. Involuntariamente continué tomando decisiones porque estaba muy consciente de que él estaba retraído y no era un participante dispuesto en las cosas espirituales.

Ahora veo que yo le di a Greg muy poco tiempo para crecer y desarrollarse como líder espiritual. Él nunca había estado en ese papel, pero yo todavía esperaba que, de alguna manera, ¡tuviera la madurez de su padre de sesenta años! Básicamente, yo quería que él dirigiera los tiempos devocionales como yo había visto a su papá hacerlo cada mañana, que él supiera instintivamente cuando yo necesitaba orar con él y que él fuera el que buscaba la participación en la iglesia con energía y vigor.

Greg todavía no tenía esa sabiduría espiritual que se desarrolla con años de experiencia, y su forma de relacionarse con Dios también era distinta a la de mi suegro. Por ejemplo, Greg es introvertido, con una personalidad muy relajada. Él se conecta con Dios estando al aire libre. Pero al principio, cuando las cosas no salían como yo esperaba que salieran, yo saltaba a una modalidad espiritual supersónica y esencialmente tomé las riendas. Greg reaccionó a mi ráfaga de actividad sintiéndose un fracaso como líder espiritual de nuestro hogar. Y peor aún, terminó distanciándose de mí espiritualmente.

Al mirar veinticuatro años en retrospectiva, si tuviera que volver a hacerlo todo otra vez, le concedería más gracia e iniciaría más discusiones acerca de mis esperanzas y expectativas. Observaría y elogiaría las cosas buenas que Greg hacía, esas cosas que estaban más allá de la oración y el estudio bíblico. Ahora veo que una relación matrimonial espiritual crece con el tiempo, como cualquier otra parte de la relación matrimonial.

Cómo cultivar una próspera relación espiritual compartida

El último libro del Antiguo Testamento, Malaquías, nos habla del pueblo de Judá durante una época en la que ellos pensaban que Dios se había olvidado de ellos. El profeta Malaquías les respondió, en esencia, que el pueblo era quien se había olvidado de Dios y Sus caminos. Malaquías 2:14 señala específicamente que los israelitas habían quebrantado la fe en sus pactos de matrimonio. El versículo siguiente dice, según una paráfrasis: «Dios, no ustedes, creó el matrimonio. Su Espíritu mora en incluso los detalles más mínimos del matrimonio [...] así que, resguarden el espíritu del matrimonio en ustedes»*.

Al resguardar ese espíritu, usted honra a Dios, quien, a cambio, lo honrará a usted. He aquí tres maneras de «resguardar» el espíritu (la relación espiritual) de su matrimonio.

1. Identifique los obstáculos de su relación espiritual.

¿Hay alguno de estos factores que afecte a su matrimonio y el nivel de cercanía que siente hacia su cónyuge? Marque los tres que tienen mayor probabilidad de descarrilar su relación, y haga un plan para mejorar en esa área esta semana.

- el ajetreo
- diferentes niveles espirituales
- el pecado
- diferentes maneras de expresar el amor espiritual
- la falta de interés
- el conflicto
- un corazón cerrado o endurecido
- el resentimiento o la falta de perdón

---

* Traducción de la paráfrasis en inglés *The Message* por Eugene H. Peterson.

En el hogar Smalley, el ajetreo a veces nos abruma. Hemos aprendido a relajarnos y a no ser tan rígidos al pensar que *tenemos que estar* en la iglesia cada domingo. De vez en cuando, la familia está agotada, y conecto la computadora al televisor. Toda la familia ve el servicio de la iglesia en línea. Cantamos a todo pulmón y hasta bailamos con la música. Reímos y luego hablamos de lo que cada persona aprendió. Tenemos algunas de las mejores conversaciones acerca de Dios cuando estamos juntos como familia.

2. Incorpore disciplinas espirituales diarias a su relación.
Busque maneras de agregar más actividades espirituales intencionales a su matrimonio. Asegúrese de que encajen con su estilo y sus pasiones.

- Oren (oración por y con el otro).
- Estudien la Biblia.
- Adoren colectivamente (en la iglesia).
- Den para una causa especial y únanse en sacrificio para hacerlo (diezme el 10 por ciento).
- Evangelicen.
- Descarguen sermones y escúchenlos.
- Elijan un día para ayunar juntos.
- Escuchen música de adoración y alabanza.
- Guarden el día de reposo para descansar.

3. Aproveche los momentos espirituales ordinarios
Esté consciente de las oportunidades que pueda introducir a sus rutinas diarias para que puedan aumentar sus tiempos de conexión espiritual durante el día. Este concepto se basa en este principio del Antiguo Testamento: «Enséñalas [las palabras de Dios] a tus hijos. Habla de ellas en tus conversaciones cuando

estés en tu casa y cuando vayas por el camino, cuando te acuestes y cuando te levantes» (Deuteronomio 11:19).

- Ore por su cónyuge antes de salir de casa y «anímense unos a otros cada día» (Hebreos 3:13, NVI).
- El tiempo en el carro juntos puede usarse para reflexionar en esta pregunta: ¿Qué cosa le está enseñando Dios?
- Escuchen música de adoración y alabanza juntos.
- Oren juntos antes de acostarse.
- Durante la cena, tengan acceso a versículos de la Biblia para leer en voz alta u oren por personas que no sean de su familia inmediata.
- Envíele por mensaje de texto a su cónyuge una bendición edificante o un inspirador versículo de la Biblia.

Erin y yo estamos trabajando en lo siguiente este mes. A veces, batallamos en ser disciplinados en uno de nuestros tiempos favoritos como pareja: orar juntos antes de quedarnos dormidos. Si yo me acuesto antes que Erin, comienzo a revisar el correo electrónico o a leer las noticias en mi teléfono celular. Luego Erin llega a la cama y me ve con mi teléfono. Esa es una señal para ella de que ha olvidado enviarle a alguien un correo electrónico acerca de algo. Por lo que ella saca su teléfono. Luego yo veo que ella está ocupada, por lo que me paso a la siguiente historia o correo. El ciclo continúa, y los minutos se desperdician. De vez en cuando, dejamos que el ajetreo nos robe los minutos valiosos del tiempo de oración porque cuando comenzamos, nuestras cabezas están llenas de tareas administrativas, noticias deprimentes o la última cosa que vimos en Pinterest. Estamos conscientes de este mal hábito y nos esforzamos por reducir el uso de tecnología antes del tiempo de oración.

Poder nuclear para las parejas

Al igual que la fisión nuclear, las parejas con Dios como su piedra angular tienen más poder potencial de lo que alguna vez pudieran imaginar. Uno de los conceptos clave de este capítulo es sacarle provecho a ese poder al conectarse intencionalmente con Dios y su pareja. He mencionado una porción de Efesios 3:20 en la sección Arquitectura Espiritual 101. Aquí tiene otra vez ese versículo con más contexto:

> Pido en oración que, de sus gloriosos e inagotables recursos, los fortalezca con poder en el ser interior por medio de su Espíritu. Entonces Cristo habitará en el corazón de ustedes a medida que confíen en él. Echarán raíces profundas en el amor de Dios, y ellas los mantendrán fuertes. Espero que puedan comprender, como corresponde a todo el pueblo de Dios, cuán ancho, cuán largo, cuán alto y cuán profundo es su amor. Es mi deseo que experimenten el amor de Cristo, aun cuando es demasiado grande para comprenderlo todo. Entonces serán completos con toda la plenitud de la vida y el poder que proviene de Dios. (Efesios 3:16-19)

La clave para la fuente del poder ilimitado de Dios es practicar diariamente las disciplinas espirituales juntos: esa es la parte del pasaje de «echarán raíces profundas en el amor de Dios». Recuerde que no tienen que ser una de esas parejas que se levantan juntos en la mañana y dedican una hora a la oración. La meta es trabajar para encontrar maneras adicionales en las que usted y su cónyuge puedan conectarse espiritualmente dentro del alcance del estilo de liderazgo del esposo, mientras él apoya y nutre los dones espirituales de su esposa. Aquí tiene algunas de las disciplinas espirituales favoritas, mías y de Erin, para parejas:

- Orar juntos (Mateo 18:19)
- Usar palabras alentadoras con el otro (Hebreos 3:13)
- Estudiar juntos la Palabra de Dios (2 Timoteo 3:16-17)
- Asistir juntos a la iglesia (Hebreos 10:25)
- Dar y unirse en sacrificio para hacerlo (2 Corintios 9:6-8)
- Testificar y hacer discípulos (Mateo 28:18-20)
- Cuidar a los huérfanos y a las viudas (Santiago 1:27)
- Estudiar sermones juntos (Hechos 2:42)
- Meditar en las Escrituras (Josué 1:8)
- Ayunar juntos (Mateo 6:16-18)
- Memorizar las Escrituras (Salmo 119:11)
- Participar en la adoración y la alabanza (Salmo 95:1-2)
- Guardar un día de reposo (Éxodo 20:8-11)
- Leer un devocional juntos (Salmo 119:105)
- Participar en la escuela dominical o en grupos pequeños (1 Tesalonicenses 5:11)
- Llevar un diario de las formas específicas en las que Dios ha ayudado a nuestro matrimonio (1 Samuel 7:12)

Cuando nos conectamos a la fuente de poder correcta, tenemos lo que necesitamos para cumplir con la segunda parte del gran mandamiento: «Ama a tu prójimo como a ti mismo» (Marcos 12:31). Esto nos da un orden importante. Primero, amamos a Dios de todo corazón, y luego amamos a los demás. El punto es que no podemos amar a los demás si no llenamos nuestro corazón del amor de Dios. Una vez que aprovechamos la energía nuclear de Dios en nuestra relación, entonces podemos regalarla. Piénselo: la energía nuclear es una fuerza poderosa, pero es inútil si la energía no se usa para algo productivo.

Anteriormente, observé que la energía nuclear comienza al reorganizar neutrones de uranio en un proceso llamado fisión. La fisión libera energía que se puede usar para hacer vapor, y el vapor se puede usar para darle energía a una turbina para que genere electricidad[14]. Una típica planta de energía nuclear provee suficiente electricidad para suministrar energía a 893.000 hogares[15]. Un generador nuclear del tamaño de un *jacuzzi* puede producir suficiente electricidad para proveer a veinte mil hogares[16]. De la misma manera se libera la increíble energía espiritual entre un esposo y una esposa. ¡No mantenga ese poder embotellado!

Erin y yo nos hemos dado cuenta de que desarrollar sueños compartidos como pareja es como desatar energía nuclear en y a través de nuestro matrimonio. La matemática nuclear del matrimonio se puede cambiar otra vez: 1 + 1 = infinito.

Cómo soñar juntos

Dios une a las parejas para que hagan juntos lo que nunca hubieran podido hacer solos. Génesis 2:24 explica este componente vital del matrimonio: «El hombre deja a su padre y a su madre, y se une a su esposa, y los dos se convierten en uno solo». Este principio de unidad se llama *sinergia*. La sinergia es la cooperación de dos o más elementos para producir un efecto combinado, mayor a la suma de sus efectos separados[17]. Al igual que la energía nuclear, la unidad espiritual es una energía poderosa.

Creo que las palabras de Dios también se aplican al matrimonio y al poder de trabajar juntos hacia una meta común.

Cuando una pareja está unida y trabaja hacia una visión compartida, entonces nada es imposible para el esposo y la esposa. Me gusta cómo el Dr. Neil Clark Warren, fundador de eHarmony, explica la sinergia de soñar juntos:

> En los matrimonios magníficos participan dos personas que sueñan magníficamente. La pareja se anima mutuamente para juntar fuerzas y soñar más grande aún, y en el proceso, se ponen en contacto con un nivel de ser y hacer que de otra manera estaría más allá de su alcance[18].

Soñar «magníficamente» no tiene que ver con crear metas comunes como comprar una casa, pagar la deuda universitaria, tener hijos o ir a unas vacaciones en particular. Estas metas son importantes, pero yo me refiero a una visión más grande que permite que Dios use su matrimonio para *Su* propósito. Ya hemos visto Efesios 3:20, y hay otra promesa en cuanto al valor de soñar juntos en las Escrituras:

> Deléitate en el SEÑOR, y él te concederá los deseos de tu corazón. Entrega al SEÑOR todo lo que haces; confía en él, y él te ayudará. (Salmo 37:4-5)

Cuando soñamos juntos y le pedimos a Dios que use nuestro matrimonio para Su propósito, Él desata energía nuclear a través de nosotros y logra algo mayor de lo que alguna vez hubiéramos imaginado.

Para prosperar, su matrimonio tiene que ver con algo más grande que la gratificación individual y la búsqueda del placer, que es hedonismo. Los matrimonios que se enfocan hacia dentro no cumplen los deseos de Dios, y mueren. Yo comparo el matrimonio que está fundamentado únicamente en suplir necesidades egoístas con el mar Muerto. Ese lago repleto de sal tiene solo una fuente principal: el río Jordán. Debido a que el mar Muerto no tiene salidas, la sal se acumula, matando a todos los peces y demás criaturas. De igual manera, cuando usted represa su matrimonio, los demás no serán bendecidos. Pero si una pareja se compromete con buscar el amor de Dios y este fluye a través de ellos y de vuelta hacia la comunidad, Dios les concederá sus deseos y más.

¿Cuál es su sueño?

¿Qué o quién es su visión? ¿Qué los llama a hacer Dios como pareja? Busque una causa que le apasione a usted y también a su cónyuge, algo que beneficie a otros, y entréguense a ella. Tal vez su sueño compartido es...

- Ayudar a las parejas casadas a prosperar (este es el sueño más nuevo que compartimos)
- Aconsejar a parejas comprometidas o casadas jóvenes
- Dirigir un estudio bíblico
- Pasar tiempo en un viaje misionero de corto plazo
- Dar cantidades significativas de dinero a ministerios
- Trabajar con jóvenes difíciles
- Dirigir un ministerio de oración en su iglesia
- Alimentar a los indigentes
- Patrocinar a un niño necesitado
- Adoptar a un niño
- Ser voluntarios en la iglesia
- Enseñar en la clase bíblica para niños

Cualquier cosa que sueñen hacer juntos, otros necesitan ser bendecidos con su matrimonio. El fruto de su sueño compartido es que ustedes aman a Dios al amar a los demás.

Esta promesa se expresa con una bella analogía en el libro de Jeremías:

> Son como árboles plantados junto a la ribera de un río con raíces que se hunden en las aguas. A esos árboles no les afecta el calor ni temen los largos meses de sequía. Sus hojas están siempre verdes y nunca dejan de producir fruto. (Jeremías 17:8)

El amor de Robertson McQuilkin por su esposa, Muriel, fue evidente para todos y bendijo a los demás. Un día, él y Muriel estaban en un aeropuerto, y su vuelo se retrasó dos horas. McQuilkin respondía con paciencia las preguntas repetitivas de su esposa acerca de su atraso, dónde estaban y cuándo llegarían a casa. Una observadora comentó que ella esperaba que algún día un hombre la amara con la misma dedicación[19].

Visite www.12secretos.com para ideas gratuitas de citas románticas con base en el tema de este capítulo. También encontrará preguntas de discusión gratuitas para todos los Secretos de este libro.

En el «Secreto romántico #3», descubrirá que la intimidad espiritual se puede realzar con la buena comunicación, para «conocer y ser conocido».

SECRETO ROMÁNTICO #3

EL AMOR VERDADERO SE ESFUERZA POR CONOCER Y SER CONOCIDO

Ahora vemos todo de manera imperfecta, como reflejos desconcertantes, pero luego veremos todo con perfecta claridad. Todo lo que ahora conozco es parcial e incompleto, pero luego conoceré todo por completo, tal como Dios ya me conoce a mí completamente.

1 Corintios 13:12

Desde el instante en que la pareja entró a mi oficina, supe que se había decaído la relación. La esposa, de unos treinta y tantos años, se sentó en el sofá, colocó su bolso a su lado y se alisó la blusa. Miró a su alrededor con aprobación al ver los antiguos artículos deportivos que colgaban en las paredes. Luego me ofreció una sonrisa tibia. Pero ni una vez miró a su esposo.

El esposo tenía un traje gris como si acabara de salir de la oficina. Se sentó a tientas al otro lado del sofá, y luego se inclinó a un lado hacia su esposa.

Ella giró su cabeza hacia el otro lado y levantó la palma de su mano como si fuera un escudo.

El hombre giró en el sofá para darme la cara.

—Greg —dijo él—, las cosas no están muy bien en casa. Yo no puedo entenderla. Tal vez ella le hable a usted.

Obtuve la atención de la esposa y le pedí su perspectiva.

—Ese hombre nunca está en casa —comenzó la esposa.

(Observación #1 de la Consejería Matrimonial 101: No es un buen indicio cuando una esposa llama a su esposo «ese hombre»).

—¡Eso no es cierto! —gritó el esposo.

(Observación #2 de la Consejería Matrimonial 101: No es un buen indicio cuando las parejas se gritan entre sí).

La esposa le lanzó una mirada intimidante.

—Y cuando sí está, siempre está metido en la computadora.

—Un hombre tiene que trabajar —dijo él.

Ella hizo un gesto de exasperación.

—Hay golf los martes, jueves y sábados. Ráquetbol los viernes con los muchachos de la oficina. Los lunes es un voluntario en el palacio de justicia. Los miércoles está en casa, pero se queda en el garaje, trabajando en sus pasatiempos y proyectos. Los domingos están llenos de actividades en la iglesia y la familia.

Como consejero astuto que soy, me atreví a dar una observación:

—Así que la comunicación no está muy bien.

El esposo se levantó de un salto.

—¡Y que lo diga! —Giró hacia su esposa, señalándola con un dedo y luego sacudiéndolo enojado—. ¡Ni siquiera me quiere hablar! ¡Ni... una... sola... palabra! —Agitó el dedo con cada término.

Le di una mirada interrogatoria a ella.

—¿Es cierto eso?

La mujer asintió con la cabeza.

—¿Por qué no? —pregunté.

Ella encogió los hombros y dijo:

—Mamá siempre me dijo: «Nunca hables con extraños».

Desafortunadamente, ese no fue el estreno de una serie cómica acerca de los infortunios del matrimonio. Esta anécdota exagerada se basa en la triste realidad que veo en situaciones reales de consejería: muchas parejas no se conocen entre sí. Son compañeros de habitación o socios de negocios. Sería mucho menos costoso para ellos si aprendieran a hablarse mutuamente sin el arbitraje de un consejero. No solo me refiero al costo de los honorarios de una oficina, sino también el alto precio emocional que se paga cuando los cónyuges no se comunican bien.

Una encuesta del 2013 hecha a cien profesionales de la salud mental reveló lo siguiente:

- «Problemas de comunicación» fue la queja más común que condujo al divorcio, seguido de «incapacidad de resolver conflictos» (65 y 43 por ciento, respectivamente)
- El 70 por ciento de hombres culpó al fastidio y/o a las quejas como el factor que más contribuyó
- En segundo lugar para los hombres, con muy poca diferencia (60 por ciento), fue que el cónyuge «no expresa suficiente aprecio»
- El 83 por ciento de las mujeres observó que «la falta de validación de sus sentimientos y opiniones» contribuyó al divorcio
- El 56 por ciento culpó a «su cónyuge por no escuchar o por hablar demasiado de sí mismo»[1]

La fórmula romántica de los medios de comunicación

Las parejas con problemas frecuentemente no saben cómo comunicarse. Adquirieron malos hábitos en alguna parte, ya sea de sus familias o de la cultura. En la literatura y en las películas, las parejas frecuentemente comienzan una relación insultándose entre sí o degradándose con comentarios ingeniosos, lo cual ocurrió incluso en obras más antiguas con personajes como Beatriz y Benedicto en *Mucho ruido y pocas nueces* de Shakespeare, y Elizabeth Bennet y Fitzwilliam Darcy en *Orgullo y prejuicio* de Jane Austen. Esas parejas son tan populares que sus riñas se reviven en actuaciones modernas. Por ejemplo, el señor Darcy ha peleado con Lizzy en pantalla en por lo menos diez versiones de *Orgullo y prejuicio* desde 1938[2].

Cuando se acaba la discusión, la mala comunicación se con-

Concédeme [...] que no busque ser comprendido, sino comprender.

San Francisco de Asís, «La oración de San Francisco»

vierte en el punto crucial de la trama del romance. La confusión lleva a la comedia o al drama, o a veces a ambas cosas. ¿Quién puede olvidar la tensión entre la Melanie de la gran ciudad y el pueblerino esposo que se reúsa a divorciarse de ella en *Sweet Home Alabama* (*No me olvides*)? O los secretos no tan bien guardados en películas como *Crepúsculo* («Cariño, soy un vampiro»), *Shrek* («Cariño, soy una ogresa») o *Lo que ellas quieren* («Cariño, yo soy el tipo que está saboteando tu carrera de mercadeo»). ¿Y qué de los dos vendedores de libros rivales que sin saberlo se conectan en un romance en línea en *Tienes un e-mail*?

La audiencia espera la tierna escena en la que se ofrecen las vulnerabilidades emocionales, la parte significativa de revelación personal que permite que el amante que espera tenga esperanzas. A las películas les gustaría que usted creyera que una persona tiene que bajar la guardia solo una vez, entonces la pareja tiene un breve intercambio emocional, y ¡ya está! ¡El amor florece como cerezos en primavera!

En la sala de cine, los espectadores ovacionan a la pareja cuando ellos se unen, porque ahora se supone que todo es perfecto y que todas las malas interpretaciones se han aclarado. El hombre y la mujer, al expresar su amor mutuo, nunca tendrán un momento de mala comunicación; instintivamente pensarán los pensamientos del otro. Todas las fachadas, las barreras emocionales y las pretensiones se destruyen para siempre. No más problemas de confianza o temor. El hombre y la mujer estarán de acuerdo en la decoración de la casa, en la teología, en los hábitos de sueño, en las prioridades de la crianza de hijos y en el obstáculo más grande: las finanzas. Y, definitivamente, ningún problema en el dormitorio.

Esos conceptos culturales no se mantienen a largo plazo. Las riñas destruyen la confianza y aíslan a las parejas. La autorevelación no es un proceso de una sola vez, como agrietar un huevo. Tiene que retirar continuamente la capa de cebolla del yo, y ofrecerle cada capa a su cónyuge, aunque le arda. Si usted trata de comunicarse como las parejas de películas románticas, pronto se encontrará en el reparto de una tragedia.

No pruebe en casa esas técnicas de comunicación.

Cómo soltar la mentira

Entonces, ¿por qué es tan difícil comunicarse con alguien a quien se ama tanto? ¿Por qué se aferra el corazón humano a las mentiras de Hollywood y contribuye a la taquilla para ver que esos mitos se perpetúen?

Creo que es porque los hombres y las mujeres fueron creados para comunidad, para ser conocidos íntimamente, para sentirse comprendidos y, aun así, ser deseados. Esa es la parte genuina. La falacia es que la comunicación es fácil, con soluciones de cien minutos, a todo color. Las parejas quieren que el proceso no requiera de esfuerzo pero, en lugar de eso, es el trabajo más difícil que ellos han enfrentado.

> *Los hombres y las mujeres fueron creados para comunidad, para ser conocidos íntimamente, para sentirse comprendidos y, aun así, ser deseados.*

Usted y su cónyuge nunca serán capaces de leer la mente del otro; sin embargo, pueden conocer y ser conocidos de manera íntima. Esto es *mejor* que leer las mentes, porque aprender a conocer y ser conocido nos obliga a llegar a ser mejores cónyuges, y mejores personas, en miles de formas.

Una vez que han establecido que están comprometidos con Dios, con su matrimonio y el uno con el otro, se desarrolla un ambiente seguro para que la confianza y la comunicación se profundicen. La comunicación es lo que sostiene las relaciones.

Sangre y mortero

¿Se acuerda del ejemplo del hogar-templo de Efesios 2:19-22? Cada pareja casada comparte un templo para dos, edificado sobre la piedra angular que es Cristo. Mientras imagina eso, agregue mentalmente las piedras de construcción que se sostienen firmemente con mortero. Si las piedras están flojas, el hogar no cumplirá con las reglamentaciones. Piense en la buena comunicación como el mortero que los mantiene cerca. La psicóloga Amy Bellows comentó:

> La comunicación es el mortero que mantiene unida la relación; si se estropea, la relación se derrumba. Cuando los cónyuges ya no se comunican, el matrimonio no nutre a nadie. Ya no es un matrimonio[3].

Otra forma de ver la buena comunicación en el matrimonio se deriva del estudio de la biología. La comunicación es la sangre vital del matrimonio. La sangre es responsable de proveer oxígeno y de llevar los nutrientes a las regiones lejanas del cuerpo. También combate las infecciones.

Sin comunicación, el matrimonio se ahogará.

Sin comunicación, el matrimonio morirá de hambre.

Sin comunicación, las enfermedades correrán descontroladas en su relación.

Sin la sangre de la comunicación sana, su matrimonio tiene tan poca vida como la estatua de Elvis en un museo de cera.

La comunicación de las parejas

Hay todo un campo de psicología que estudia las diferencias de género, y a las lagunas en la comunicación entre varones y mujeres en particular se les da un examen minucioso. De hecho, hasta chocan las definiciones que cada sexo le da al concepto: las mujeres definen comunicación como abrir su corazón, escarbar profundamente los sentimientos y explorar los pensamientos y las emociones con su cónyuge. Los hombres lo ven como escribir una notita antes de desaparecer repentinamente para irse de pesca con los amigos.

Las diferencias de género entre hombres y mujeres hacen que la comunicación sea un desafío porque, en general, los miembros de cada sexo tienen sus propias metas. Y esas metas, frecuentemente, están en conflicto.

Hombres

Los hombres generalmente tienen una meta específica en la conversación (observe la singularidad de propósito). Típicamente, ellos utilizan el acto de habla como una acción determinada. En mi experiencia, y otros concuerdan[4], los hombres utilizan la comunicación para llegar a la raíz de un problema tan pronto como sea posible.

Al esposo le podría parecer poco necesario hablar a menos que haya una intención específica detrás de ello:

- Un punto que es necesario dejar claro
- Un problema que resolver
- Una decisión que tomar
- Algo que se tenga que arreglar

El sexo masculino, como regla, se enfoca en hechos y busca resoluciones inmediatas. A los hombres no siempre les gusta hacer contacto visual cuando hablan y quizá prefieran caminar al lado de su esposa o sentarse en el auto y hablar mientras están hombro a hombro. Para muchos hombres, la conversación cara a cara con contacto visual es una postura conflictiva, y se siente incómoda en el ambiente de la relación matrimonial[5].

Sorprendentemente, el estereotipo de la mujer habladora y del hombre hermético no se basa en información empírica.

Aquí tiene una sinopsis de un estudio minucioso hecho por el Dr. Matthias Mehl del departamento de Psicología de la Universidad de Arizona:

> En promedio, las mujeres hablan 16.215 palabras al día y los hombres hablan 15.669 palabras al día. [...] Sin embargo, el Dr. Mehl dice que el medio no es la mejor descripción de esta distribución: la distribución para este estudio fue enorme. Una persona utilizaba aproximadamente 795 palabras en promedio por día [...] en tanto que otra usaba casi 47.000 palabras (tanto el participante menos hablador como el más hablador eran hombres). Sin embargo, las distribuciones fueron normales para ambos sexos y alcanzaron un promedio sin diferencia estadística[6].

En realidad, no importa cuántas palabras hablen otros hombres al día o si Marte y Venus tienen distintas órbitas de comunicación. Lo que sí importa es que usted y su cónyuge entiendan el estilo de comunicación preferido de cada quien. Hombres, planifiquen discutir con su esposa las formas en las que se sienten más cómodos hablando de temas de la relación. Para comenzar, responda las siguientes preguntas:

- ¿Qué lo hace sentir más cómodo cuando hablan de temas importantes?
- ¿Qué ambientes son mejores: la cocina, el dormitorio, la sala, al aire libre, restaurantes o dentro del auto?
- ¿A qué hora del día: temprano, en el almuerzo, en la cena o más tarde en la noche?
- ¿Qué marco de tiempo está más cerca de su zona de

comodidad para discutir temas personales: dos minutos, veinte minutos o dos horas?

- ¿Cómo puede su esposa hacerle saber que ha entendido sus puntos de vista y sus preferencias? Eso no quiere decir que ella está de acuerdo con usted, sino que ella puede explicar la perspectiva de usted.

Mujeres

Las metas de las mujeres para las conversaciones son la intimidad y la conexión (observe los propósitos dobles)[7]. La mujer ve la conversación como un acto en el que se comparte, como una forma de liberar sentimientos negativos y como una oportunidad para aumentar la intimidad con su esposo.

La esposa se comunica por las siguientes razones:

- Para descubrir cómo se siente y compartir la información
- Para identificar qué es lo que quiere decir
- Para hablar ampliamente de los problemas
- Para encontrar experiencias comunes

A la conversadora femenina le encanta mirar profundamente a los ojos de su esposo. Las conversaciones en un café o en un pequeño restaurante son perfectas para la conversación íntima[8].

Equivocaciones desafortunadas

Un sábado en la tarde, nos dirigíamos a ver un partido de campeonato en el que jugaba el equipo de básquetbol de Garrison. Todos estábamos en nuestra furgoneta, que tiene uno de esos interruptores de arranque sin llave, donde simplemente uno presiona un botón para encender su vehículo. Como habíamos llegado diez minutos antes, dejé a la familia en frente del gimnasio. Luego le dije a Erin que iba a ir a hacer un depósito

LA ETIQUETA DEL TELÉFONO

¿Le encanta su teléfono celular? El 50 por ciento de estadounidenses duermen con el suyo cerca de ellos; son una especie de osito de peluche cibernético[9]. Su teléfono celular puede ayudarle a ser un mejor cónyuge. Los estudios del uso del teléfono celular revelan que pueden ayudar a las parejas a mantener la intimidad cuando están separados. He aquí unos cuantos hallazgos con base en estudios de la amistad en general y algunos en parejas en particular:

Los que se comunican cara a cara y también con medios electrónicos obtuvieron niveles más altos de intimidad que los que se comunican solamente cara a cara[10]. En resumidas cuentas, use mensajes de texto y correo electrónico para elogiar y animar a su cónyuge. Enviar mensajes de texto no reemplaza el hablar en persona, pero los mensajes de texto realzan los sentimientos de intimidad. A Erin en especial le gusta guardar los mensajes de texto y volverlos a leer, lo cual extiende esos sentimientos amorosos.

Sin embargo, ¡tenga cuidado! Para mí es difícil pensar en Erin cuando estoy trabajando, por lo que he adherido una pequeña nota en el monitor de mi computadora que dice «envíale un mensaje de texto a Erin». Eso me hace recordar conectarme con ella durante las horas de trabajo. Un día, después de ver mi nota, comencé a enviarle mensajes de texto. Mi primer mensaje comenzó bastante suave; le agradecí por preparar el desayuno. Luego le dije lo bella que se veía con la ropa nueva que se había puesto y lo excelente que era que todos los niños iban a estar fuera de la casa esa noche. ¡Los siguientes mensajes de texto no eran recomendables para niños! Yo sonreí cuando presioné el botón de enviar. No habían pasado diez segundos cuando escuché el timbre familiar comunicándome que había recibido un mensaje de texto. Cuando comencé a leer, me horroricé al ver que era de mi jefe. De alguna manera, accidentalmente le había enviado el texto a él. «Por favor dime que este mensaje era para tu esposa», fue todo lo que escribió. Me sentí humillado. Pero para bromear con él, respondí: «No... ¡simplemente pensaba en nuestra reunión de esta tarde!».

Si se encuentra fuera de la ciudad, use el teléfono para comunicarse con su cónyuge y ser atento. Eso es mejor que enviar mensajes de texto o enviar un correo electrónico. Conectarse por teléfono afirma los sentimientos de compromiso[11].

Es sabio establecer parámetros en el tiempo de respuesta. No espere que su cónyuge responda un mensaje de texto en cinco minutos; una espera de dos horas (o más, dependiendo de los límites de trabajo) es más realista. Definir las expectativas puede aliviar algunas decepciones y mantenerlos más cerca[12].

Si usted le da a su cónyuge acceso completo a su teléfono y su listado de contactos, sin límites de privacidad, su matrimonio se puede fortalecer. Y trate de usar los mensajes de texto para administrar. Es un uso eficiente del tiempo, por lo que cuando estén cara a cara, pueden hablar de cosas más importantes.

al banco que estaba en la calle. Así ¡mataría dos pájaros de un tiro!

Erin trató de darme algunas instrucciones del sistema del interruptor de arranque sin llave, y el hecho de que ella no pudo encontrar el control remoto. Sinceramente, yo solo quería ir al banco y volver antes de que el juego comenzara. En realidad no le di importancia a su advertencia. Partí hacia el banco, apagué la furgoneta y entré rápidamente.

Todo iba muy bien hasta que volví a la furgoneta y presioné

el botón de arranque. ¡Nada! En lugar de que un poderoso motor V-6 cobrara vida, todo lo que obtuve fue un mensaje en el tablero que decía: «No se reconoce la llave de arranque». Entonces me di cuenta de que, quizá, eso era lo que Erin trataba de decirme cuando me fui en medio de sus instrucciones. Miré mi reloj; ¡faltaban como cinco minutos para el inicio!

La única opción que en realidad tenía era cerrar con llave la furgoneta y comenzar a correr. Instantáneamente, me topé con varios problemas. El gimnasio de Garrison quedaba a más de kilómetro y medio de distancia, yo llevaba sandalias ¡y no había ido a correr desde hacía como dos años!

No es necesario decir que llegué tarde y adolorido al juego de básquetbol. Cuando encontré a Erin y al resto de la familia, estaba sudando abundantemente.

—¿Por qué llegaste tan tarde? —preguntó Erin, con una sonrisa burlona—. Y solo puedo imaginar, ¿por qué estás sudando?

—Tuve que correr todo el camino desde el banco —expliqué.

Pareció que Erin reconoció instantáneamente el problema.

—Apagaste el interruptor de arranque, ¿verdad? —preguntó sonriendo—. Eso es lo que intentaba explicarte cuando te fuiste.

En retrospectiva, estaba tan enfocado en terminar mi tarea de prisa que no bajé la velocidad para escuchar. Debido a que Erin estaba molesta porque yo había despreciado su consejo, no se esforzó lo suficiente para asegurarse de que yo la entendiera.

No permita que eso le ocurra a usted.

Esposas, ayuden a su cónyuge a entender sus preferencias

de comunicación al responder al listado de la sección anterior, cambiando la palabra *esposa* por *esposo.*

Límites de larga distancia

También es bueno establecer expectativas en otras formas de comunicación. Al principio de nuestro matrimonio, Erin se sentía abrumada cuando yo viajaba. Estaba agotada por cuidar de la casa y los niños pequeños, por lo que me llamaba para desahogarse. Decía cosas como: «Has estado viajando demasiado», y «¡Por lo menos tú has dormido toda la noche!».

En esos primeros días, yo trataba de razonar con ella para sacarla de su frustración. Decía cosas como: «Acordamos hacer esto», «Yo no tengo opción, ¿qué quieres que haga?» y «Yo estoy aquí, y no me ayuda oír que te quejes». Yo trataba de ponerla en condiciones para una reacción calmada, como entrenar a uno de los perros de Pavlov. Pero Erin no estaba dispuesta a que se le condicionara. Se resistía a mis súplicas como lo haría un gato; es decir, ignoraba totalmente mis propuestas de comprensión.

Un día, nuestra conversación llegó a estar tan acalorada que le colgué.

Eso no salió muy bien.

Después de un tiempo, la volví a llamar, y ella dijo que mis comentarios la dejaron sintiéndose invalidada. Explicó que ella no necesitaba que yo «lo arreglara» ni que me justificara; ella solo necesitaba hablar con alguien de lo difícil que eran las cosas cuando ella estaba sola.

Por lo que escuché. Y escuché un poco más. Con el paso de los meses, el escucharla no hizo nada para ayudarla ni a ella ni a mí. Me sentía inútil, atrapado entre mis responsabilidades de trabajo y las de la familia. No veía ningún propósito en las llamadas, que me agotaban emocionalmente cuando yo necesitaba estar motivado para mi audiencia.

Finalmente, comencé a decir cosas como la siguiente: «Tú mereces que yo te vea a los ojos, por lo que tenemos que resolver esto cuando llegue a casa, cuando podamos estar cara a cara. Yo te amo, y estamos en el mismo equipo». Lentamente, comenzamos a mejorar con la comunicación de larga distancia.

El primer deber del amor es escuchar.

Paul Tillich, teólogo alemán

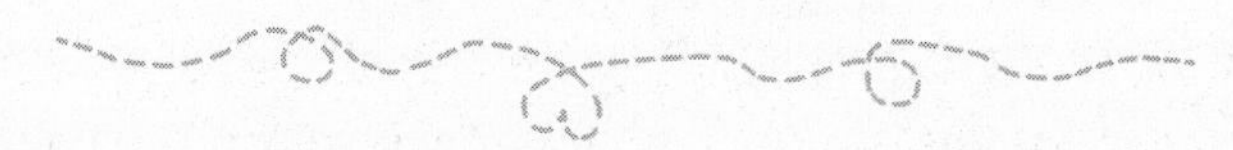

Ahora, hemos aprendido que esas llamadas telefónicas y citas por *Skype* se deberían enfocar en acercarnos al otro emocionalmente y en fortalecer la relación. Dejamos la solución de problemas y el desahogo para cuando estoy en casa y para cuando en realidad podamos llegar a acuerdos satisfactorios.

Aprobado en administración, reprobado en la relación

Adaptarse a la tecnología siempre será un problema, especialmente porque los estadounidenses somos administradores, y nuestros artefactos nos ayudan tanto. (Pronto habrá una aplicación para traducir de masculino a femenino y viceversa).

Pero piénselo. Los teléfonos celulares están llenos de las últimas aplicaciones de administración para coordinar calendarios, viajes en auto y cuentas de tarjetas de crédito. Las parejas en todo el mundo meten toda la información de su vida en una pequeña computadora para priorizar y administrar su tiempo.

Entonces, cuando las parejas se sientan a tener una conversación con sus cónyuges, administran sus matrimonios casi a punto de matarlos. Hablan de la casa, el trabajo, los hijos, la escuela, las compras, el presupuesto, el mantenimiento del auto, el cuidado de los ancianos, la iglesia, las citas con el médico, las vacaciones...

Este es un problema enorme para las parejas que yo aconsejo. Erin y yo no somos inmunes. Continuamente batallamos para no permitir que la administración acapare el tiempo que tenemos para estar juntos. En la noche, en lugar de hacer las preguntas importantes, como preguntar cómo pasamos el día o cómo nos afectaron los acontecimientos, a veces planificamos las actividades del día siguiente. Si dejamos que la administración se descontrole, nos encontraremos con problemas.

Si dejamos que la administración se descontrole, nos encontraremos con problemas.

Para los hombres, esta clase de comunicación administrativa, basada en hechos, encaja con su estilo de comunicación impulsado por propósitos. Para las mujeres, la mujer organizada y elogiada de Proverbios 31 está en su gloria, hablando de sus enormes responsabilidades y cómo lograrlas. En el trabajo o en otros lugares en que las tareas son centrales, este estilo de comunicación transaccional funciona bien. Y, de hecho, los matrimonios necesitan comunicación administrativa. Las preocupaciones reales y prácticas presionan a todas las parejas.

Pero cuando los matrimonios se quedan atascados en la administración, es como mezclar demasiada arena en el mortero de la comunicación, y eso hace que se desmorone. Si usted está satisfecho con la naturaleza impersonal de sus discusiones, mejor sería que estuviera casado con una asistente administrativa en otro país que contrató por Internet.

Ahora mismo, Erin está planificando un viaje a China y se llevará a nuestras dos hijas mayores. Eso me dejará con una fecha tope del manuscrito de un libro, dos niños que necesitan chofer y toda una cantidad de citas médicas, porque es época de regreso a la escuela. Erin y yo nos estamos introduciendo a una espiral administrativa. Y si no tenemos cuidado, no podremos compartir las esperanzas y expectativas que teníamos para este viaje especial de graduación/cumpleaños para las niñas. Estaremos más preocupados por las citas de terapia de lenguaje y por quién va a recoger a nuestra hija más pequeña después de la escuela cada día, que de cómo nuestros temores, nuestros sueños y la vida espiritual de cada uno está impulsando nuestras emociones y acciones.

¿Qué podemos hacer?

Erin y yo hemos desarrollado hábitos, casi rituales, que nos sacan de la administración y nos introducen al corazón de los asuntos.

Ahora bien, ¡oiga esto!

El primer hábito que aprendimos fue escuchar. En el siglo III a. C., al historiador griego Diógenes se le ocurrió una observación útil. Humorísticamente, señaló que «tenemos dos oídos y solo una boca para que escuchemos más y hablemos menos»[13].

A pesar de la ventaja numérica, los oídos de las parejas casadas frecuentemente están fuera de servicio. Cuando usted haga tiempo para una conversación real, tenga cuidado de que no se desperdicie nada de ella. Los desacuerdos y los conflictos surgen cuando se pierde información (hablaremos de ellos en detalle en el siguiente capítulo), pero escuchar mal también crea distancia emocional. Si la comunicación se detiene, si usted comparte su alma y no se siente escuchado, el aislamiento llena el silencio y la relación se enfría en el vacío emocional.

La mejor forma, la única forma, de asegurarse que ha escuchado a su cónyuge (y para esto no tiene que ser un genio) es repetir lo que él o ella le ha dicho. Los psicólogos lo llaman *reflejo*. Y sí, hasta que lo ha dominado, las palabras se derraman torpemente, como se siente su lengua cuando se la ha mordido muy duro. Inicialmente, se sentirá un poco condescendiente, tal vez hasta como un imbécil. Pero aquí tiene lo que un experto en liderazgo les dice a los estudiantes que se quejan de que repetir suena falso:

> Los oidores hábiles saben que se requiere de creatividad para demostrar con tacto que han oído lo que alguien ha dicho al reflejárselo de vuelta, y han tenido que practicar el parafraseo y el reflejo creativo para llegar a ser buenos en eso. Sí, el proceso de aprender a usar el reflejo puede ser incómodo para la gente que no tiene experiencia en ello. Sin embargo, tenga mucho cuidado de no evitar practicar y aprender una habilidad solo porque le preocupa que no será competente inmediatamente. Es mejor desarrollar las habilidades de comunicación con el tiempo, a pesar de la posible etapa incómoda, que evitar totalmente el desarrollo de esas habilidades debido al temor de la incomodidad inicial[14].

Vale la pena un poco de incomodidad (está bien, a veces *más* que un poco) para escuchar el corazón de su ser amado. Se dará cuenta de que incluso ayuda con las actividades sencillas como llegar a tiempo a la obra de teatro escolar o recordar la talla de los zapatos de boliche de su cónyuge.

Cultive un ambiente seguro

Otro hábito de comunicación que hemos desarrollado es crear seguridad emocional. Este proceso es esencial para mantener la comunicación abierta. Esto va mucho más allá de poner a un lado el teléfono celular y mirar a su cónyuge a los ojos para establecer la conexión. Significa que su cónyuge se siente libre para abrirse y revelar quién es en realidad, para compartir sus más profundos sentimientos, pensamientos, esperanzas y sueños. Y usted sabe que su cónyuge lo escuchará, lo entenderá, lo validará y lo aceptará incondicionalmente.

Evite los juicios de valor

Una forma de crear este ambiente seguro es evitar hacer juicios de valor. He aquí como *no* debe responder...

Un hombre que conozco se enfrascaba en una discusión con su esposa cada sábado en la mañana alrededor de las 8:30. Después de que los recolectores de basura de la ciudad vaciaban los botes de basura, la esposa, Isabel, quería que fueran puestos de regreso detrás de la cerca. Y quería que se hiciera «inmediatamente».

Grant, el esposo, quería dormir más y «conectarse» con su esposa en las mañanas ociosas del fin de semana. Hacer que cualquiera de los dos se levantara para ir a esconder los botes de basura quitaba las ganas.

Sus discusiones se desplazaban de lo ridículo a los insultos.

Decía él:

—¿Qué tiene de malo que los botes se queden en el bordillo

una hora más? No puedo creer que permitas que algo tan insignificante como eso te moleste.

Decía ella:

—¿Por qué no puedes simplemente levantarte y moverlas? Sabía que yo no te importaba.

—Ahora estás siendo ridícula —decía él.

—Eres tan insensible —decía ella.

Y así continuaban.

El problema era que Isabel valoraba que su casa se viera limpia y ordenada; se reflejaba en ella personalmente. Esos feos botes de basura vacíos en la calle le hacían sentir vergüenza, como si ella le estuviera faltando el respeto a sus vecinos. Grant se quedaba sintiéndose rechazado y poco amado. No podía imaginar por qué mover esos botes de basura era más importante para Isabel que pasar tiempo con él.

Ellos sí tenían que mover los botes de basura, pero las discusiones sobre eso se salieron de control y dejaron basura emocional que no era tan fácil desechar.

Para crear un espacio seguro, evite «juzgar» los pensamientos, sentimientos y opiniones de su cónyuge. No diga cosas como...

- Eres tan sensible.
- Tus sentimientos no son los correctos.
- Eso es ridículo. No deberías sentirte así.
- No es para tanto. ¿Por qué te pones tan emotiva?
- ¡Es solo tu tiempo del mes!
- Cálmate. Estás exagerando.
- Eres tan dramático. Tus emociones están fuera de control.
- ¡Estás loco! En realidad no te sientes así.
- ¿No puedes soportar una broma?
- Relájate. ¡Deja de descontrolarte!

- No estás siendo muy lógico.
- No es para amargarse. No deberías permitir que eso te moleste.
- Ya deberías haberlo superado.

Valide

En lugar de juzgar a su cónyuge, comunícale que su corazón y sus emociones son importantes para usted, independientemente de que si usted está de acuerdo o si tiene sentido. Cuando valida a su cónyuge, usted respeta, aprecia y acepta el corazón de su cónyuge: sus pensamientos, opiniones, ideas, creencias y emociones profundas. La validación crea una seguridad emocional.

La validación crea una seguridad emocional.

Grant pudo haber dicho: «Sé que es importante para ti tener una casa bonita. Respeto tu deseo de encajar con los vecinos. Pero para mí es importante tener un tiempo contigo sin interrupciones, y tenemos tan poco tiempo. Te amo y deseo estar cerca de ti».

Isabel pudo haber dicho: «Yo te amo y aprecio que trabajes mucho y quieras relajarte los sábados. Significa mucho para mí que valores nuestro tiempo a solas juntos cuando no estamos estresados. Pero me distrae la responsabilidad de mover los botes de basura, y no es fácil relajarme si están allá afuera».

En lugar de insultar, algo que surge demasiado fácilmente, intente decir cosas como...

- Tus sentimientos son importantes para mí, pero sinceramente necesito tu ayuda para entenderlos.
- ¿Puedes explicar de dónde vienen tus sentimientos?
- Puedo ver que estás molesta. Esto es muy importante para ti.

- Parece que estás más inquieto de lo que el problema requiere. ¿Está todo bien?
- ¿Puedes ayudarme a entender por qué estás tan molesto?
- Tus sentimientos no tienen sentido para mí. Lo siento si les resté importancia.
- Eso ocurrió hace mucho tiempo. Tuvo que haberte dolido mucho ya que todavía te molesta.

Esta clase de comunicación abre la puerta para que el verdadero corazón se vea, con todo y sus imperfecciones. Si no se conocen las cosas difíciles, como aquellas cosas que están aún en desarrollo en nuestro cónyuge, realmente no podemos llegar a conocer al cónyuge.

ERIN: LA VALIDADORA DE HONOR

Yo de verdad quería la validación de Greg cuando acabábamos de casarnos. Cuando él no me decía que lo que yo sentía estaba bien, me quedaba atascada en la espiral descendiente de «¿Cuál es mi problema?». A él no le gustaba que se le criticara y el enojo lo asustaba, lo cual era desafortunado, porque ese ciclo típicamente lo disparaba. Como resultado de mis lágrimas y mi emoción intensa, él se cerraba y no se comunicaba en absoluto.

Mis padres nunca discutían las emociones, por lo que yo no había aprendido a hablar de ellas. Cuando trataba de revelar mi vida interna, mis padres tenían la tendencia de cuestionarme o a cerrar el tema. Por lo menos, eso es lo que veo cuando hago memoria.

Por ejemplo, una vez en la secundaria, tuve una discusión con mi mejor amiga. Yo sentía que nuestra relación se había desintegrado completamente en esos pocos minutos. Llegué a casa molesta y sintiendo la pérdida. Acudí a mis padres por apoyo. Incapaz de procesar mi tristeza, ellos hicieron preguntas en cuanto a qué había hecho yo para ocasionar la ruptura. Eso no fue de ayuda, y después, eso me dejó renuente a hablar de mis sentimientos del todo.

Durante nuestro primer año de matrimonio, yo fui a consejería y aprendí que mis sentimientos eran importantes: eran «la voz de mi corazón». Después de eso, tuve confianza nueva, así que, aun si Greg no reconocía mis emociones, yo no me desmoronaba psicológicamente. En lugar de eso, me mantenía firme por mí misma. Debido a que Greg tenía el trasfondo matrimonial Smalley, al principio, yo creía que yo era 100 por ciento responsable de nuestros problemas matrimoniales. Después de la consejería, pude darle un poco más de resistencia a Greg, y él comenzó a estar más interesado en lo que pasaba en mi vida interna.

También aprendí a criticar menos a mi nuevo esposo y a reconocer que la personalidad de Greg era distinta a la mía. Mucho de lo que Greg hace es de improviso. Él vive en el «ahora». Por lo que aprendí que solo porque él no planificaba o no organizaba, no dependía de mí hacer todos los quehaceres y resolver cómo pagar las cuentas. Su intención era divertirse, algo que me atrajo a él en primer lugar y es una de las partes más atractivas de su personalidad. Después de más o menos un año, cambié mi mentalidad; fuimos capaces de comunicar sentimientos profundos, emociones, pensamientos y motivaciones. Esa es una de las formas en las que comenzamos a mejorar y comenzamos a disfrutar del matrimonio, reavivando esos sentimientos románticos, en lugar de solamente soportarlo.

Conocer y ser conocido

Las relaciones cristianas tienen que ver con ser conocido completamente: ese es todo el objetivo de la comunicación. La relación de Jesús con el Padre es el modelo para el matrimonio. Jesús lo describe de esta manera:

> Ya no los llamo esclavos, porque el amo no confía sus asuntos a los esclavos. Ustedes ahora son mis amigos, porque les he contado todo lo que el Padre me dijo. (Juan 15:15)

Primero, usted tiene que entrar al círculo más íntimo de Jesús. Ya no se encuentra afuera: puede «conocer» al Dios encarnado. De la misma manera, puede entrar a la vida de su cónyuge y conocerlo o conocerla íntimamente. Usted está en el círculo más íntimo.

Desde el primer día en que la conocí, Erin me ha cautivado, con su feminidad, su sonrisa, sus gustos, su compromiso con Dios, su carrera. Más de dos décadas después, todavía me sorprende lo maravillosa que es. Seguiré alimentando mi curiosidad por ella y buscaré conocerla mejor cada día.

> *Con demasiada frecuencia, esposos y esposas tienen miedo de expresar sus sentimientos y pensamientos con palabras.*

En el «Secreto romántico #5: El amor verdadero honra», hablaremos más acerca de cómo redescubrir a su verdadero amor y cómo permanecer al día al actualizar regularmente su conocimiento de su cónyuge. Hay gran alegría al redescubrir diferentes aspectos del corazón y la mente de su compañero.

En el «Secreto romántico #11: El amor verdadero se autoevalúa», abordaremos el valor de ser conocido por su cónyuge. Por ahora, es suficiente darse cuenta de que parte de comprometerse en el matrimonio significa dar de sí mismo y ser vulnerable. Con demasiada frecuencia, los esposos y las esposas tienen miedo de expresar sus sentimientos y pensamientos con palabras y dejar que sean evaluadas, quizá de una forma poco amable.

Este proceso de revelarse a sí mismo, al pelar la cebolla del yo, puede ser particularmente doloroso, especialmente si ha tenido experiencias difíciles en el pasado, o si aprendió a ser reservado al observar a sus padres y pares. Exprese sus pensamientos y sentimientos completamente. También comparta sus pensamientos y sentimientos con su cónyuge.

Dese a conocer completamente

Hace algunos años, hice un viaje en carro con dos de mis amigos de la universidad (llamémoslos Frank y Geoff). Mientras los kilómetros pasaban volando, también nos pusimos al día con los hitos de la vida de cada uno. De repente, Frank comenzó una conversación acerca de las aventuras amorosas fuera del matrimonio. Él iba en el asiento del copiloto; giró hacia mí y me preguntó directamente:

—Greg, ¿has tenido una aventura amorosa alguna vez?

Respondí:

—No, compa. Cuando viajo, siempre llevo a mi esposa o a un miembro de la familia. No quiero que eso me ocurra.

Frank giró completamente para mirar a Geoff, que estaba sentado en el asiento de atrás.

—¿Y tú? —preguntó Frank—. ¿Has tenido una aventura amorosa alguna vez?

Un silencio extraño e incómodo nos acompañó por el resto del viaje.

Más adelante, Geoff y yo discutimos su aventura, que

estaba lejos en el pasado. Yo era la única persona a quien le había contado hasta ese momento. Lo animé a que se lo dijera a su esposa.

Por supuesto, las primeras reacciones de Geoff a mi sugerencia estaban revueltas. Él quería dejar las cosas como estaban, en Las Vegas si era posible. No quería lastimar a su esposa, aunque sabía que ya lo había hecho. No quería armar un revuelo: no pregunte y no hable. Quería cubrir y esconder su catástrofe de Betsabé. Pero Geoff también conocía el principio de Lucas 12:2: «Llegará el tiempo en que todo lo que está encubierto será revelado y todo lo secreto se dará a conocer a todos».

Todo lo referente a una unión matrimonial saludable en este planeta terrenal ha sido diseñado por Dios para ser un reflejo de la interacción que se supone que debemos tener con el mismo Dios.

David Kyle Foster, *The Divine Marriage* (El matrimonio divino)

Geoff decidió confesar la verdad, lo cual le permitió a su esposa saber lo que previamente había estado encubierto. Como puede imaginar, el proceso estaba tan cerca a la tortura emocional como puede alcanzar sin una cubeta de agua. Pero Geoff recientemente me dijo que él y su esposa están más cerca emocional y espiritualmente. Ella fue capaz de perdonar y de reconciliarse. Y ahora ellos se conocen más íntimamente que nunca antes.

Mencioné que la comunicación es como la sangre. A veces, se tiene que sangrar un poco para ser entendido, para que se le conozca completamente. Hay un dicho viejo que lo resume bien: «A veces, es esencial que el esposo y la esposa tengan riñas; así llegan a conocerse mejor»[15]. Esta idea nos lleva a la siguiente herramienta para la relación: el «Secreto romántico #4: El amor verdadero lucha por la paz».

Asegúrese de visitar www.12secretos.com para ideas de citas románticas.

SECRETO ROMÁNTICO #4

EL AMOR VERDADERO LUCHA POR LA PAZ

Así como al batir la crema se obtiene mantequilla y al golpearse la nariz sale sangre, al provocar el enojo surgen peleas.
Proverbios 30:33

¿Se acuerda del último día de nuestra luna de miel hawaiana? Erin y yo estábamos en unas bellas cataratas recónditas, y ella no quería meterse en el agua conmigo. Mis palabras: «Acabas de arruinar la luna de miel», deshicieron el corazón de Erin. Allí fue cuando atacó el huracán N (Nuestra primera pelea).

Como se lo prometí, aquí está la versión de ella:

> El letrero de PROHIBIDO NADAR colocado cerca del agua no significó nada para él. En su mundo de diversión y aventura perpetua, las señales de advertencia como esa no existen, y si existen, se ignoran.
>
> Para empezar, yo soy enfermera, y seguir las reglas es

algo que la escuela de enfermería le inculca a uno. Un letrero de PROHIBIDO NADAR significa simplemente eso: PROHIBIDO NADAR. Toda clase de riesgos para la salud podrían estar al acecho en esa agua: sanguijuelas, protozoos patogénicos, pirañas.

En segundo lugar, yo soy una persona que piensa bien sus acciones. ¿Qué pasaría si por nadar perturbamos el criadero de algunos peces extraños o de alguna salamandra en peligro de extinción? ¿Y si el área estaba prohibida porque demasiados nadadores ya habían puesto en peligro el ecosistema?

Y yo respeto la propiedad de otros. ¿Qué tal si estas cataratas y el estanque estuvieran en propiedad privada, y el dueño simplemente no quería que la gente nadara allí? Esa era una razón suficiente para mí.

Así que, cuando Greg me echó la culpa, me di la vuelta y regresé a estar con las personas civilizadas.

Este fue uno de los peores momentos de nuestra luna de miel. Pero podría haber sido uno de los mejores en cuanto al desarrollo de intimidad duradera. ¿Por qué? Porque era una oportunidad perfecta para el aprendizaje.

FRICCIÓN EN LA RELACIÓN + PERCEPCIÓN = INFORMACIÓN PARA LA INTIMIDAD

INFORMACIÓN PARA LA INTIMIDAD + COMUNICACIÓN SALUDABLE = MATRIMONIO FELIZ

Es otro de esos principios locos del matrimonio que no tienen sentido a primera vista. De hecho, la cultura nos dice que pelear en un matrimonio es una señal de que el amor verdadero se ha ido. Pero si Erin y yo hubiéramos sido inteligentes (tenido percepción) y hubiéramos hablado (comunicación saludable) de la razón por la que los dos sobrereaccionamos (fricción en la relación), hubiéramos sido más saludables (matrimonio feliz) y nos hubiéramos ahorrado docenas de ocasiones de sarcasmo en los meses venideros.

En retrospectiva, ahora veo que pude haber ganado más percepción en cuanto a la integridad de Erin y su sabiduría. Ella podría haber llegado a apreciar mis esfuerzos por introducir recreación a la vida y mi habilidad de organizar y planificar momentos especiales.

En el corto plazo, el conflicto es doloroso y señala al hecho de que uno no siempre entiende a su cónyuge o a sí mismo. Pero si usted sabe cómo descifrar el código del conflicto, será más capaz de no solo evitar el siguiente estallido, sino también de atajarlo y aventajarse en el área del romance.

SI MAMÁ Y PAPÁ NO SON FELICES

Para tener una relación romántica próspera, tendrá que identificar su propio estilo de enfrentar el conflicto, que quizá haya aprendido de sus padres, consciente o inconscientemente. ¿Peleaban ellos, lanzándose insultos como granadas? ¿Nunca pudieron acercarse, como dos soldados con las bayonetas levantadas? O quizá evitaban el conflicto completamente como un submarino que silenciosamente pasa por debajo de un barco de batalla naval. ¿Compartían solamente el presupuesto y nada más, uno viviendo la vida en salas de conferencia y el otro en las trincheras en casa?

Muchos de ustedes vieron a sus padres desaparecer detrás de las puertas cerradas para discutir, por lo que no tienen la mínima idea de cómo resolvían sus problemas.

> Pero ninguno de esos malos patrones tiene que impedir que usted elija un estilo distinto de resolución de conflictos.
>
> Usted puede crear un plan nuevo para *su* familia. Tienen la oportunidad de usar el conflicto (esos tiempos en los que están lastimados, molestos, frustrados, heridos, confundidos, enojados y desanimados el uno con el otro) para crecer juntos aún más en su intimidad.

A largo plazo, puede aguardar los conflictos y prepararse para enfrentarlos, como lo aconseja el libro de Santiago:

> Amados hermanos, cuando tengan que enfrentar cualquier tipo de problemas, considérenlo como un tiempo para alegrarse mucho porque ustedes saben que, siempre que se pone a prueba la fe, la constancia tiene una oportunidad para desarrollarse. Así que dejen que crezca, pues una vez que su constancia se haya desarrollado plenamente, serán perfectos y completos, y no les faltará nada. (1:2-4)

Aunque la mayoría de nosotros no consideraría la fricción en la relación como «un tiempo para alegrarse», resolver con éxito un conflicto *sí* producirá un matrimonio más feliz. Nunca le gustará el conflicto, pero le gustará más que la discordia perpetua.

Conflicto versus combate: reglas de enfrentamiento

Aprender la diferencia entre manejar bien el conflicto y entablar el combate emocional es esencial para tener un matrimonio saludable. Esto significa aprender a arreglar sus diferencias en las negociaciones y no por medio de la guerra de guerrillas.

Erin y yo creemos que después de su relación con el Señor, este es uno de los aspectos más importantes de prepararse para un matrimonio satisfactorio y perdurable, con llamas de pasión y romance que no menguan nunca. Es imperativo que aprendan a enfrentar sus diferencias y que superen sus desacuerdos y heridas. Esto requiere de una mentalidad distinta a ganar o perder una discusión... pero igual es doloroso a corto plazo.

No se trata de cuántas discusiones tenga; cómo las maneja es lo que marca toda la diferencia.

Si no saben cómo reconciliar los conflictos a través de las negociaciones, el combate tomará el control y, a final de cuentas, arruinará su matrimonio. Algunos de los mejores investigadores del matrimonio hasta pueden predecir con un alto grado de certeza si un matrimonio tendrá éxito o fracasará, simplemente con base en la manera en que una pareja trata con el conflicto. Si los cónyuges discuten sin jamás resolver sus asuntos, o si constantemente evitan el conflicto del todo, su matrimonio está en riesgo de divorcio[1]. El apóstol Pablo reconoció esta misma verdad cuando instruyó a la iglesia de Galacia: «Pero si están siempre mordiéndose y devorándose unos a otros, ¡tengan cuidado! Corren peligro de destruirse unos a otros» (Gálatas 5:15).

No se trata de cuántas discusiones tenga; cómo las maneja es lo que marca toda la diferencia. La meta no es nunca evitar sus problemas y mantener la paz a cualquier precio. Es hacer restitución y buscar el favor de su cónyuge. Preste atención primero a las necesidades de su cónyuge, ¡y no se demore en hacerlo!

Cuando Erin y yo tuvimos nuestras primeras peleas, evitábamos el conflicto subyacente. Ese mal hábito llevó a un dolor mucho más profundo que el dolor de discutirlo hasta que nos reconciliáramos. Tardamos muchos meses para finalmente llegar a la raíz del huracán N. Perdimos mucha sangre emocional en el camino porque las heridas de la relación no se habían limpiado ni vendado.

¿Por qué peleamos, en primer lugar?

El apóstol Santiago respondió esa pregunta al escribir: «¿Qué es lo que causa las disputas y las peleas entre ustedes? ¿Acaso no surgen de los malos deseos que combaten en su interior?» (Santiago 4:1).

Como en nuestra historia del huracán N, las discusiones rara vez se tratan del asunto superficial (el dinero, los quehaceres del hogar, los hijos, el sexo, el trabajo, el tiempo libre, los suegros, nadar o no, etcétera). Estos temas parecen ser lo que ocasiona el conflicto, pero son una ilusión. Se trata de los asuntos internos que «combaten en su interior».

Muchas veces, cuando alguien ataca con ira, decimos que «perdió los estribos». Otra expresión usa un término electrónico para decir que uno de repente cambia de emociones: «Él me cambió el chip». Otra manera de explicar «los malos deseos que combaten en su interior» es compararlos con una ventana emergente en la computadora o con lanzar una aplicación que toma el control de su computadora por un momento. Una vez que se golpea el teclado o se hace clic con el ratón, no se puede detener el programa hasta que haya terminado.

Toda la gente está propensa a las ventanas emergentes emocionales. Son los virus de nuestra psique, las reacciones que se lanzan cuando uno está demasiado sensible, cansado o lleno de ira y frustración. Su comportamiento de repente cambia por completo debido a una conversación, una experiencia, un conjunto de circunstancias o un solo acontecimiento. En el momento, es como si hubiera sido reprogramado por una fuerza externa, algo que lo controló en contra de su razón. Y después, a veces incluso en el plazo de unos segundos, su corazón se encierra y lo deja emocionalmente vacío de poder.

Las ventanas emergentes emocionales representan emociones profundamente arraigadas y sensibles que se disparan fácilmente, aparentemente de la nada.

Para ser claro, no me refiero a sentimientos simples como estar enojado, deprimido, enfadado, preocupado, molesto, celoso o aburrido. Las ventanas emergentes emocionales representan las emociones firmemente arraigadas y muy sensibles que se disparan fácilmente, aparentemente de la nada. Algún *hacker* plantó la aplicación, y se activa sin su consentimiento consciente.

Una ventana emergente es sentirse...

- No amado
- Irrespetado
- Rechazado
- Fracasado
- Controlado
- Abandonado
- Inadecuado
- Menospreciado
- Sin valor
- No lo suficientemente bueno
- Anulado
- Sin importancia
- Incomprendido

Los sentimientos de este listado, y otras emociones similares, son los «deseos que combaten en su interior» que ocasionan conflicto en un matrimonio. Estas ventanas emergentes ocasionan las luchas continuas, no las riñas cotidianas por el dinero, los quehaceres, los suegros o las direcciones que conducen al conflicto.

Y, una vez que se lanza esta aplicación de la ventana emergente, su corazón se cierra instantáneamente. Veamos las consecuencias cuando esto ocurre.

Cerrarse como almeja versus combate mortal

Cerrarse como almeja significa ser reservado o hermético. Cuando una almeja se cierra, tensa sus músculos en la base de su concha para proteger su corazón. Para abrirse, la almeja tiene que sentirse lo suficientemente segura como para relajar el músculo.

Mantenga esa imagen de la almeja en mente mientras consideramos el proceso del corazón de cerrarse o apagarse: una clave importante para entender el conflicto. Con el tiempo, si una pareja sigue practicando el conflicto dañino, el corazón cerrado de cada uno finalmente morirá al otro. El corazón, como la almeja, tiene que estar abierto para dejar entrar los nutrientes emocionales. Por lo que cerrarse como almeja puede, en última instancia, matar un matrimonio.

En el lado opuesto está la muerte por combate mortal, la «muerte» que ocurre cuando un corazón se rinde después de experimentar demasiada batalla.

El combate en el matrimonio es claramente malo. Es como ese debate clásico de la niñez: ¿Quién ganará una batalla, Batman o Supermán? Tal vez hasta ha visto los avances de una película que se basa en esa misma premisa. Se supone que Batman y Supermán están del mismo lado, pero, de alguna manera, en la película los superhéroes no pueden verlo. Una voz de discernimiento es Álfred, el sabio mayordomo de Bruce Wayne. Él le dice a su empleador: «Vas a entrar en guerra. [Supermán] no es nuestro enemigo»[2]. Pero Batman no puede oírlo por el dolor y las heridas pasadas.

Muchos matrimonios estarían mejor si el esposo y la esposa entendieran claramente que están del mismo lado.

Zig Ziglar, orador y autor motivacional

En el matrimonio, cuando el conflicto se convierte en combate, nadie gana. En lugar de planificar y definir estrategias para obtener lo que usted quiere de su cónyuge, recuerde que siempre hay daño colateral (como la destrucción que ocurre cuando los superhéroes combaten). Desafortunadamente, en cada ocasión, el combatiente deja atrás a un cónyuge herido.

Los *combatientes* son los que se lanzan directo a una discusión conflictiva y abogan por su propia opinión, punto de vista o perspectiva. De esta manera, los combatientes pasan la mayor parte de su tiempo en modo de persuasión, defendiendo su punto de vista. El problema con este estilo de reacción es que siempre lleva el mismo mensaje: «No ofrezco seguridad para ninguna interacción significativa contigo».

En el extremo opuesto de la escala están los *voladores*. En lugar de hacer frente, se desconectan emocionalmente debido a su corazón cerrado. Los avances de la película dejan ver que Supermán inicialmente desaparece de la vista pública, confundido porque, aunque acaba de salvar al mundo, los políticos cuestionan sus motivos. Al igual que Supermán, los voladores salen «volando» para evitar el conflicto o se retiran cuando la conversación se pone difícil.

La característica clave de un volador es la renuencia de llegar a un desacuerdo (evasión) o de permanecer en una conversación importante (retiro). Los voladores trabajan arduamente para minimizar el conflicto y creen que hay poca ganancia al molestarse. Su lema es «relájate; los problemas tienen una forma de resolverse por sí solos».

Los voladores trabajan arduamente para minimizar el conflicto y creen que hay poca ganancia al molestarse.

En modo de evasión, los voladores pueden usar la frase «acordar no estar de acuerdo» una y otra vez, que quiere decir que evaden las conversaciones que creen que terminarán en conflicto. La persona que decide desconectarse siempre envía el mismo mensaje: «Me desconecto de cualquier interacción significativa contigo».

Ya sea que su estilo sea combatir o volar, nada bueno saldrá del conflicto dañino en ningún momento porque es exactamente lo opuesto al amor. En tanto que el amor es paciente, bondadoso, contento, humilde, cortés, generoso, tranquilo y agradecido, tener el corazón cerrado genera reacciones negativas que los aparta a los dos. Tristemente, cuando su corazón está cerrado, el amor de Dios ya no fluye entre ustedes. Y allí es exactamente donde Satanás los quiere: sin amor, desconectados y aislados.

Así que, en lugar de permanecer en modo de reacción cuando experimentamos el conflicto, ¿cómo usamos el desacuerdo para llevarnos a niveles más profundos de intimidad y conexión? ¡Le aseguramos que es posible!

Cómo manejar el conflicto de maneras saludables

Piense en la última vez que se sintió herido o frustrado con su cónyuge, una ocasión en la que perdió los estribos, cuando apareció una ventana emergente, cuando su corazón se cerró y usted estuvo en modo de reacción (de combate o vuelo). Ahora bien, estando usted en esa condición, ¿cuándo fue genuinamente capaz de tener una conversación buena y productiva, como las de Cristo, con su cónyuge? La mayoría de las personas responden con un rotundo: «¡Nunca!».

Es casi físicamente imposible llegar a un acuerdo con otro cuando uno está irritado emocionalmente, cuando su corazón está cerrado y está reaccionando. Su corazón late rápidamente, su presión arterial sube y los pensamientos racionales ya no son posibles. Entonces, ¿cómo logra que su corazón se abra otra vez?

Con el paso de los años, nosotros hemos encontrado tres pasos sencillos que nos ayudan a abrir el corazón y a manejar el conflicto de una manera saludable.

1. Pida una pausa

En lugar de seguir discutiendo y debatiendo la situación, presione el botón de pausa. En otras palabras, aléjense del otro por una breve cantidad de tiempo para reducir la intensidad de sus emociones. Esto es exactamente lo que el rey Salomón escribió: «Los necios dan rienda suelta a su enojo, pero los sabios calladamente lo controlan» (Proverbios 29:11). En lugar de seguir reaccionando (combatiendo o volando), va a querer tranquilizarse.

Algunas de las cosas que pueden ayudar a recuperar los estribos y reducir las ventanas emergentes emocionales son inhalar aire profundamente varias veces, hacer ejercicio, dar una caminata, limpiar la casa, escuchar música, orar, escribir sus sentimientos, etcétera. La clave es crear un poco de espacio entre los dos y hacer algo que lo tranquilice.

En el siguiente capítulo, examinaremos una de las peleas de mis padres en detalle. Por ahora, es suficiente saber que cuando mi papá está frustrado con mi mamá, se va a su estudio para relajarse. Allí él conserva algunos recordatorios de por qué el matrimonio es importante. Él sabe que tiene que limpiar su paladar emocional y rumiar lo positivo en lugar de alimentar su ira.

Mientras crea un poco de espacio, asegúrese de hacerle saber a su cónyuge que está tomando una pausa para hacer que su corazón se vuelva a abrir. Dígale que regresará después para terminar la discusión. Eso no es «retirarse».

El retiro es una reacción de «vuelo» mortal. Pedir una pausa comunica que usted simplemente necesita un descanso corto para después continuar la conversación. La investigación sugiere que podría necesitar por lo menos veinte minutos para tranquilizarse después de perder los estribos o después de que una ventana emergente ha tomado el control.

En la casa Smalley, hemos hecho la regla de que la persona que pide la pausa también debe ser quien inicia el regreso de los dos para hablar del conflicto, pero únicamente cuando el corazón de cada uno esté abierto.

2. Identifique sus emociones

Cuando estamos heridos y frustrados, nuestros pensamientos vuelan con lo que la otra persona hizo o no hizo. A esto le llamamos *hervir*. No podemos dejar de hervir de resentimiento por lo mucho que se nos agravió o trató mal. Si seguimos pensando en esos asuntos, permaneceremos enojados.

Recuerde Mateo 7:3: «¿Y por qué te preocupas por la astilla en el ojo de tu amigo, cuando tú tienes un tronco en el tuyo?». Si va a abrir su corazón, tiene que hacer un giro, dejando de pensar en su «amigo», que en este caso es su cónyuge, y empezando a enfocarse en usted. La forma de hacer este cambio importante es hacer lo que sugirió el rey David: «No pequen al dejar que el enojo los controle; reflexionen durante la noche y quédense en silencio» (Salmo 4:4).

Mientras está en su pausa, comience a enfocarse en sus emociones, la voz de su corazón. Pregúntese: «¿Por qué causa perdí los estribos?» o «¿Cómo se abrió esa ventana emergente?». Es bueno que le ponga nombre a la causa: identifique la emoción, recabe información de intimidad para compartir. Esto lo tranquilizará y abrirá su corazón.

Usted podría pensar: *¡Qué tontería, Greg! ¿Va a darme el cuadro con los pequeños emoticonos que muestran todo desde triste hasta lo suficientemente enfurecido como para dormir en el sofá para siempre? Si señalo al rostro que tiene el ceño fruncido, ¿me va a dar un dulce?*

¡Le aseguro que no estoy siendo condescendiente con usted! Una investigación que se hizo en la Universidad de California en Los Ángeles revela que con solo nombrar lo que siente hará que su actividad cerebral se traslade de la amígdala (su centro de combate o vuelo) a una parte mucho más racional del cerebro: la corteza frontal[3].

El simple hecho de nombrar las emociones no solo comienza a impactar la condición de su corazón cerrado, sino que también impacta lo que ocurre en su cuerpo físicamente.

Los sentimientos son información de intimidad. Las emociones no son correctas ni incorrectas, buenas o malas; simplemente son pedazos de información verdaderamente útiles. Cuando una luz de advertencia se enciende en el tablero de su auto, es buena idea averiguar qué significa. De la misma forma, Dios creó sus emociones para que funcionen como las luces de advertencia de su auto. Cuando siente algo o ha perdido los estribos, es una fuente de gran información. La parte sorprendente es cómo usted se tranquiliza al simplemente darle nombre a sus emociones.

Armado con la claridad mejorada en cuanto a sus emociones, usted está ahora listo para el paso final.

3. Descubra la verdad

Dos de los errores más grandes que la gente comete con sus emociones es ignorarlos o actuar con base en ellos. Recuerde, las emociones no representan nada más que información. Pero no debemos actuar sin pensar con base en cualquier información sin evaluarla primero.

La mejor manera de evaluar sus emociones o sentimientos (las ventanas emergentes) es llevar esa información al Señor. Usted busca Su verdad acerca de usted y su cónyuge. Si tratamos de determinar por cuenta propia la validez de nuestras emociones y nuestros pensamientos acerca de nuestro cónyuge, estamos en riesgo de creer mentiras.

Me encanta cuán sincero era el rey David en cuanto a sus emociones y cómo le hablaba a Dios acerca de cómo se sentía: lo bueno, lo malo y lo feo. Solo un ejemplo es cuando David clamó: «Dios mío, Dios mío, ¿por qué me has abandonado? ¿Por qué estás tan lejos cuando gimo por ayuda?» (Salmo 22:1). Esas emociones poderosas revelan que el pastor convertido en rey no tenía miedo de ser sincero con Dios en cuanto a sus sentimientos.

Yo quiero ser como David, un hombre conforme al corazón de Dios, y controlar mis emociones al hablar con Dios. Cuando usted experimenta emociones, lo mejor que puede hacer es someter esos sentimientos a la luz de Dios. Llévele a Dios sus emociones para descubrir Su verdad acerca de cómo se siente. Cuando trata con emociones difíciles o dolorosas que surgen durante una discusión, la peor decisión es aceptar sus sentimientos como «verdad». Los sentimientos representan información importante de intimidad, pero las emociones en sí no equivalen a la verdad.

Amar quiere decir amar al que es difícil de amar, si no, no sería virtud en absoluto.

G. K. Chesterton, *Heretics (Herejes)*

Para mí, las mentiras de Satanás frecuentemente me llevaban a ver a Erin como una esposa irrespetuosa y desagradecida. No quiero confiar en mis propias interpretaciones y percepciones de lo que mi esposa hace; quiero la perspectiva de Dios porque, en última instancia, Él es la Fuente de la verdad. Cuando mi corazón está cerrado, mi perspectiva llega a ser distorsionada. Carezco de la comprensión, sabiduría y verdad que tiene Dios. Efesios 4:18 habla de este punto: «Tienen la mente llena de oscuridad; vagan lejos de la vida que Dios ofrece, porque cerraron la mente y endurecieron el corazón hacia él».

Descubrir la verdad consiste en abandonar sus propias conclusiones en cuanto a su cónyuge y buscar la verdad de Dios. La gran noticia es que Dios es tan fiel. Él solo quiere lo mejor para usted y su cónyuge, y Él está comprometido con restaurar la unidad. Dios le dará la paz que sobrepasa todo entendimiento en cuanto a sus emociones y le ayudará a ver la verdad en cuanto a su cónyuge[4].

Una discusión desastrosa

A continuación, voy a tomar esos tres pasos y le presentaré la forma de resolución de conflicto en acción de la familia Smalley.

Hace algunos años, Erin me pidió que la ayudara a limpiar la casa. Como alternativa, le ofrecí lavar nuestros vehículos con los chicos en la entrada.

Dije: «Solo déjame una o dos habitaciones, y yo me haré cargo cuando termine con los chicos». En retrospectiva, ¡pudo haber una mejor forma de negociar su solicitud! Estaba a punto de fallar como nunca antes.

Los chicos y yo la pasamos genial lavando los carros. Mientras Erin estaba adentro trabajando duro con la aspiradora, nosotros estábamos afuera, haciendo una enorme guerra de agua que nos llevó a sacar un enorme resbaladero inflable.

Mientras tanto, nuestra hija menor, Annie, me echaba agua desde su pequeña piscina de plástico para niños. Aunque Erin me había pedido que le pusiera un pañal para nadar, Annie parecía estar bien sin él. Hasta que fue claro que no lo estaba. La envié adentro para un cambio de pañal. Y Erin envió a Annie de regreso para que yo me encargara del desastre.

—Erin —grité—. ¿No puedes simplemente cambiarla? Tú ya estás adentro. (*Strike* 1).

La puerta de atrás se abrió de un salto y Erin dijo:

—¡Su traje de baño está lleno de popó! Por eso te pedí que le pusieras un pañal para nadar.

—No pensé que ella en realidad necesitara un pañal para nadar —dije defendiéndome—. Además, el pañal estaba en la casa, y yo ya estaba afuera. (*Strike* 2).

Aunque ella ni siquiera usó las palabras, su mirada comunicó claramente: *¡Qué plan tan brillante, genio! ¡Parece que en realidad ese te salió bien!*

En realidad, lo que Erin sí dijo fue:

—Si me hubieras ayudado a limpiar como te lo había pedido, esto no habría ocurrido.

—Yo no soy uno de tus hijos —respondí—. No puedes decirme que limpie en tu horario. Dije que ayudaría cuando terminara de lavar los carros. (Es sorprendente cuánto sonaba como un niño).

—Entonces, explícame por qué estás simplemente allí parado, mirando a los niños jugar en el resbaladero —argumentó Erin—. ¿Es esto parte del paquete de lujo del lavado de carros? (*Strike* 3... Yo estaba ¡fuera del juego!)

He aquí cómo resolvimos este conflicto.

Pedimos una pausa

Erin y yo estábamos claramente agitados y cansados. Acabábamos de volver a casa de China con Annie y estábamos agotados. A partir de ese momento, nada de lo que dijéramos o hiciéramos marcaría una diferencia. ¡Necesitábamos salir de nuestro baile reactivo! Afortunadamente, Erin tuvo la claridad mental para decir: «Ahora estoy muy molesta, por lo que voy a volver adentro. Te haré saber cuando esté lista para hablar de lo que acaba de pasar». En esencia, ella pidió una pausa.

Aunque no me gusta, ahora entiendo el valor de una pausa relacional.

Sinceramente, yo no quería hacer una pausa. Yo quería resolver el problema y que nos volviéramos a conectar. Detesto cuando nos desconectamos y detesto estar molesto con mi esposa. Pero también he aprendido que es una pérdida total de tiempo obligar a Erin a tener una conversación cuando uno de los dos, o ambos, tiene un corazón cerrado. Aunque no me gusta, ahora entiendo el valor de una pausa relacional; me da tiempo para abrir mi corazón para que podamos hablar de una manera saludable.

Identificamos nuestros sentimientos

Después de que Erin anunció que iba a volver adentro, simplemente me senté en el jardín de enfrente a ver a los niños jugar con el resbaladero de agua.

Mientras le ponía un pañal limpio a Annie, mi mente se revolvía con pensamientos negativos de Erin: *¿Por qué era más importante limpiar la casa que divertirse con los niños? ¿Por qué no podía Erin simplemente jugar con nosotros primero y luego todos juntos limpiar? ¿Por qué siempre me grita ella cuando las cosas no se hacen a su manera? ¡Nunca va a cambiar!*

Dentro de la casa, Erin también estaba hirviendo. Mientras pasaba con enojo la aspiradora sobre la alfombra, su mente volaba con pensamientos negativos de mí: *¿Por qué no me ayuda Greg con el trabajo de la casa? ¿Por qué siempre tengo que ser la* *madre responsable mientras que a él le toca ser el padre divertido? ¿Por qué es únicamente mi responsabilidad limpiar la casa y cambiar a Annie? Él nunca me ayuda... ¡Me siento sola!*

Es en momentos como estos que me acuerdo de la guerra espiritual. Cuando mi corazón está cerrado, estoy molesto con mi esposa, y Satanás ataca mis pensamientos. Él es el padre de la mentira[5]. El ataque es muy sutil, y los pensamientos parecen correctos en mi mente. Sin embargo, el aviso de que algo no está bien es cuando mis pensamientos llegan a ser extremos.

Cuando estaba sentado allí, perdido en mis pensamientos, viendo a mis hijos jugar en el agua, me di cuenta de que estaba siendo atacado cuando comencé a pensar cosas como *¡Nunca va a cambiar!* y *¡Ella siempre grita!* Con el paso de los años, he aprendido a orar instantáneamente cuando percibo que estoy bajo ataque (que es casi seguro que sucede cuando peleamos). Mi oración ese día se basó en Filipenses 4:7-8. Fue algo así: *Dios, guarda mi corazón y mi mente ahora mismo... dame Tu paz que sobrepasa todo entendimiento. Ayúdame a reconocer lo que es verdadero, honorable, justo, puro, bello, admirable, excelente y digno de alabanza de mi esposa y de mi matrimonio.*

La oración me tranquilizó instantáneamente y me dio la perspectiva de Dios. Nada estaba arreglado o resuelto en cuanto a lo que habíamos estado discutiendo, pero por lo menos el ataque espiritual terminó. Ahora tenía que cambiar la dirección de mis pensamientos que se enfocaban en Erin y llegar a entender lo que en realidad ocurría en mí.

Rápidamente me di cuenta de las emociones más profundas que me impulsaban a discutir. Me sentía controlado e irrespetado. Cuando Erin quiso que yo limpiara la casa antes de lavar el carro, sentí como si ella estuviera tratando de controlarme y manipularme metiéndome en su horario. Lo que yo quería hacer (lavar los carros con los niños) no parecía importarle. Ella quería que se hicieran los quehaceres en su marco de tiempo. También sentí que sus comentarios sarcásticos eran irrespetuosos.

Sin embargo, creo que mejoramos nuestras relaciones al reconciliar nuestras diferencias. Así es como llegamos a ser personas más amorosas y experimentamos verdaderamente los frutos del matrimonio.

Dr. John Gottman, *Why Marriages Succeed or Fail* (Por qué los matrimonios tienen éxito o fracasan)

Ponerle nombre a lo que yo sentía me ayudó a tranquilizarme. Nombrar mis emociones, *controlado* e *irrespetado*, hizo que la situación redujera de intensidad. Un cambio genuino ocurrió después de que tuve esa conversación con Dios acerca de mis sentimientos.

Mientras tanto, dentro de la casa, Erin se sentía sola. Se sentía abandonada y que nuestras responsabilidades del hogar caían únicamente sobre sus hombros, como había ocurrido con muchas cosas últimamente con todo el estrés de traer a Annie a casa. Para ella, el matrimonio se sentía unilateral y que no estábamos siendo un equipo.

Descubrimos la verdad

Sentado a la par de mis hijos, jugando en el resbaladero de agua, comencé a orar. «Dios, ¿qué es cierto acerca de lo que siento? ¿Qué es cierto de mi esposa? ¿Es cierto que Erin es controladora? ¿Es irrespetuosa?».

Yo sé cuando he encontrado la verdad de Dios en comparación con las mentiras de Satanás. La verdad de Dios siempre da paz. Las mentiras de Satanás siempre producen riñas y descontentamiento. Rápidamente sentí una paz de que Erin no era una esposa controladora e irrespetuosa. Ahora tenía que hablar con ella.

Hablamos con el corazón abierto

El paso siguiente fue una conversación sincera con Erin para averiguar cuál era su perspectiva y explicarle mi punto de vista.

La clave para tener una conversación reconciliadora es asegurarse de que su corazón esté abierto al amor de Dios, que es paciente, bondadoso, humilde, inofensivo, sacrificial, autocontrolado y perdonador[6]. Estos son los atributos exactos que yo necesitaba para una conversación saludable y productiva con Erin. Pero yo tenía que abrirle mi corazón.

Saqué a los niños del resbaladero de agua y los sequé. Encontré a Erin trabajando todavía con la aspiradora. Ella limpia meticulosamente cuando está enojada. (Todas las mujeres pueden decir ahora «¡Amén!»). Cautelosamente, me acerqué a ella y le pregunté si podíamos hablar. Ella me siguió a nuestro dormitorio, ¡lo cual era una buena señal!

Al saber que la respuesta apacible evita el enojo[7], con una voz suave le pedí que me ayudara a entender lo que había ocurrido.

—En realidad necesitaba tu ayuda, y tú ignoraste totalmente mi petición —explicó Erin.

Es importante repetir lo que usted oye para que su cónyuge pueda sentirse comprendido. (¿Recuerda el capítulo 3 acerca de «el reflejo»?)

—Así que te sentiste ignorada —repetí.

—Sí —respondió Erin—. También me sentí sola, como que limpiar la casa era solo mi responsabilidad. Me habría encantado ser parte del lavado de carros, tener una pelea de agua y ver a los niños jugar en el resbaladero, pero yo no puedo relajarme hasta que la casa esté limpia cuando tenemos visita que llegará más tarde. Habría estado demasiado preocupada con los quehaceres de la casa como para disfrutar el juego con los niños.

—Entonces te sentiste sola y abandonada a limpiar la casa por tu cuenta. —Erin asintió con la cabeza en señal de conformidad—. También parece que no puedes relajarte y jugar cuando hay quehaceres pendientes de la casa.

Para mí, habría sido fácil debatir si en realidad la había «abandonado» o señalar que ella simplemente tenía que aprender a relajarse, pero eso solo nos habría desconectado aún más. Sus sentimientos son sus sentimientos; no son correctos ni incorrectos, ni buenos ni malos. Son la voz de su corazón. Yo quiero que Erin sepa que ella me importa y que lo que siente es importante para mí, ya sea que sus sentimientos tengan sentido para mí o que esté de acuerdo con ellos o no.

Pero cuando escuché cómo se sentía ella, instantáneamente asumí la responsabilidad y me disculpé.

—Lamento mucho que hayas sentido que yo no estaba allí para ti. Yo soy igualmente responsable de nuestro hogar y de dirigir a nuestros hijos. Yo me equivoqué al no darle atención a tu petición. ¿Puedes perdonarme?

—Sí —dijo Erin y sonrió—. Gracias.

—Se me olvida que tienes que tener la casa limpia antes de

que puedas relajarte y jugar, especialmente cuando tendremos visitas —expliqué—. Eso es tan distinto para mí.

Entonces Erin me preguntó qué había pasado desde mi perspectiva. Pude percibir que su corazón estaba abierto solo por la forma en que hizo la pregunta. Si todavía hubiera estado enfadada, quizá no le habría compartido mis sentimientos en ese momento. Quizá habría dicho: «Hablemos de mí después».

En lugar de eso, le expliqué:

—Yo me sentí controlado. Me sentí más como que exigías ayuda con el trabajo de la casa en lugar de pedir que ayudara a encontrar una solución mutuamente provechosa para limpiar la casa. No sentí que tuviera una opción: era hacerlo a tu manera o meterme en problemas. No sentí como que estuvieras dispuesta a considerar lo que yo quería o si yo tenía un marco de tiempo para las actividades del día y los quehaceres de la casa. Además, los niños ya estaban con sus trajes de baño, y yo les había prometido que jugaríamos en el agua.

El conflicto es inevitable; el combate es opcional.

Max Lucado, *When God Whispers Your Name*

(Cuando Dios susurra tu nombre)

—Parece que te sentiste controlado porque yo no te pedí que me ayudaras a decidir cuándo limpiar la casa —respondió Erin—. Y los niños estaban listos para jugar porque tú se los habías prometido.

—Sí. —Asentí con la cabeza—. Y entonces, cuando te

frustraste, yo me sentí irrespetado por la forma en que me estabas hablando.

Erin resumió lo que acababa de oír:

—Tú te sentiste irrespetado con mis palabras cuando yo me enfadé.

—Sí —dije—. Gracias.

—Tienes razón —dijo Erin—. Yo no te pregunté tus expectativas del día, cuándo jugaríamos y cuándo limpiaríamos. Yo no sabía que les habías hecho una promesa a los niños. Y me apresuré con mis palabras. De veras lo siento, ¿puedes perdonarme?

—Absolutamente —respondí.

Después de un fuerte abrazo, ambos fuimos a ver a los niños y nos disculpamos por la forma en la que nos habíamos comportado. Luego nos dividimos el trabajo que restaba y todos terminamos de limpiar la casa juntos. Cuando terminamos con los quehaceres, todos volvimos a salir al resbaladero de agua y jugamos hasta la cena y la llegada de nuestros invitados.

Definitivamente, no todos nuestros conflictos terminan como un reestreno de *Full House* (*Tres por tres*), pero generalmente podemos llegar a un buen acuerdo cuando volvemos a abrir el corazón y hablamos de lo que sentimos.

Hemos avanzado mucho desde Hawái y el huracán N.

En el siguiente capítulo, descubriremos que honrar a su cónyuge también es clave para mantener un matrimonio comprometido y lleno de amor.

SECRETO ROMÁNTICO #5

EL AMOR VERDADERO HONRA

No hagan nada por egoísmo o vanidad; más bien, con humildad consideren a los demás como superiores a ustedes mismos.

Filipenses 2:3 (NVI)

He oficiado una cantidad de bodas y he presenciado algunas equivocaciones. He visto a hombres del cortejo tropezarse, a novias dejar caer los ramilletes, a portadores de anillos romper en llantos y a padrinos echar a perder discursos. Hasta me he avergonzado al hablar por un buen rato del fertilizante del jardín, en tanto que la audiencia se rio por el doble sentido que todos captaron... excepto yo.

Es de esperarse que YouTube les dé un tono rojo aún más profundo a los momentos «bochornosos». La colección de videos divertidos generalmente incluye una caída: los toldos de fiesta, los pantalones, las novias, los ministros y los pasteles, todos parecen tumbarse, haciendo que los espectadores se rían.

Pero hay una «caída» en una boda de la que nadie se ríe: la caída de la gracia. Una de esas fue noticia hace un par de años. Justo antes de hacer su voto de amar, honrar y valorar a la mujer que tenía enfrente, un desafortunado novio chino dijo el nombre de la chica de la que se había enamorado por primera vez... ¡y no era la novia!

La ofendida mujer de blanco exigió la inmediata cancelación de la ceremonia y un divorcio. (En China, el contrato legal se ejecuta antes de la ceremonia). Un comentador de noticias después llamó al error del novio un «momento decisivo»[1]. Yo hice una pausa y pensé que el error del novio no fue lo que le dio el tono a la relación. Fue la decisión de la novia de responder con ira. ¿Qué hubiera sucedido si la novia, en lugar de eso, hubiera respondido con gracia, como si valorara al novio más de lo que valoraba su orgullo?

¿Qué es lo que caracteriza su matrimonio?

Creo que ya he establecido que yo tenía mucho que aprender del amor el día que me casé con Erin. Aunque yo era el hijo de un experto en matrimonios conocido a nivel nacional, muchos de los consejos de mi padre daban vueltas en mi cabeza como pelotas de *pinball*, y no muchas de ellas cayeron en un agujero que acumulara puntos a favor de mi relación con Erin. Pero sí puedo dar fe de una cosa que anotó un punto en mi cabeza y mente al haber sido criado por Gary y Norma Smalley.

En tanto que a otros de ustedes probablemente les dieron sermones de los méritos de la «honestidad», de la «disciplina» y de la «cortesía», que definitivamente son atributos dignos de ser sermoneados, mi hogar también estaba empapado del uso de la antigua palabra *honra*. Ese es uno de los principios distintivos que mi papá enseña en prácticamente todo su material de matrimonios. Y más que eso, él todavía lo *practica*, honrando a mi mamá en casi cada oportunidad que puede. *Honra* es el término que define el matrimonio de mis padres.

El listado

Esta historia es parte de la tradición de mi familia, y la comparto cada oportunidad que tengo porque deja ver el poder de elegir de manera intencional ver a alguien como valioso. Ilustra el principio de honra en acción.

En el 2008, mi familia pasó el fin de semana feriado del Día de Acción de Gracias con mis padres en Branson, Misuri. En cierto momento, ellos tuvieron una gran pelea. Ni siquiera puedo decirle de qué trataba, ¡y estoy seguro de que ellos tampoco se acuerdan! (¿Lo ve? ¡Le dije que el conflicto es inevitable! Por eso es que no tener cuentas pendientes es tan importante).

Frustrados, cada uno salió enfurecido a diferentes partes de la casa. Por supuesto, todas las mujeres corrieron detrás de mi madre para darle consuelo y apoyo emocional. Ya que yo era el único varón adulto presente, pensé que era mejor que fuera tras mi padre. Pero en lugar de empatía o apoyo emocional, pensé que mi papá necesitaba reírse.

Cuando iba detrás de mi padre hacia su oficina de la casa, sugerí lo que pensé que era una buena idea.

—Oye, papá —dije con una risa—, ya que has escrito como cincuenta libros sobre el matrimonio, ¿qué te parece si saco uno del estante ahora mismo y te leo lo que deberías hacer por mamá ahora mismo?

Pensé que mi broma era bastante divertida.

La puerta de su oficina, que se cerró de un golpe en mi cara, indicaba que él no estaba de acuerdo conmigo.

Dejé que se tranquilizara por unos minutos antes de llamar a su puerta.

—Entra —respondió él con pocas ganas.

Cuando entré a su oficina, encontré a mi papá sentado detrás de su computadora. Supuse que estaba en línea, leyendo las noticias o revisando el clima. Pero cuando me dirigí hacia él por detrás, vi la pantalla. El contenido me sorprendió.

—¿Qué es eso? —pregunté.

—Pues —comenzó mi papá—, hace algunos años, comencé un listado de por qué tu mamá es tan valiosa. Así que, cuando estoy molesto con ella, o cuando hemos tenido una pelea, he aprendido que en lugar de sentarme aquí para pensar en lo herido o frustrado que estoy, me obligo a leer todo este listado.

«Hace algunos años, comencé un listado de por qué tu mamá es tan valiosa».

El documento contenía cientos de palabras y frases que describían el valor de mi mamá. Era asombroso.

—Cuando comienzo a leer el listado, generalmente estoy todavía molesto —explicó—. Llego a los primeros tres o cuatro elementos y pienso: *¿Qué estaba pensando?* o *¡Esto ya no es válido!* o *Definitivamente voy a borrar ese.* Pero mientras más avanzo en la lectura, más rápido me doy cuenta de que Norma es una mujer asombrosa[2].

La función de la honra

Erin y yo hemos llegado a creer que la honra es clave para desarrollar una relación fuerte y segura.

Otros expertos en el matrimonio coinciden con nosotros (y no solo mi papá). El experto en matrimonios y autor de éxito Dr. John Gottman identifica la honra como quizá la clave más importante para un matrimonio satisfactorio. Gottman escribe que «Sin la creencia fundamental de que su cónyuge es digno de honra y respeto, ¿dónde está la base de cualquier clase de relación gratificante?»[3].

El diccionario de la Real Academia Española define *honra* como «Estima y respeto de la dignidad propia». En términos prácticos del matrimonio, Erin y yo la definimos como la decisión de ver a otra persona como un tesoro invaluable, reconociendo su valor y mérito increíble. Esa elección de palabras en parte se ha tomado de la palabra griega para honra: *timé*, que significa lo que tiene valor a los ojos del observador, valor percibido y «una valoración, un precio»[4].

Eso no es algo que su cónyuge deba ganarse. Se da, incondicionalmente, o de otra manera la salud emocional y/o espiritual de su cónyuge va a sufrir. Un pasaje del Antiguo Testamento que me rompe el corazón es el de Lea, la esposa no favorecida de Jacob, que acababa de dar a luz a otro hijo y dice: «Dios me ha dado una buena recompensa. Ahora mi marido me tratará con respeto, porque le he dado seis hijos» (Génesis 30:20). Así es, *seis*. Lea nunca «se ganó» la honra que Jacob le debía, incluso después de darle la mitad de las tribus de Israel y también una hija.

LA MENCIÓN HONORÍFICA DE ERIN

Quizá se pregunta cómo pude iniciar un listado de las razones por las que valoro a Greg cuando peleábamos tanto en los primeros años de nuestro matrimonio. Tuve que enfocarme en las cosas grandes, en las partes de su carácter que me habían llamado la atención al principio. Y aunque algunos días las cosas estaban mal, todavía pude hacer una búsqueda de tesoros, para identificar lo bueno en nuestra relación.

1. Greg es mi mejor amigo.
2. Es muy divertido estar con Greg.
3. Greg y yo compartimos una conexión espiritual (aunque era débil al principio).
4. Greg tiene una visión y una meta de ayudar a la gente que sufre.
5. Admiro a Greg por empeñarse en hacer un doctorado.
6. Greg tiene una visión de Dios, un llamado.

El valor de un cónyuge genial

Para ser justos, Jacob estaba metido en una cultura polígama, y el padre de Lea lo engañó para que se casara con ella. Nosotros no tenemos esas excusas. Proverbios 31:10 dice: «¿Quién podrá encontrar una esposa virtuosa y capaz? Es más preciosa que los rubíes». Yo creo que un buen esposo vale por lo menos lo mismo, un punto de vista que lleva a una explicación en cuanto al resto de esta sección. Debido a que el prejuicio cultural del texto bíblico apunta a que los hombres traten a sus esposas con honra, puede sonar a que los hombres son los únicos que necesitan el estímulo de tratar a su cónyuge de manera apropiada. Sin embargo, puede ser aún más difícil para las mujeres honrar y respetar a su hombre. Esta tensión de esposo-esposa se describe en Génesis 3:16 cuando Dios le dice a la mujer Eva: «Desearás a tu marido, y él te dominará» (NVI). Algunas de las repercusiones de la Caída (Génesis 3) para las mujeres son los asuntos relacionales que tienen que ver con el poder, que muy probablemente tengan que resolverse a diario.

De todas las cosas que el amor se atreve a hacer, esta es la suprema... Aunque sea desafiado, sigue hacia delante. Aunque sea maltratado y rechazado, se rehúsa a rendirse. El amor nunca falla.

Stephen y Alex Kendrick, *The Love Dare* *(El desafío del amor)*

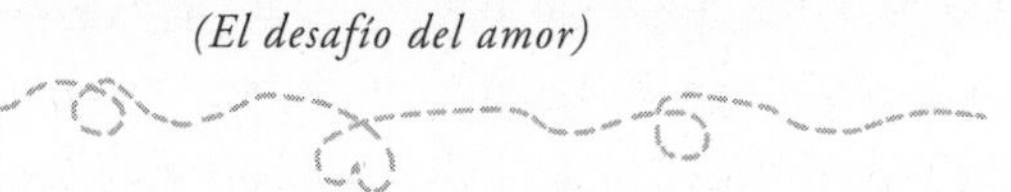

Le aseguro que, en tanto que las funciones de los hombres y las mujeres en el matrimonio frecuentemente se presentan o se manifiestan de manera distinta, la responsabilidad de amar, honrar, valorar y respetar al otro cae en ambos esposos, y la reciprocidad es el énfasis principal. Los cónyuges sabios siguen la pista y el carácter de este versículo: «No sean egoístas; no traten de impresionar a nadie. Sean humildes, es decir, considerando a los demás como mejores que ustedes» (Filipenses 2:3).

A mucha honra

Cuando éramos novios, hablé mucho acerca de la importancia de honrar a Erin, pero tardé un poco en saber cómo ponerlo en práctica a diario. Sin embargo, una de las primeras cosas que aprendí fue a nunca jamás desacreditarla en público.

Ahora bien, esto fue más difícil para mí de lo que debió serlo, porque cuando estoy en medio de una multitud, es mi estilo hacerme el centro de atención al hacer reír a la gente. Frecuentemente uso el humor autocrítico, y con la misma frecuencia, funciona bien. (Por ejemplo, usted ahora se ha estado riendo de mí durante más o menos veinte mil palabras).

Cuando me casé, pensé que tendría el doble de la diversión, porque entonces podía producir risas acerca de Erin también.

En una de nuestras primeras cenas formales como pareja, yo estaba sentado a la par de una amable pareja mayor. Hice una broma acerca de la propensión de Erin de preocuparse (no puedo repetirlo porque eso sería denigrarla indirectamente), y no pensé nada malo al hacerlo. Pero el hombre amable que estaba a mi lado sí. Así que, cuando le pregunté después por cuánto tiempo había estado casado (cincuenta y seis años), continué con otra pregunta:

—¿Qué ha aprendido del matrimonio en esos años?

Me dio un consejo, que en realidad era una censura levemente enmascarada.

—Nunca hablaré mal de mi esposa —dijo—. Nunca voy a faltarle el respeto. Nunca me quejaré de ella cuando estoy en un grupo de hombres. Nunca haré bromas de ella. Siempre le seré leal en público.

Sus palabras fueron como una píldora amarga, pero, afortunadamente, no fui demasiado orgulloso para recibir mi medicina y tragármela.

Comencé con la meta de honrar a Erin, pero he tenido que aprender a hacerlo, a cambiar mis métodos, a escucharla y a ser creativo para encontrar nuevas formas de demostrarle lo valiosa que ella es para mí.

Su cónyuge es su prójimo más cercano

Erin y yo creemos que el plan maestro para desarrollar honra en su matrimonio comienza con una instrucción directa de Jesús: «Ama a tu prójimo como a ti mismo» (Mateo 22:39).

En una época en la que eso puede referirse a todo, desde desarrollar autoestima con un asesor personal hasta pintarse el cabello, ¿qué significa en realidad «amarse a sí mismo»?

La respuesta se puede encontrar en las palabras del apóstol Pablo a la iglesia de Éfeso en cuanto al matrimonio:

> De la misma manera, el marido debe amar a su esposa como ama a su propio cuerpo. Pues un hombre que ama a su esposa en realidad demuestra que se ama a sí mismo. Nadie odia su propio cuerpo, sino que lo alimenta y lo cuida tal como Cristo lo hace por la iglesia. Y nosotros somos miembros de su cuerpo.
>
> Como dicen las Escrituras: «El hombre deja a su padre y a su madre, y se une a su esposa, y los dos se convierten en uno solo». Eso es un gran misterio, pero ilustra la manera en que Cristo y la iglesia son uno. Por eso les repito: cada hombre debe amar a su esposa como se ama a sí mismo, y la esposa debe respetar a su marido. (Efesios 5:28-33)

Aunque no usé la palabra honrar *en mis votos de boda, usé su palabra gemela:* respetar.

Póngale atención particular a esta porción del pasaje: «De la misma manera, el marido debe amar a su esposa como ama a su propio cuerpo. Pues un hombre que ama a su esposa en realidad demuestra que se ama a sí mismo. Nadie odia su propio cuerpo, sino que lo alimenta y lo cuida tal como Cristo lo hace por la iglesia».

Ya que Erin y yo ya hemos presentado nuestro caso del amor sacrificial que se requiere en el matrimonio, nos enfocaremos en las formas diarias de honrar a su cónyuge. En términos prácticos simples, uno «alimenta» y «cuida» su propio cuerpo, y eso es lo que debe hacer por su compañero de matrimonio. Este tipo de cuidado implica aprecio. Edificar una base sólida de honra en su matrimonio ocurre cuando deciden cuidarse y nutrirse regularmente el uno al otro.

Aunque no usé la palabra *honrar* en mis votos de boda, usé su palabra gemela: *respetar*. Honrar a alguien significa mostrarle aprecio, cuidándola con respeto y con afecto. Para el resto de este capítulo, las palabras *honrar* y *apreciar* son intercambiables. (Luego exploraremos *nutrir*).

La honra en la acción bíblica

¿Se acuerda del personaje bíblico Rut, la viuda moabita que se fue de su tierra natal y «quemó sus naves» para seguir a su suegra? La siguiente parte de la historia de Rut revela una gran acción de honra entre un hombre y una mujer, una acción tan romántica que pondría a prueba hasta a Jane Austen.

Le presento a Booz

Me parece encantador que la King James Bible en inglés se refiera a Rut como una «doncella». Y Booz se convierte en un caballero destacado. En el capítulo 2 de Rut, el texto dice que Booz es un pariente del esposo de Noemí, un amigo íntimo de la familia. Es un hombre de posición social considerable en Belén. En tanto que el texto no dice que sea atractivo, la Biblia nos dice que él es algo aún mejor: digno.

Booz también es mayor que Rut. No es un tullido senil, pero tampoco es ningún niño apenas salido de la infancia. Todavía está físicamente en forma, como lo demuestra su práctica de caminar en sus campos durante el calor del día y de separar la paja del trigo. Por lo que yo calculo que su edad es de unos cincuenta y tantos años y que Rut tiene veintitantos o casi treinta años[5].

La familia de Booz tiene un pasado inusual: su madre fue la inigualable Rahab, la ramera que pasó a ser heroína, una convertida que creyó en «el Dios supremo arriba, en los cielos, y abajo, en la tierra» (Josué 2:11). Pero el trasfondo algo inusual de su madre no impidió que Booz saliera adelante.

Respeto a primera vista

Al inicio del capítulo, Rut y Noemí necesitan provisiones. El plan de Rut de cosechar en los campos, bajo la provisión del Antiguo Testamento para las viudas y los pobres[6], la lleva a los campos de Booz, quien inmediatamente se fija en la nueva chica:

> Booz le preguntó a su capataz:
>
> —¿Quién es esa joven que veo allá? ¿De quién es?
>
> Y el capataz le respondió:
>
> —Es la joven moabita que volvió con Noemí. [...] Desde que llegó no ha dejado de trabajar con esmero, excepto por unos momentos de descanso en el refugio.
>
> Booz se acercó a Rut y le dijo:
>
> —Escucha, hija mía. Quédate aquí mismo con nosotros cuando recojas grano; no vayas a ningún otro campo. Sigue muy de cerca de las jóvenes que trabajan en mi campo. Fíjate en qué parcela están cosechando y síguelas. Advertí a los hombres que no te traten mal. Y cuando tengas sed, sírvete del agua que hayan sacado del pozo. [...]
>
> —Espero continuar siendo de su agrado, señor —respondió ella—. Usted me consoló al hablarme con tanta bondad, aunque ni siquiera soy una de sus trabajadoras. (Rut 2:5-9, 13)

Inmediatamente, Booz comienza a ser atento con Rut, apreciándola, incluso al usar un tono de voz amable para consolarla. Le provee un ambiente seguro. La incluye, tanto como sea apropiado, dentro de su casa. Le ofrece agua, algo esencial para la vida. Pero por encima de todo, eleva su condición de extranjera, o rebuscadora, a la de una sierva.

¡Pero el aprecio continúa! En los siguientes versículos, Booz le habla amablemente. La lleva a su mesa para almorzar y piensa de antemano en cómo salvarla de la ridiculización social. La cantidad de granos que Booz permite que Rut tenga en un día fue más allá de sus necesidades, más que generosa: fue un regalo extravagante[7]. ¡Y la invitó a regresar al día siguiente para conseguir más!

Ninguna de las acciones de Booz son para su propia comodidad. Más bien, él solo piensa en el bienestar de Rut, y por extensión, el de Noemí. Al final, la pareja se casa después de un encuentro de media noche y de algunos desenredos legales.

¿Ya puede sentir la cantidad de aprecio que se expresa aquí?

Matthew Henry, un popular erudito bíblico, la sintió. Él hace alarde de Booz:

> El comportamiento de Booz requiere del elogio más grande. Él no trató de aprovecharse de Rut; no la desdeñó por ser una pobre extranjera indigente, ni la sospechó de alguna mala intención. Él habló honrosamente de ella como mujer virtuosa, le hizo una promesa y, tan pronto como la mañana llegó, la despidió con un regalo para su suegra[8].

Booz y Rut reconocieron cada uno casi inmediatamente el mérito del otro. Así como un girasol gira hacia el sol, Rut se sintió lo suficientemente segura para acercarse a Booz con humildad y vulnerabilidad.

Cinco formas de apreciar su relación

El aprecio es un modo de pensar, una mentalidad, una actitud. Significa que usted reconoce el valor increíble de su cónyuge. ¿Puede su cónyuge confiar en que usted va a tratarlo o tratarla de una forma amable? Su cónyuge se sentirá seguro y respetado únicamente al grado en que usted demuestre lo valioso que él o ella es. En momentos de estrés, es fácil olvidar lo maravilloso que es nuestro cónyuge. He aquí algunos hábitos a desarrollar para que honrar se convierta en una forma de vida, incluso en los períodos difíciles. Ese comportamiento creará cierto espacio para que su matrimonio florezca con romance y pasión.

#1 Valore a su cónyuge

El Señor nunca olvida el valor de su cónyuge. Para que usted tampoco lo olvide, póngale atención cuidadosa a versículos como estos:

- Dios los creó a su propia imagen. (Génesis 1:27)
- Fueron hechos maravillosamente complejos. (Salmo 139:14)
- Ustedes son el tesoro especial de Dios. (Éxodo 19:5)
- Ustedes son una herencia gloriosa. (Efesios 1:18)
- Ustedes son muy preciosos para Dios. (Isaías 43:4)
- El tesoro más grande del hombre es su esposa. (Proverbios 18:22) (También es preciso decir que el tesoro más grande de la mujer es su esposo).

Estos versículos presentan a su cónyuge con la mejor luz, que es la perspectiva de Dios. Cuando usted trata a su cónyuge como un tesoro, entonces el viejo adagio de que «por el canto se conoce el pájaro» entrará en vigor. Un cónyuge que cree que forma parte del hermoso plan de Dios cantará y actuará de manera correspondiente.

#2 Siéntase agradecido por su cónyuge

¿Se dio cuenta de que la historia de Booz y Rut revela que él tiene una razón para estar agradecido por tenerla en su vida? Booz se entera por su capataz de que Rut trabaja diligentemente (Rut 2:7). Él observa su valor como una nuera comprometida con Noemí y como alguien dispuesta a adaptarse a una cultura nueva y a comprometerse con el Señor (Rut 2:11-13). Él sabe que ella es decente y que tiene una buena reputación (Rut 3:10-11).

Cuando usted se casa con alguien, de hecho, promete que será el fanático más grande de esa persona. Él, o ella, es su amante, su mejor amigo, su compañero de toda la vida para experimentar los mejores y los peores tiempos juntos. Es como lo dice Proverbios 5:18: «Que tu esposa sea una fuente de bendición para ti. Alégrate con tu esposa toda tu vida» (paráfrasis del autor). (O, para las damas, alégrate con tu esposo).

#3 Elogie y afirme a su cónyuge

Mucha gente necesita oír palabras de ánimo todos los días. Recuerde Hebreos 3:13: «Anímense unos a otros cada día, para que ninguno de ustedes se endurezca por el engaño del pecado» (NVI). Ese es el segundo versículo de «cada día» que exploramos en «Esta cosa llamada amor».

Un *elogio* es una expresión verbal de alabanza. Es una observación que dice algo bueno acerca de alguien o de algo que hizo. Un buen ejemplo bíblico es: «Sus hijos se levantan y la bendicen. Su marido la alaba: "Hay muchas mujeres virtuosas y capaces en el mundo, ¡pero tú las superas a todas!"» (Proverbios 31:28-29).

Amar a alguien significa verlo como Dios lo tuvo en mente.

Fyodor Dostoevsky, novelista y periodista ruso

Afirmar es decir algo cierto de una manera confiable. Yo afirmo a Erin cuando veo las cosas buenas de ella que ella no ve: su paciencia y ternura, pero también su creatividad y sus habilidades de liderazgo. Usamos la frase: «Nombrar el valor». Esto a veces se convierte en palabras de ánimo, lo que envalentona al otro.

El grito de Gedeón

En el «Secreto romántico #2: El amor verdadero busca a Dios», conté la historia de cómo mi padre se esforzó en desafiarme a ser lo mejor que pueda como líder espiritual de mi hogar. Ni siquiera estaba consciente de las fortalezas que él veía en mí. Pero su opinión de mí cambió mi opinión de mí mismo.

Generalmente, la mayoría de nosotros somos malos jueces de las fortalezas y habilidades propias dadas por Dios. Por lo que hay un poderoso impacto personal en nuestra vida cuando un ser amado o un amigo de confianza se acerca para afirmar nuestras fortalezas únicas.

Vea la historia de Gedeón, por ejemplo. (Este es un personaje del Antiguo Testamento, no la persona que pone Biblias en las habitaciones de los hoteles). Este héroe bíblico comenzó como un líder reacio durante una época en que la nación de Israel sufría una opresión terrible de sus enemigos, los madianitas. Los madianitas asaltaban comunidades, quemaban hogares y campos, y mataban animales. Dejaron al pueblo de Dios acobardado en cuevas, prácticamente muriéndose de hambre.

Un día, Gedeón estaba trabajando, escondiendo un poco de la escasa comida, cuando un visitante angelical llegó y le pidió que dirigiera el ejército de Dios.

> Entonces el Señor lo miró y le dijo:
>
> —Ve [...] y rescata a Israel de los madianitas. ¡Yo soy quien te envía!
>
> —Pero, Señor —respondió Gedeón—, ¿cómo podré yo rescatar a Israel? ¡Mi clan es el más débil de toda la tribu de Manasés, y yo soy el de menor importancia en mi familia!
>
> El Señor le dijo:
>
> —Yo estaré contigo, y destruirás a los madianitas como si estuvieras luchando contra un solo hombre. (Jueces 6:14-16)

Al principio, Gedeón se sentía como un enclenque inútil, un don nadie, y de poco uso para su pueblo o para Dios, mientras los madianitas hacían llover caos y devastación. Pero estaba equivocado.

Dios escogió a Gedeón para suplir una necesidad apremiante, y el ángel le dio al indefenso Gedeón el papel de un guerrero poderoso. Cuando finalmente se vio con esa nueva luz, Gedeón obtuvo la confianza que necesitaba para guiar a los hijos de Israel a la victoria sobre sus enemigos.

De la misma forma, los cónyuges pueden animarse mutuamente hacia un mejor futuro al afirmarse uno al otro sus fortalezas escondidas e identidades verdaderas en Cristo. Cada uno de nosotros tiene el poder de transformar la autoimagen del ser amado al revelarle a esa persona su verdadero valor. Cuando usted observa y señala los talentos y habilidades únicos de su cónyuge, verá aumentar la confianza de él o ella del mismo modo.

Usted tiene el poder de ser el mejor espejo que su cónyuge haya tenido, y así transformar ese reflejo para que encaje con la visión que Dios tiene en mente.

#4 Sea cautivado por su cónyuge

«Que siempre seas cautivado por su amor» (Proverbios 5:19). Que su cónyuge lo encante, cautive, fascine, magnetice, impresione.

Este versículo presenta el lado positivo de la integridad y la fidelidad: estar tan enamorado de su cónyuge que no tiene ni tiempo ni inclinación para desviarse, ya sea física, visual o emocionalmente. Si su corazón está lleno de sentimientos buenos hacia su cónyuge, es mucho más fácil simplemente decirle no a la lujuria o a los coqueteos. Atesórela en sus pensamientos para mantener la pureza.

Considerar a otras personas atractivas y mirarlas erosionará su propia visión de su cónyuge.

El lado negativo es la advertencia de Proverbios 5:20: «No dejes que otra mujer te cautive» (TLA). (Para las damas: «otro hombre»). Considerar a otras personas atractivas y mirarlas erosionará su propia visión de su cónyuge. Usted estará menos satisfecho con su cónyuge, y él o ella se sentirá menos especial para usted.

#5 Sea cortés con su cónyuge

La *cortesía* es igual a buenos modales y gentileza. La seguridad también se transmite al manifestar respeto y consideración. En 1 Pedro 3:7 se les dice a los esposos que «sean comprensivos con sus esposas. Denles el honor que les corresponde, teniendo en cuenta que ellas son más delicadas y están llamadas a compartir con ustedes la vida que Dios les dará como herencia. Háganlo así para no poner estorbo a sus propias oraciones» (DHH). No hay razón por la que las mujeres no deban ser también corteses y comprensivas. La palabra griega que aquí se traduce como *denles* significa «asignar», pagarle como es debido[9]. Eso es lo que mi papá aprendió a hacer, incluso cuando estaba enojado.

La lección de Starbucks

El surgimiento de Starbucks, una empresa que inició en Seattle y que ahora es común en las ciudades estadounidenses, puede enseñarles a las parejas el valor de apreciar o de crear un factor de «antojo». Starbucks no se trata solo de café. Tiene que ver con apreciar al cliente, creando una experiencia inigualable.

He aquí la opinión de un periodista:

> Starbucks. Cuando uno dice el nombre, automáticamente evoca una imagen: una lujosa cafetería con madera clara, vidrio y cromo. El aroma estimulante e invitador del café preparado y la atmósfera de la cafetería han hecho que Starbucks sea el tostador y servidor de café de especialidad más famoso del mundo. [...]
>
> Ese «algo especial» es lo que define la experiencia del café de Starbucks[10].

Cuando honramos y apreciamos a nuestro cónyuge, él o ella se siente cómodo: un sentimiento maravilloso, sentimiento del que querrán más. Esa es la diferencia decisiva, el «algo especial», que usted busca para su relación. Esos sentimientos afectuosos muy probablemente se transmitirán a una intimidad en todas las áreas de su relación.

Cómo a-listar herramientas para la relación

La gran noticia es que se puede crear intencionalmente una atmósfera agradable. Usted puede subir el termostato de la relación de la misma forma que lo hizo mi papá, cuando «a-listó» ayuda.

En el espacio de abajo, haga un listado de todas las razones por las que su cónyuge es valioso. Por ejemplo, puede incluir un rasgo de carácter o personalidad, diferencia de género, patrón de fe, valor, moral, habilidad de paternidad, disciplina espiritual o incluso una función que él o ella asume y que usted aprecia.

El siguiente cuadro podría activar algunas ideas acerca de los valores de su cónyuge:

humilde	exitoso
audaz	responsable
valiente	servicial
divertido	soñador
leal	feliz
cariñoso	líder
abnegado	gentil
generoso	amoroso
seguro de sí mismo	ordenado
respetuoso	gozoso
atento	cooperativo
independiente	curioso
creativo	determinado
inteligente	energético
honesto	alegre
aventurero	considerado
trabajador	tranquilo
amante de la diversión	cortés

Asegúrese de mantener este listado a la mano para que pueda agregar cosas y revisarlo periódicamente cuando necesite recordar el valor de su cónyuge. También, no guarde este listado maravilloso para sí: compártalo con su cónyuge. Deje claro que usted reconoce su valor. Cuando eso ocurre, no solo se beneficia su cónyuge, sino que usted también se ve influenciado de una manera positiva.

MI LISTADO SOBRE ERIN

Mi listado sobre lo que hace que Erin sea tan valiosa podría seguir sin parar, y así es.

1. Altamente relacional: A ella le encanta estar con gente y relacionarse con gente, en especial con otras mujeres.
2. Diligente: A ella le gusta lograr mucho cada día.
3. Compasiva: A ella le encanta ayudar a otros cuando sufren, tanto física como emocionalmente. Por eso es que llegó a ser enfermera y luego consejera.
4. Apasionada: Ella ama apasionadamente, se regocija de gran manera y sufre profundamente con una pérdida.
5. Leal: Ella se quedará con alguien incluso cuando todos los demás se han ido.
6. Investigadora: A ella le encanta descubrir nuevos datos e ideas.
7. Muy exitosa: Ella se esfuerza por la excelencia en todo lo que hace.
8. Socializadora: Ella puede trasladarse a una ciudad nueva y desarrollar rápidamente un grupo de amigas.
9. Fe apasionada y profunda en el Señor: A ella le encanta adorar de maneras muy tradicionales.
10. Mamá osa: Si alguien hace algo o dice algo malo de nuestra familia o nuestros amigos, ¡tenga cuidado!
11. Relajada: Ella no se irrita cuando las cosas no están organizadas.

12. No es rencorosa: Uno no tiene que preguntarse si está molesta con uno o si esconde cómo se siente en realidad.
13. Aventurera: A ella le encanta probar cosas nuevas.
14. Tiene integridad: Ella está dedicada a hacer lo correcto y a seguir las reglas.
15. Ahorradora: A ella le encanta una buena oferta.
16. Modesta: Ella se viste atractivamente, pero no para atraer la atención lujuriosa de los hombres.
17. Sensible: A ella le encanta permitir que su corazón sienta alegría y dolor con otros.
18. Disciplinada: Ella trabaja arduamente para estar saludable al hacer ejercicio y comer bien.

¿Y qué de su listado? ¿Qué hace que su cónyuge sea tan increíblemente valioso? Le animo a comenzar su listado ahora mismo. ¡Mientras más largo sea el listado, mejor!

Un final honroso

Dios desea que usted comprenda profundamente el valor de su cónyuge. Sin embargo, permítame ser muy sincero con usted: hay veces en que esto puede ser un desafío para cualquiera en cualquier relación. El matrimonio parece dar muchas oportunidades para amar y honrar... pero también para deshonrar. Todo está en cómo decidimos verlo.

Uno siempre puede dar sin amar,
pero nunca puede amar sin dar.
Amy Carmichael, misionera cristiana

Piense en la honra como un combustible vital que mantiene la chispa de un matrimonio amoroso a lo largo de la vida. El fuego del amor podría reducirse a rescoldos si se descuida o se le priva de oxígeno. Pero incluso una chispa de respeto o adoración puede estallar rápidamente en una llama completa cuando se le aviva una vez más.

Esperemos que ese sea el caso con la novia china cuyo novio dijo el nombre equivocado durante la boda. Después de reunirse con un juez, la mujer disgustada acordó permanecer casada[11].

Su esposo tiene por delante la tarea de honrar. Al principio de su listado, debería estar esto: Mi amada Zhou, perdonadora y benévola desde el primer día.

En el siguiente capítulo, descubriremos que nutrir a su cónyuge es una excelente manera de apreciarlo o apreciarla.

SECRETO ROMÁNTICO #6

EL AMOR VERDADERO NUTRE

Alégrense y llénense de gozo en el Señor su Dios; porque él les ha dado la primera lluvia a su tiempo, y enviará sobre ustedes lluvias tempranas y tardías, como al principio.

Joel 2:23 (RVC)

En la actualidad, dos de cada tres estadounidenses estarían más sanos si bajaran de peso[1]. Usted podría decir que el país está sobrealimentado.

¿Cómo se vería si también estuviéramos sobrealimentando a nuestro cónyuge, supliéndole al máximo las necesidades que tiene?

«¿*Otra vez* sexo? —se oiría a los esposos diciéndoles a sus esposas—. Ahora mismo no puedo, querida. Estoy muy ocupado blanqueando el hormigón de la ducha. Eso es mucho más importante».

«Cariño —dirían las esposas—, tengo fiebre del heno en la casa por todas las flores que has enviado esta semana. Vas a tener que limitar los ramos a dos por día».

«No, querido —dirían las esposas—, no me importa si te vas un fin de semana de caza con los amigos. Claro que le quitaré la piel al venado si lo traes a casa. He visto algunas recetas de entrañas de venado en Pinterest que quiero probar».

«Está bien, cariño —dirían los esposos—. Apagaré el canal de deportes y podemos ir a comprar bolsos de diseñador. Nunca están de más los bolsos *Coach* de $500, ¿verdad?».

En el capítulo anterior, fueron presentados los conceptos de apreciar y nutrir, pero Erin y yo nos enfocamos en apreciar. En este capítulo, desempacaremos los principios de nutrir a su cónyuge... y sí, como lo revelan los ejemplos iniciales, tal vez tenga que consentir. Pero espere un poco, y le haremos ver por qué.

Comenzaré recordándole el texto clave, Efesios 5:29: «Nadie odia su propio cuerpo, sino que lo *alimenta* y lo cuida tal como Cristo lo hace por la iglesia» (énfasis mío). En este pasaje, Pablo le recuerda a la iglesia que la gente rara vez descuida su propio cuerpo y que son diligentes al satisfacer sus propias necesidades de comida. De la misma manera, cuidar de las necesidades de su cónyuge debería verse como igual de importante. Usted debe esforzarse por nutrir a su cónyuge. Si no lo hace, esencialmente está matándolo o matándola de hambre, y su relación —así como su cónyuge— sufrirán.

No estoy exagerando este punto en absoluto. La palabra griega para nutrir es *ektrephó*, que significa (1) criar o sustentar y (2) llevar a la madurez (semejanza a Cristo)[2]. En la Biblia, es fácil ver que el concepto de la nutrición es análogo a la lluvia; los significados de los conceptos están entrelazados. La lluvia es responsable del crecimiento de la comida que nos alimenta.

Jesús lo explicó de la siguiente manera: «Pues él da la luz de su sol tanto a los malos como a los buenos y envía la lluvia sobre los justos y los injustos por igual» (Mateo 5:45). He aquí otro ejemplo del Antiguo Testamento: «Pidan al SEÑOR lluvia en la primavera, porque él forma las nubes de tempestad. Y él mandará abundante lluvia de modo que cada campo se convierta en un buen pastizal» (Zacarías 10:1)[3].

Nutrir a su cónyuge abarca el dar sustento para su bienestar físico, emocional y espiritual. Dar atención espiritual a su cónyuge es ayudarle a buscar los principios del reino. Aunque el concepto está explicado para un padre y un hijo en el siguiente versículo, la idea se aplica también al matrimonio: «¡Padres! No provoquen a sus hijos, sino nútranlos con la instrucción y amonestación del Señor» (Efesios 6:4, parafraseado). Usted es responsable de ayudar a su cónyuge a llegar a ser más como Cristo. El continuo crecimiento espiritual, mental y emocional de su cónyuge debe importarle, y debe animarlo como pueda. Usted no es responsable del resultado, pero es responsable de nutrir este aspecto de la vida de su cónyuge.

Usted es responsable de ayudar a su cónyuge a llegar a ser más como Cristo.

El corazón de un siervo

Cuando pienso en nutrir a un cónyuge a través de las acciones, pienso en la película *La princesa prometida*. Esa obra maestra cinematográfica es parte del vocabulario de mi vida. No solo me río cada vez que oigo la palabra «inconcebible», sino que también me preocupa que me vea tentado a pronunciar mal la palabra «matrimonio» y «amor» cuando oficio una boda. Y luego está Billy Crystal que hace el papel de Max el Milagroso...

Pero me salgo del tema.

El verdadero valor matrimonial de la película está en las escenas iniciales. Westley, el muchacho que trabajaba en la granja, está tratando de ganarse el afecto de Buttercup, la hija del dueño de la granja. El criado atento lo hace siendo un siervo excelente. Mientras hace su trabajo, siguiendo las órdenes de Buttercup, sus palabras «como desees» en realidad quieren decir «te amo».

En inglés, el origen de la palabra que significa *siervo* es de mediados del siglo XIV, y significaba «amante declarado, alguien devoto al servicio de una dama»[4]. Para nutrir a su cónyuge, usted tiene que comenzar con la actitud de Westley de «como desees», una perspectiva anticuada que busca poner las necesidades de su amante antes que las suyas.

El ejemplo de Jesús

Jesús fue el ejemplo supremo de un siervo. Sirvió a Su «novia» al morir por la iglesia. El pastor John Ortberg escribió: «Cuando Jesús vino como siervo, no *ocultaba* quién es Dios. Él *revelaba* quién es Dios»[5].

¿Cómo quiere Jesús que usted le revele a Dios a su cónyuge? Siguiendo su ejemplo divino. ¿Y cuál fue su ejemplo?

¿Convirtiendo agua en vino? No. ¿Sanando a los enfermos? No. ¿Volteando las mesas en los patios del templo? No. ¿Ayunando? ¿Enseñando? ¿Caminando sobre el agua? No. No. No.

La respuesta es *lavando pies.*

Una de las últimas acciones de Jesús en la tierra fue hacer el trabajo de un humilde siervo y lavar los pies de los discípulos, limpiando simbólicamente a los hombres. Jesús terminó el ritual de limpieza con estas palabras: «Dado que yo, su Señor y Maestro, les he lavado los pies, ustedes deben lavarse los pies unos a otros. *Les di mi ejemplo para que lo sigan. Hagan lo mismo que yo he hecho con ustedes* (Juan 13:14-15, énfasis agregado).

Seguir las huellas de Jesús significa «lavar los pies de su cónyuge» literal y metafóricamente, o servir a su cónyuge con un corazón humilde. El apóstol Pablo explicó la mentalidad de Jesús cuando le escribió a la iglesia de Filipos:

> No sean egoístas; no traten de impresionar a nadie. Sean humildes, es decir, considerando a los demás como mejores que ustedes. No se ocupen solo de sus propios intereses, sino también procuren interesarse en los demás.
>
> Tengan la misma actitud que tuvo Cristo Jesús. Aunque era Dios, no consideró que el ser igual a Dios fuera algo a lo cual aferrarse. En cambio, renunció a sus privilegios divinos; adoptó la humilde posición de un esclavo y nació como un ser humano. Cuando apareció en forma de hombre, se humilló a sí mismo en obediencia a Dios. (Filipenses 2:3-8)

Entonces, ¿cómo nutre un cónyuge al otro con un corazón de siervo?

Si apreciar/honrar es una actitud, entonces nutrir involucra las acciones que surgen de esa actitud. Así como hay algunas comidas que son más nutritivas que otras, hay acciones que pueden nutrir a su cónyuge de maneras poderosas.

Superalimento #1: Haga la porción tamaño gigante

No voy a mentir. Nutrir requiere un esfuerzo, y no siempre «sabe» bien. El servicio, especialmente al principio, puede ser la col hervida en el menú del matrimonio.

Pero una vez que se familiarice con el servicio, usted verá resultados satisfactorios. Debe proveer porciones grandes de servicio (piense porciones de tamaño gigante) para nutrir a su cónyuge. Jesús dijo: «El que quiera ser grande entre ustedes, deberá servir a los demás» (Marcos 10:43, DHH).

Estoy convencido de que por eso es que el grandioso, orgulloso y privilegiado señor Darcy de *Orgullo y prejuicio* todavía es un rompecorazones (incluso entre las chicas adolescentes)[6] doscientos años después de que Jane Austen escribió la novela clásica.

Hemos mencionado antes la propensión del señor Darcy para insultar a Lizzy. Pero no mencioné que él es alto y apuesto. También es extravagantemente adinerado. Pero Elizabeth Bennet se resiste a sus propuestas hasta que él es humilde y comprueba que es un siervo. Él da su tiempo, reputación, dignidad y enormes cantidades de dinero para servir a su amada y para evitar que la vergüenza deshonre el apellido Bennet. Así es como Darcy se gana el corazón de millones de mujeres y atrae seguidoras nuevas con cada exposición de su carácter noble.

Los grandes actos de servicio, así como los pequeños actos de servicio casuales, captan la atención de su cónyuge.

De igual manera, el personaje de Caleb Holt en *A prueba de fuego* (2008) no recupera el afecto de su esposa, Catherine, hasta después de que sacrifica su plan de ahorros para comprar un bote. Renuncia a su sueño y, en lugar de eso, usa el dinero para la silla de ruedas eléctricas de su suegra y la costosa cama de hospital. Los grandes actos de servicio, así como los pequeños actos de servicio casuales, captan la atención de su cónyuge.

¿Por qué es tan difícil servir? ¿Por qué es tan difícil poner en práctica 1 Juan 3:18: «Que nuestro amor no quede solo en palabras; mostremos la verdad por medio de nuestras acciones»?

Como Erin y yo lo hemos mencionado antes, los antojos de nuestra naturaleza egocéntrica a veces hacen caso omiso de nuestro mejor yo. Es como tener el antojo de azúcar, sabiendo que usted necesita proteína o brócoli. Tiene que renunciar al azúcar y, con el tiempo, el ansia de la abstinencia desaparece (¡o eso me han dicho!). Pero he aquí la locura del servicio, como lo explica el National Healthy Marriage Institute (Instituto Nacional del Matrimonio Sano): «El antídoto para el egoísmo es el servicio. Es difícil ser egoísta cuando sirve a su cónyuge. El servicio le obliga a poner las necesidades de su cónyuge delante de sus propias necesidades»[7].

Superalimento #2: Prepárese para un paladar distinto

¿Ha visitado alguna vez a un nutricionista? Si lo ha hecho, sabe que hay distintos tipos de dietas. Su sexo, edad, peso, historia de salud y el nivel y tipo de ejercicio que haga prescriben qué suplementos usted necesita y qué alimentos debe comer, por no mencionar sus preferencias personales. No hay una dieta única para todos. Lo mismo es cierto con la forma de nutrir a su cónyuge emocional y espiritualmente. Usted tiene que averiguar qué es lo que su cónyuge necesita y qué es lo que recibirá bien.

Permítame usar el ejemplo de mi experiencia como pescador para explicar cómo debe estudiar los detalles de su cónyuge para nutrirlo o nutrirla.

Cuando el clima está bien, me gusta ir a pescar trucha. Me

voy temprano en la mañana y llego a mi río favorito de pesca local. Cada vez que pesco, tengo que examinar el río y decidir dónde lanzar mi sedal. Tengo que considerar el viento, las sombras, la temperatura y cantidad de otros factores.

Los pescadores nuevos o inexpertos, como mi hijo, Garrison, regresan al mismo lugar cada vez si tuvieron éxito inicial allí. Una y otra vez, Garrison elegirá el mismo estanque para pescar, en tanto que yo me muevo alrededor del río y frecuentemente tengo más éxito. El aprendizaje de que no se puede pescar en el mismo río dos veces se logra con la experiencia.

Un pescador de caña profesional dio el siguiente consejo:

> «No pesque el pescado de ayer». Solo porque tuvo éxito haciendo algo ayer, o si una táctica funcionó por una semana, o un mes, o un año, eso fue entonces. Tiene que ingeniárselas para el *ahora*. Las corrientes cambian, el clima cambia, los peces se mueven. Trate de ver hacia delante al siguiente lugar, donde pueda usar el conocimiento que obtuvo en su antiguo lugar. Así es como uno repite el éxito[8].

NUTRIR LAS NECESIDADES DE SUSTO DE GREG

La primera vez que Greg y yo tuvimos alguna interacción significativa, yo le ayudé a sus compañeros de clase a hacerle una broma. Ahora veo por qué fui tan atractiva para él: a Greg le encanta una buena broma. De hecho, si usted lo puede asustar a punto de morir, para siempre estará en deuda con usted. He aprendido a nutrir a Greg siendo escurridiza.

Una noche, estábamos en la cama, tratando de

quedarnos dormidos. De repente, escuchamos un ruido afuera. Greg salió a investigar. Sola en la cama, se me ocurrió una idea. Mientras Greg no estaba, les di forma a las almohadas para dar la impresión de que yo todavía estaba debajo de las colchas. Luego me escondí al otro lado de la cama.

Cuando él volvió, estaba oscuro, y él andaba por el dormitorio a ciegas. Yo me quedé quieta y callada al principio, y luego di un grito aterrador.

¡La reacción de Greg fue inestimable! Estaba tan asustado que su ritmo cardiaco se disparó y su adrenalina llegó a una nueva cumbre de miedo. Hasta el día de hoy, él dice esto de esa noche llena de miedo: «Después de que me cambié los calzoncillos y volví a la cama, nunca me he sentido tan amado».

Así es con el matrimonio. Estudie a su cónyuge, escúchelo o escúchela en realidad, como se describe en el «Secreto romántico #3». Observe sus acciones cuidadosamente. Anticipe. Tome notas. Aborde la búsqueda de formas de agradarlo o agradarla tan meticulosamente como se prepararía para una presentación del trabajo, para una tesis de maestría, para su juego de la liga de fútbol de fantasía, para una fiesta navideña, para unas buenas vacaciones familiares o para un pasatiempo satisfactorio. Entonces será capaz de proveer el anzuelo correcto con el cual nutrirlo o nutrirla. ¡No aplique la regla de oro aquí!

Superalimento #3: Siervos, no se sienten a la mesa

¿Puede imaginarse el siguiente escenario? Usted acaba de pedir una comida de un buen restaurante, y cuando el camarero le trae su comida, él se sienta a su mesa y le da una considerable mordida a su trozo de carne Wellington. Luego, se traga su té helado de frambuesa y eructa. No es necesario decir que usted no le dejaría una propina; estaría tan enojado que reportaría el mal servicio al gerente.

Erin y yo llamamos a las acciones como estas *autoservicio* o *fingimiento*: lo que ocurre cuando usted hace algo fingiendo que es para el bien de otro. En otras palabras, usted sirve para obtener algo a cambio.

En el matrimonio, el fingimiento ocurre cuando usted hace cosas buenas, pero usted es el principal recipiente de los beneficios. He aconsejado a parejas que se sirven mutuamente para evitar que el cónyuge se vaya o para obtener sexo después por obligación. Se sirven mutuamente para ponerse con saldo a favor en el libro mayor del matrimonio.

Revise sus motivos antes de nutrir a su cónyuge. Pregúntese: *¿Por qué sirvo?* Haga un alto si está sirviendo para obtener algo. Reevalúe su impulso interno hasta que sepa que puede dar incondicionalmente.

Erin le dirá cómo, con mucha dificultad, aprendí esa lección:

> Se acercaba mi cumpleaños, y yo podía ver que Greg estaba emocionado. Había estado sigiloso y demasiado satisfecho consigo mismo por unos cuantos días.
>
> La noche de mi cumpleaños, me pidió que me quedara en el dormitorio mientras él preparaba una sorpresa. Un poco después, él se me acercó y me dijo que cerrara los ojos. Luego me tomó de la mano y me llevó a la sala.
>
> «¡Ta-tan!», dijo con alegría en su tono. Ese fue mi indicio para abrir los ojos.

Diré que estaba, en efecto, sorprendida con el regalo de Greg.

En frente de mí estaba un objeto del tamaño de un refrigerador volcado. Sus llamativos colores azul y amarillo eran las muestras de la marca de una clásica máquina de sala de juegos de la señora Pac-Man.

Yo traté de agradecer con entusiasmo, pero no pude. El juego era enorme. Era feo. Y estaba en el centro de mi sala, mi *muy pequeña* sala.

En lugar de darle las gracias, dije abruptamente:

—¿Cuánto pagaste por esto?

El semblante de Greg flaqueó.

—No importa —dijo—. Es la intención lo que cuenta.

Pero a mi juicio, él no había pensado en mí en lo absoluto.

—No te gusta —dijo Greg.

Sacudí mi cabeza. Estaba horrorizada por la posibilidad de tener ese objeto raro en mi casa. Fue trasladado al garaje, y alguien más lo compró en nuestra próxima venta de garaje... por menos de una cuarta parte del precio que pagó Greg.

Le compré a Erin un regalo que me habría agradado a mí. Cuando lo vi en venta, lo compré como pan caliente. Me hizo recordar algunas de nuestras primeras citas en Red Robin, cuando dejábamos caer unas cuantas monedas en una máquina similar. Es decir, ¿quién no iba a querer jugar señora Pac-Man todo el día en la comodidad de su propia sala?

Aparentemente, Erin. Mi regalo no la nutrió; ella no se sintió cuidada y amada.

Superalimento #4: Suplemente los sueños de su cónyuge

Una forma de nutrir de verdad a su cónyuge es ayudarlo o ayudarla a realizar un sueño. Erin y yo vimos el poder de Dios obrando en nuestro matrimonio de esta manera hace varios años.

Una de las promesas que le había hecho a Erin antes de casarnos es que estaría dispuesto a adoptar un niño. Erin es adoptada y soñaba con seguir el ejemplo de sus padres y darle una familia a un huérfano. Yo estaba totalmente dispuesto a adoptar, ¡pero estoy seguro de que habría acordado hacer cualquier cosa para que ella se casara conmigo!

Con el tiempo, el sueño de adoptar de Erin se convirtió en *nuestro* sueño, un sueño del matrimonio. Podría escribir un libro acerca de eso (de hecho, Erin está haciéndolo ahora mismo), pero he aquí la versión muy, muy corta.

Después de haber tenido tres niños biológicos, sentíamos que nuestra familia todavía estaba incompleta. En un seminario para matrimonios, recibimos una señal de Dios. Esa es la única forma de describirlo: ambos salimos sabiendo que debíamos adoptar a una bebé llamada Antoinette Rose, como la mamá de Erin. La llamaríamos Annie.

Estábamos tan emocionados y ansiábamos ver cómo Dios cumpliría ese sueño, el deseo de nuestro corazón. Erin y yo orábamos fielmente, pero los días se convirtieron en semanas, las semanas se convirtieron en meses y los meses se convirtieron en años. Siete años pasaron volando, y no había Annie.

En cierto momento, comenzamos a reevaluar la señal de Dios. Pensamos que tal vez nuestra Annie representaba a los huérfanos en general y que nuestro trabajo era apoyar financieramente los ministerios involucrados en el cuidado de huérfanos.

Hay algo mágico en soñar juntos. Hay algo apasionado en trabajar juntos para desencadenar esos sueños y convertirlos en realidad.

Lysa TerKeurst, *The Power of the Shared Dream* (El poder del sueño compartido)

Comenzamos a hacer contactos en el mundo de las adopciones internacionales, y oramos fielmente por las necesidades de las organizaciones y los niños bajo su cuidado.

Y entonces ocurrió. A lo largo de una larga cadena de circunstancias extrañas y dirigidas por Dios, Erin recibió un correo electrónico de la directora de un orfanato que cambió nuestra familia para siempre. La mujer mencionó el nombre de una niña por la que habíamos estado orando. Escribió: «*Annie* está muy bien».

Eso fue todo lo que se requirió para que Dios nos diera otra señal. Erin y yo agresivamente buscamos traer a esa preciosa niña de China a nuestra familia. Ahora llevamos cinco años de ser bendecidos por la bebé de nuestros sueños, Annie.

Nutrir ese sueño de adopción nos ha acercado más que quizá cualquier otra cosa en nuestro matrimonio.

Superalimento #5: Perfeccione el menú de su matrimonio

Si su cónyuge detesta el *sushi* pero le encanta la lasaña, no le ofrezca un menú japonés. Más bien, ofrézcale uno italiano. Busque los alimentos nutritivos en el idioma que su cónyuge prefiera. Si no lo sabe, simplemente haga preguntas como estas: «¿Qué necesitas?» o «¿Qué puedo hacer por ti hoy?», o permita que su cónyuge complete la afirmación: «Me siento amada (o amado) cuando tú...».

Para nutrir los deseos relacionales de su cónyuge, debe darse cuenta de que los deseos de todos son distintos y se basan en su gusto personal. Las personalidades, los intereses, el género, el trasfondo y las expectativas entran todos en juego en las preferencias de las personas. Así que, antes de que usted pueda comenzar a nutrir a su cónyuge, tiene que saber qué necesita él o ella de usted.

Antes de que usted pueda comenzar a nutrir a su cónyuge, tiene que saber qué necesita él o ella de usted.

Mantenga sus ojos abiertos. Busque oportunidades diarias para servir, incluso si está ocupado con el trabajo o con el cuidado de los hijos. A veces, quince segundos es todo lo que se requiere para servir. ¿Puede llevarle una taza de café en la mañana a su cónyuge? ¿Limpiar el lavamanos después de cepillarse los dientes? ¿Darle de comer al perro? ¿Hacer la cama? ¿Le pregunta siempre a su cónyuge si necesita algo cuando usted se levanta? ¿Cómo pueden llevar las cargas del otro como Gálatas 6:2 les desafía a hacer?

Descubrir qué hace que su cónyuge se sienta amado es lo que el Dr. Gary Chapman llama encontrar el «lenguaje del amor» de su cónyuge. ¿Qué es lo que hace que su cónyuge se sienta amado? Chapman describió cinco lenguajes del amor en sus libros muy vendidos: palabras de afirmación, contacto físico, actos de servicio, regalos y tiempo de calidad.

El beneficio de hablar el lenguaje del amor correcto es que su cónyuge se siente valorado y bendecido. Y esas bendiciones se esparcen. Le hace ver a su cónyuge que usted le ama y, por extensión, le demuestra el amor de Dios a su ser amado.

Superalimento #6: Las necesidades nutritivas de los hombres

He aquí un listado de las necesidades nutritivas que funcionan para mí y que quizá funcionen bien para otros esposos.

- Demuéstrame que te *gusto* además de que me amas.
- Interésate en mis intereses y dame espacio para participar de ellos con libertad.
- Ríete conmigo.
- En lugar de enfocarte en las cosas negativas, resalta lo que hago bien.
- Participa en las cosas que me gustan hacer, aunque no te interesen, como ver fútbol.
- Dame treinta minutos para relajarme cuando llego a casa del trabajo.
- Elógiame frecuentemente por lo que hago y que tú aprecias.
- No te concentres en los problemas cuando tenemos una cita. ¡Divirtámonos!
- No te comprometas demasiado. Deja tiempo para mí.
- Dame el beneficio de la duda cuando yo te lastime.
- Cuando me des consejo, no me regañes ni me menosprecies.
- Comparte tus sentimientos conmigo en tiempos apropiados y hazlo de forma breve… frecuentemente, me siento «inundado» con demasiadas palabras.
- Comparte lo que aprecias de mí en función de lo que yo «hago».

- Recuerda que yo defino intimidad como «hacer» cosas juntos como tener relaciones sexuales, ver una película, jugar tenis de mesa, ir juntos en auto o ir a pescar.
- De vez en cuando, sé tú quien inicie la relación sexual.
- Ayúdame a disfrutar mi día libre de trabajo, a veces, sin un listado de tareas.
- Ora conmigo y por mí.
- ¡No me pidas que te lea la mente!
- Ayúdame a aprender la mejor forma de demostrarte que te amo[9].

Superalimento #7: Las necesidades nutritivas de las mujeres

He aquí un listado de las necesidades nutritivas que funcionan para Erin y que quizá funcionen bien para otras esposas.

- Ayúdame a sentirme segura: amparada y protegida de ataques físicos, emocionales y espirituales.
- Comienza y termina cada día orando conmigo.
- Búscame: demuéstrame que soy tu prioridad número uno.
- Ayúdame a sentirme bella ante tus ojos: que estás fascinado y cautivado con mi belleza y que te deleitas en quien yo soy.
- Valida y cuida profundamente mi corazón, especialmente mis emociones. Nunca olvides que no me importará lo que *sepas* hasta que yo sepa que te *importa*.
- Ayuda en la casa con cosas como doblar la ropa limpia o desocupar el lavaplatos sin buscar reconocimiento especial.
- Anímame con mis amistades y ayúdame a pasar tiempo con ellas ocasionalmente.

- Interésate genuinamente en las cosas que me apasionan. Apóyame en esas actividades.
- Permíteme compartir mis sentimientos y pensamientos sin llegar a estar a la defensiva.
- Sé el líder espiritual de nuestra familia.
- Sé un buen oyente y haz contacto visual cuando hablo. Demuéstrame que valoras lo que digo.
- Cuando hemos estado separados por algún tiempo y te pregunto cómo te ha ido en tu día, no digas simplemente «bien». Por favor, dame detalles.
- Sorpréndeme con regalos especiales, una tarjeta o flores.
- Escucha y participa cuando quiero hablar contigo.
- Dame tiempo a solas para retomar fuerzas algunas veces.
- Sigue cortejándome.
- Abrázame y dime que me amas, especialmente cuando me siento vulnerable.
- Conéctate conmigo durante el día. Hazme saber que piensas en mí.
- Demuéstrame afecto que no esté asociado solamente con el sexo[10].

Tributo a una chef del superalimento

Me gustaría contar la historia de una mujer maravillosa que inspira a mucha gente. Su historia es un poco sombría, pero bien vale la pena leer el final.

En 1970, Janine tenía diecisiete años cuando «tuvo» que casarse con Herbert «Bertie» Harris y salirse de la secundaria. Al principio, a la pareja le fue bien financiera y emocionalmente. Bertie tenía un buen trabajo administrando el departamento de servicio en una distribuidora de Chevrolet. Janine se quedaba en casa y cuidaba de su bebé. Compraron una casa modesta en un suburbio de la Costa Oriental de los Estados Unidos, y decidieron tener al segundo bebé inmediatamente para que los hermanos pudieran jugar juntos.

Alrededor del mismo tiempo, el alcohol también llegó a ser una adicción en su hogar. Bertie comenzó a beber a diario, y a medida que los años pasaban volando, Janine no podía recordar ningún día en el que él estuvo feliz. Bertie detestaba su trabajo, a los gerentes, a los compañeros, a los clientes, las horas, la grasa. Se quejaba por cualquier cosa y luego bebía para lidiar con el enojo. De forma especial, no le gustaba la competencia automotriz internacional, los fabricantes japoneses que eran capaces de vender sus carros ahorradores de combustible en los Estados Unidos, justo en medio de la crisis de gasolina.

A principios de la década de los ochenta, Bertie chocó su carro con un autobus de escuela secundaria que llevaba un equipo de *lacrosse*. Todos en el autobus estaban bien, pero Bertie tuvo heridas que le debilitaron la pierna y la cadera. Había estado ebrio, y las multas, las facturas médicas, la pérdida de trabajo y los daños que tuvo que pagar pusieron a la familia en la bancarrota. Él también desarrolló diabetes como resultado de la bebida, lo cual empeoró el proceso de sanidad de su pierna.

Recuerde, Dios lo formó para el servicio, no para el egocentrismo.

Rick Warren, *The Purpose Driven Life* (*Una vida con propósito*)

Lo único bueno que le quedaba en la vida era Janine y los niños.

De repente, todo en el hogar Harris giraba completamente alrededor de Bertie. Su dieta. Su salud. Su adicción. Sus necesidades.

Janine sintió desesperación porque la casa que ella amaba pasó a juicio hipotecario. Pero cuando se trasladaron a una pequeña casa adosada alquilada, ella la hizo cómoda y acogedora. Ella también se preocupaba por tener que trabajar en lugar de cuidar de sus hijos a tiempo completo. Sin un diploma de educación secundaria, las opciones de empleo de Janine eran limitadas. Aceptó el único trabajo de tiempo completo que le permitía recoger a los niños de la escuela. Y aunque le gustaba el trabajo, no ganaba mucho como recepcionista en la oficina de un quiropráctico.

A pesar de tener un trabajo de tiempo completo y la responsabilidad de educar a los hijos, Janine todavía era capaz de nutrir a su esposo. Se aseguraba de que él se bañara y se vistiera cada mañana. Lo ayudó a ajustarse a su dieta estricta. Lo cuidó pacientemente hasta que su salud fue lo suficientemente buena para que él obtuviera trabajos de sus amigos como empleado de mantenimiento. Ella lo escuchaba quejarse por la economía tambaleante, las ventas lentas de los carros estadounidenses y los precios de gasolina ascendentes. Lo llevaba a los eventos de la iglesia y lo rodeó de gente que no lo condenaría por sus malas decisiones. Ella hacía todo lo que podía para alimentar la relación de Bertie con sus dos hijos. Y a través del poder sanador de Dios, Bertie renunció a la bebida.

Janine sintió desesperación porque la casa que ella amaba pasó a juicio hipotecario.

Otros cinco años pasaron volando y cuando sus hijos

comenzaron a tomar cursos en la universidad popular local, Janine también se inscribió en cursos nocturnos, esperando llegar a ser una higienista dental. Pero ese sueño se destrozó cuando Bertie tuvo un ataque al corazón y una subsecuente cirugía de corazón abierto. Janine se retiró de los estudios para cuidar a Bertie. Un par de años después, ella trató de volver a inscribirse, pero el estándar para la graduación había cambiado y sus cursos previos ya no eran aceptados.

Si usted conociera a Janine de sesenta y dos años en la oficina del quiropráctico (donde todavía trabaja, pero como la administradora de seguros), admiraría su figura esbelta y su sonrisa encantadora. Ella tendría esa sonrisa al hablar positivamente de su esposo. Le enseñaría la foto de él en el escritorio y le hablaría de la siguiente sorpresa que le tenía guardada, de la nueva receta que iba a probar, del viaje secreto de aniversario que planificaba a Florida. Ella le diría a usted cuánto adora a Bertie, su esposo con quien ha estado casada por cuarenta y cinco años.

Ni una sola vez la oiría decir que era demasiado joven cuando se casó, ni la oiría desear el divorcio. Nunca la oiría quejarse porque se había casado con un ebrio, porque habían perdido la casa o porque había tenido que soportar un trabajo poco estimulador. Ella simplemente se levantaba cada mañana y entregaba, nutriendo a Bertie para apoyarlo emocional, económica, física y espiritualmente.

Muchos días, pienso en la gente como Janine que se compromete a nutrir a su cónyuge sin tomar en cuenta las circunstancias difíciles. Si no conociera su historia, no adivinaría lo que Bertie la ha hecho pasar. Con el cuidado y el amor incesantes de su esposa, él fue capaz de encontrar su camino de regreso a la fuerza laboral, y ahora es el ejecutivo de cuentas de un negocio

Los matrimonios más grandiosos se fundamentan en el trabajo en equipo. El respeto mutuo, una dosis saludable de admiración, una porción interminable de amor y gracia.

Fawn Weaver, *Happy Wives Club*
(El club de las esposas felices)

de enderezado y pintura de carros. También es líder de un grupo pequeño en la iglesia y anima a los hombres jóvenes que tienen la vida en ruinas.

Algunos días, el matrimonio es difícil para mí. Esos son los días en los que pienso que si Janine puede nutrir incondicionalmente a Bertie por medio de la gracia de Dios, yo también puedo. Y también usted.

Para ideas de citas románticas y una guía de discusión, visite www.12secretos.com. En el próximo capítulo, descubrirá que para nutrir a su cónyuge se requiere de un compromiso de tiempo.

SECRETO ROMÁNTICO #7

EL AMOR VERDADERO REQUIERE DE TIEMPO PARA CRECER

Le pido a Dios que el amor de ustedes desborde cada vez más.

Filipenses 1:9

Incluso un año o más después de la boda, Erin y yo no éramos lo suficientemente maduros para resolver nuestros problemas, y era evidente. Nuestros mentores, Gary y Carrie Oliver, nos desafiaron sabiamente a pasar un día juntos, haciendo algo divertido: básicamente a salir en una cita. Pero había una regla: no podíamos discutir.

La recomendación tenía mucho sentido común detrás de ella. Nos amábamos mutuamente, pero estábamos tan ocupados y con tantos desacuerdos que ni siquiera podíamos hablar por más de unos cuantos minutos sin criticar al otro. Tener un día divertido sonaba bien para mí, especialmente porque iba a ser un tiempo emocionalmente seguro. Necesitaba salir a la naturaleza maravillosa de Colorado. Erin necesitaba un descanso de la enfermería.

Planifiqué un pícnic y una caminata a una catarata, emocionado por estar con Erin. Esa mañana, metimos un poco de comida y colchas en mi vieja camioneta gris Toyota y salimos hacia la aventura. Comenzó bellamente; hablamos, reímos y cantamos canciones con la radio. Abrimos algunos refrigerios para comer. Sin embargo, en algún momento en el camino, le resté importancia a un asunto que era delicado para Erin.

El amor es un verbo, no un sustantivo. Es activo. El amor no es solo sentimientos de pasión y romance. Es comportamiento.

Susan Forward, doctorado en Psicología, terapista, oradora y autora

Ella reaccionó. Yo la critiqué por quebrantar la regla de los Oliver e iniciar una pelea al ponerse quisquillosa conmigo. Eso no salió bien. Después de unos kilómetros, intenté un poco de humor para hacerla volver a hablar. Bueno, esa táctica salió aún peor porque ella se cerró completamente. A esas alturas, me estaba dando la espalda y había encogido las piernas como si estuviera tratando de acurrucarse en posición fetal. Miraba fijo por la ventana del pasajero. Además, se estaba comiendo la merienda y bebiendo la Coca Cola de dieta como si fuera solo para ella.

Me sentí como un tonto, pensando que había echado a perder el día. Era tan incómodo que le pregunté si quería que diéramos la vuelta y volviéramos a casa. No me respondió.

Decidí continuar. Si tenía que pelear con ella, prefería pelear afuera en algún lugar bello en vez de hacerlo en casa. Me salí de la carretera principal a un camino de tierra, para dirigirme al área de pícnic. El camino rodeaba un enorme peñasco, y mientras dirigía el carro alrededor de la curva, vi un caballo café, parado en medio del camino. Frené repentinamente. El caballo ni siquiera se desconcertó, pero sí retrocedió del peñasco, solo un poco.

Traté de meterme entre él y el peñasco, para que se hiciera a un lado. Él se mantuvo firme. Bajé mi ventana para gritarle, pero el caballo simplemente se acercó más y puso su cabeza sucia en la cabina del camión. Sus enormes fosas nasales húmedas se dilataban, luego se cerraban del modo en que los caballos olfatean.

Encantada, Erin se extendió para acariciar su fea nariz. Yo estaba odiando a ese tonto caballo porque podía obtener la atención de Erin cuando yo no podía hacerlo. Traté de empujarle la cabeza afuera de la ventana, pero él estaba demasiado atento a arrimar el hocico y a mordiscar las migajas de nuestro refrigerio.

Le valió la pena olfatear porque encontró algo más grande que las migajas: un aro entero de cebolla crujiente marca Funyuns. De repente, su mordisqueo se convirtió en una mordida, una mordida justo en el peor de los lugares posibles para un hombre... en mi, bueno, eh, mmm, en mi *regazo*. Yo grité del dolor. Eso hizo que el caballo saliera corriendo.

A esas alturas, sabía que Erin todavía estaba enojada, pero yo necesitaba ayuda. Me volteé hacia ella en busca de compasión, ¿y qué vi? Una sonrisita culpable en su rostro.

Yo interpreté la sonrisa como prueba de que ella había dirigido el ataque del caballo al poner el aro de Funyuns encima de mis pantalones. Discutimos por eso el resto del día, y ninguno de nosotros tuvo el buen juicio de soltarlo.

De hecho, Erin y yo todavía discutimos por el fiasco del Funyun, aunque ahora tiene gracia. Frecuentemente, bromeo acerca de eso y le pregunto si ya es hora de confesar o si va a esperar hasta que esté en su lecho de muerte.

Si usted me hubiera preguntado ese día si me gustaba pasar tiempo con Erin, me habría costado responder. Si les pregunta a las parejas en distintas fases y etapas de su relación, recibirá distintas respuestas a la siguiente pregunta: «¿Cuánto tiempo deberían pasar juntos?». Un hombre que está en la intensidad inicial del romance dirá: «Cada segundo». Un esposo o una esposa que está absorbido o absorbida en su carrera dirá: «Dos horas cada quince días». Una madre nueva dirá: «No me importa, con tal que pueda dormir una noche entera primero». Una pareja que está peleando dirá: «Mientras menos tiempo, mejor».

«¿Cuánto tiempo deberían pasar juntos?».

Si les pregunta a los investigadores cuánto tiempo las parejas deben pasar juntos para asegurarse de que el amor crezca, recibirá respuestas más unificadas. Lo resumiré aquí: *tanto como puedan.* Algunos especifican una cantidad semanal: quince horas fue la recomendación más alta que encontré[1], y otros recomiendan alrededor de ocho horas[2].

Si una persona está motivada, él o ella puede hacer el tiempo para conectarse. Considere esta estadística preocupante que reportó un psicólogo popular de la televisión:

> La pareja promedio puede pasar tan poco como una hora a solas por semana; la pareja promedio con hijos, a veces nada. Dos personas que tienen un amorío pasan juntos en promedio ¡por lo menos 15 horas a la semana! Piense en eso por un momento. Esas dos personas de alguna manera logran tener 15 horas juntas, a pesar de todos sus demás compromisos que frecuentemente incluyen a otros cónyuges e hijos[3].

Si usted no pasa tiempo conectándose, su matrimonio se enfriará, y su cónyuge puede verse tentado a encontrar afecto en otra parte.

El continuo del tiempo

Entonces, ¿cuánto tiempo es realmente suficiente para mantener vivas las llamas del romance?

Los sociólogos Jeffrey Dew y W. Bradford Wilcox recopilaron un reporte llamado *The National Marriage Project* (El proyecto nacional del matrimonio), en el cual determinaron que era 3,5 veces más probable que una persona casada dijera que es «muy feliz» en su matrimonio si pasa «tiempo a solas» con su cónyuge, «hablando o compartiendo una actividad» semanalmente, en comparación con un cónyuge que pasa menos horas con su compañero o compañera[4].

Hablar y hacer cosas juntos no ocurre de la nada. Usted tiene que ser intencional en cuanto a eso. El difunto experto en matrimonios David Mace, cofundador de la Association for Couples in Marriage Enrichment (Asociación para el Enriquecimiento de las Parejas en Matrimonio), con base en Carolina del Norte, escribió:

> Una de las grandes ilusiones de nuestra época es que el amor es autosostenible. No lo es. El amor se tiene que alimentar, nutrir y renovar constantemente. Eso requiere de ingenio y consideración, pero, antes que nada, requiere de tiempo[5].

Ahora, décadas después, la declaración de Mace es aún más pertinente.

La psicóloga y bloguera Leslie Becker-Phelps aconseja hacer a un lado las tareas y las conversaciones administrativas. Encuentre tiempo para discutir los temas del corazón y los sueños:

> Pasen más tiempo juntos. No me refiero al tiempo de tachar cosas de la lista juntos. O incluso al tiempo de ventilar sus problemas. Los compañeros tienen que tener tiempo para que cada uno comparta lo que surge naturalmente de adentro: intereses, valores o experiencias que son expresiones de sus verdaderas personalidades. Y necesitan que sus compañeros tengan tiempo, concentración e interés para escuchar de verdad. Esta clase de estar juntos frecuentemente se pierde en el revuelto confuso de actividades diarias[6].

El valor del matrimonio

Valorar el matrimonio marca una diferencia significativa en la calidad del compromiso. Pasar tiempo juntos le comunica a su cónyuge: «Tú me importas; nuestro matrimonio me importa. ¡*Nosotros* importamos!».

Si usted actúa como si valora el matrimonio, los sentimientos usualmente siguen. Si espera hasta sentir que el matrimonio es importante, es posible que se atrase en planificar esos tiempos especiales y tal vez nunca ocurran.

De manera similar, gaste dinero para hacer que esos tiempos ocurran. Contrate un servicio de limpieza para hacer tiempo para el romance y para conectarse emocionalmente. Pague el servicio del cuidado de niños. Pague por hoteles u otro alojamiento. Pague ahora para que pueda pasar tiempo con su cónyuge, o «pague» después, en lo que respecta a la distancia emocional y contiendas. En resumidas cuentas: invierta dinero en su matrimonio.

EL MOMENTO MEMORABLE DE ERIN EN LA TIENDA DE WALMART

Greg y yo decidimos ser intencionales en cuanto a hacer nuestras tareas diarias juntos. Uno de esos mandados esenciales es ir de compras al supermercado. Recuerdo una tarde en Walmart, cuando nos separamos dentro de la tienda. Yo fui a otro pasillo a buscar mostaza, platos desechables y otros cuantos artículos. Cuando volví al carrito de compras, dejé caer los abarrotes como si nada.

«Usted no es mi esposa —dijo un hombre, sonriendo—. ¡No me puede obligar a comprar esas cosas!». Era un extraño que me estaba haciendo una broma.

Confundida, miré al carrito de compras. *No era la nuestra.*

Entonces escuché la risa de Greg. Él pensó que mi error había sido muy divertido... y yo también. Ahora tenemos un gran recuerdo porque hicimos el esfuerzo de estar juntos.

Un amigo mío, al que llamaré Doug, acaba de pasar por un tratamiento de cáncer. Al terminar la quimioterapia, él y su esposa vendieron su casa y se trasladaron a una casa adosada, reduciendo sus metros cuadrados de espacio a la mitad de lo que habían tenido. Él ya no quiere pasar tiempo en las reparaciones de techos, en el mantenimiento del jardín ni en la acumulación de cosas. Ha determinado que tienen suficiente para su jubilación, por lo que gasta dinero en pequeñas cosas adicionales que antes nunca hubiera tenido.

Un hombre no es dueño de su matrimonio;
solamente es el administrador
del amor de su esposa.

Ed Cole, fundador de Christian Men's Network
(Red de Hombres Cristianos)

Doug permitió que su esposa comprara un sofá nuevecito, algo que anteriormente era inaceptable porque antes ellos ahorraban dinero comprando solamente muebles de segunda mano. También aceptó la idea de comprar comida orgánica en tiendas más costosas de comida saludable.

Su esposa recientemente me susurró: «Greg, esa quimioterapia le afectó el cerebro de mi esposo. A veces, salimos a comer juntos. Él quiere visitar a los hijos y no le importa pagar los boletos de avión. No sé qué ocurrió, pero me gusta».

Yo sé qué pasó. Después de luchar cuerpo a cuerpo con el cáncer, Doug reevaluó lo que era importante y determinó que desarrollar relaciones sólidas con su esposa e hijos era una prioridad, algo que merece la inversión de tiempo y dinero hoy, y no un mañana que quizá nunca llegue.

AMAR VERSUS GUSTAR

Prefiero mucho más que Erin me diga que yo «le gusto» a que me «ama». En mi mente, ella hizo un compromiso de toda la vida de amarme, lo que significa que ella tiene que amarme porque es una decisión u obligación. Su verdadera elección es que yo le guste o no. Gustarle quiere decir que a ella le gusta estar conmigo, que soy su mejor amigo. Que yo le guste me agrada, porque quiere decir que soy una prioridad y que Erin se esforzará por pasar tiempo conmigo.

Esta escena reveladora de *Papá por siempre*, una película divertida acerca del tema serio de la custodia de los hijos, revela lo que puede ocurrir si las parejas no priorizan el tiempo significativo juntos. El difunto actor Robin Williams representa magistralmente al personaje Daniel Hillard, que se disfraza de una excéntrica niñera anciana para poder cuidar de sus hijos después de un amargo divorcio que lo despoja de sus derechos paternales.

MIRANDA HILLARD: Daniel era tan maravillosamente distinto, ¡y divertido! Siempre podía hacerme reír.

DANIEL, COMO LA SEÑORA DOUBTFIRE: Siempre dicen que la clave para un matrimonio sólido es la risa.

MIRANDA HILLARD: Pero después de unos cuantos años, todo simplemente dejó de ser divertido.

DANIEL, COMO LA SEÑORA DOUBTFIRE: ¿Por qué?

MIRANDA HILLARD: Yo trabajaba todo el tiempo, y él

siempre estaba en busca de trabajo. Yo casi nunca veía a los niños, y en las noches que trataba de llegar temprano para estar con ellos, algo siempre salía mal. La casa estaba destrozada, y yo tenía que limpiarla. Él nunca lo supo, pero muchas veces me quedaba dormida llorando.

DANIEL, COMO LA SEÑORA DOUBTFIRE: [*destrozado*] ¿En serio?

MIRANDA HILLARD: La verdad es que no me gustaba quien era yo cuando estaba con él. Me convertía en una persona horrible[7].

Si uno deja que el enojo y el resentimiento se acumulen, llegará a estar distante. Mantener esos sentimientos negativos bajo control es agotador. La mayoría de las veces, las parejas están enfadadas entre sí cuando no tienen suficiente tiempo juntos. En el matrimonio, la ausencia *no* hace crecer el cariño. Cuando a usted le gusta su cónyuge y pasa tiempo con él o ella, probablemente también se sentirá bien consigo mismo, porque estará en su mejor momento. El poeta estadounidense Roy Croft resumió este sentimiento: «Te amo no solo por lo que eres, sino por lo que yo soy cuando estoy contigo»[8].

En el matrimonio, la ausencia no hace crecer el cariño.

AJETREO EN EXCESO

El ajetreo es lo que impide que los cónyuges disfruten tiempo juntos. Es tan difícil encontrar tiempo para su cónyuge, ¡parece que Dios no hizo suficiente tiempo en el día! Pero sí lo hizo, y todos tienen veinticuatro horas. A nosotros nos toca ingeniárnoslas para lidiar con la carga de compromisos y responsabilidades en competencia. El trabajo, los hijos, los quehaceres de la casa, las actividades escolares, los deportes, los amigos, la iglesia, la familia extendida, las actividades sociales y los pasatiempos... todo conspira para mantenerlo lejos de su cónyuge.

Lo veo una y otra vez: las parejas no priorizan el pasar suficiente tiempo juntos, y eso puede ser la razón principal del divorcio actualmente. El compromiso de pasar tiempo juntos se corre y luego desaparece del listado de asuntos pendientes. Al pasar tanto tiempo en el trabajo, en los pasatiempos, con los hijos, en el ministerio, en los esfuerzos de desarrollo de la comunidad y en las pasiones personales, un cónyuge le envía un mensaje claro a su compañero: *tú no importas*. Y cuando el compromiso con el matrimonio no se demuestra en cuestión de tiempo, tenga cuidado: los problemas se avecinan.

Hay una falacia de que «algún día» las parejas tendrán tiempo libre y entonces trabajarán en su matrimonio. Sus intenciones están equivocadas. La vida nunca se desacelerará, ¡solo sus cuerpos! Mi papá y mi mamá, que ahora tienen ochenta y tantos años, están más ocupados que nunca, solo que con cosas distintas. Si quieren sentirse cerca, tienen que decidir descongestionar sus calendarios de otras obligaciones. Algunos cónyuges ni siquiera pueden soltar el teléfono, y los estudios indican que, en la cultura de hoy, relegar la llamada de su cónyuge para responder a otra ya no se considera una descortesía[9].

La primera y más importante «lucha» de su matrimonio es resolver el conflicto. La segunda es «luchar» por tiempo juntos. Tiene que ser combativo cuando «enfrenta» su calendario. También tiene que ser cauteloso, protegiendo siempre los minutos para que el ladrón no se los robe. Llegue a estar tan dedicado como un agente de operaciones especiales entrenado para repeler los compromisos que entran en conflicto con un matrimonio saludable. También necesita la disciplina física de un soldado. Tiene que combatir la fatiga y obligarse a tener energías para su cónyuge. Cuando los niños están pequeños, es difícil ver pasar tiempo con ellos como «el enemigo». El peligro es que usted vea el tiempo con los niños cuando «se desarrollan» como invaluable, y haga un compromiso con ellos. Mientras tanto, su cónyuge también «se desarrolla», pero desarrolla distancia con usted.

Relaciones que se desvanecen

Erin y yo hemos logrado resolver nuestros problemas desde el episodio del caballo en el camino. (Vea «El secreto romántico #4: El amor verdadero lucha por la paz»). Pero algunas personas no sueltan los problemas y evitan su tiempo juntos en la relación. Ese comportamiento es como mirar una vieja fotografía que se tomó con una antigua cámara Polaroid. Con el paso de los años, los colores se desvanecen. Los contornos definidos también, y si no las guarda de una forma apropiada, no podrá identificar a la gente en las fotos.

Eso es lo que puede ocurrirles como pareja. Usted puede permitir que pasen suficientes días sin recuperar el romance que, con el tiempo, su relación cambiará tanto que llegará a ser irreconocible.

Cuando las parejas se sienten solas en su matrimonio, comienzan a percibir que han sufrido una gran pérdida: su mejor amigo se ha desvanecido en su memoria o, peor aún, muerto de desnutrición. Un autor lo explica así: «La distancia en las relaciones es el asesino silencioso del amor»[10].

La Dra. Dana Fillmore observa:

> La realidad es que es prácticamente imposible estar enamorado de alguien a quien en realidad usted no conoce y con quien no está conectado; y es prácticamente imposible conocer verdaderamente a alguien con quien nunca pasa tiempo; definitivamente, puede «amarlo», ¿pero estar «enamorado»? No[11].

Usted puede llegar a estar tan distanciado, tan alejado emocionalmente, que ya no desea más a su cónyuge, como Miranda Hillard de *Papá por siempre*. Alguien más puede llegar y agregarle infidelidad al cuadro. Entonces, esas viejas fotos de la familia no solo se desvanecerán, sino que podrán ser reemplazadas por fotos nuevas, con rostros nuevos.

¿*Carpe diem*?

¿Cómo evita alejarse de su cónyuge por falta de tiempo? He aquí cómo yo encontré una solución. No es bonita, pero funciona. Por muchos años, yo fui rígido en cuanto a mis expectativas de tiempo en mi matrimonio. Yo quería días enteros, si no semanas, para pasarlos tranquilamente con Erin. En algunas épocas de nuestro matrimonio, eso era simplemente imposible, y yo sentía mucha frustración. Aunque nunca me he dado por vencido en esa visión y todavía creo que las citas más largas y los fines de semana dedicados a la intimidad son necesarios, no siempre son prácticos. Ahora soy más flexible y he ajustado mis expectativas para que encajen con la realidad. Y aunque rara vez puedo aplicar *carpe diem*, que significa «aproveche el día», puedo expresar *carpe quinque*, que significa «aproveche cinco», o apartar unos cuantos minutos para conectarme con mi cónyuge.

Las épocas de la vida cambian, por lo que es importante tomar trozos de tiempo y aprovecharlos en lugar de quejarse de que no hay suficiente tiempo. Desde que aprendí esta lección, he dejado de sentirme como un fracaso porque no tenemos una cita en la noche cada semana, ¡y eso que yo escribí un libro acerca de lo importante que son! Fracasé en estar conectado emocionalmente con Erin cuando estaba en el posgrado, pero ahora he pasado por otros períodos estresantes, manteniéndome más o menos en sintonía emocional y espiritual con ella. Esas épocas son el cuidado de los bebés, el inicio de un trabajo nuevo, el traslado al otro lado del país, el ser un orador internacional, la atención a los ancianos y la pérdida de uno de nuestros padres por el cáncer.

¿Y si Dios diseñó el matrimonio para hacernos santos más que para hacernos felices?

Gary Thomas, *Sacred Marriage* (*Matrimonio sagrado*)

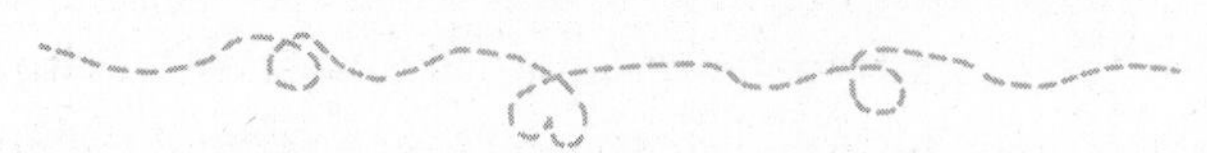

Así es como son los momentos de conexión diaria en la casa Smalley: yo inicio mi rutina de un día de trabajo a las 5:00 a.m. haciendo ejercicio en el sótano. Luego, por unos cuantos minutos, veo ESPN con mi hijo, Garrison. Mientras él se prepara para la escuela, desocupo el lavaplatos. Luego me siento a un lado de la cama y paso unos minutos con Erin.

Le hago preguntas personales de sus sentimientos, porque así es como ella se conecta de mejor manera conmigo. (Recuerde, resalté la importancia de averiguar qué es lo que nutre a su cónyuge en el «Secreto romántico #6: El amor verdadero nutre»). Tal vez le pregunte: «¿Qué hay con los niños?» o «¿Cómo te sientes?» o «¿Cómo va a ser tu día?». No resuelvo sus problemas ni le ofrezco consejo. Sí me compadezco al decir algo como: «Detesto eso por ti», o «Eso es difícil. Estaré orando por las decisiones que tienes que tomar».

En las noches, Erin sabe que necesito conectarme haciendo algo divertido. Hacemos una caminata corta alrededor de la cuadra o vemos un episodio de *Seinfeld.*

Las parejas tienen un tiempo tan limitado entre sí que reconocer los superalimentos nutritivos emocionales que su cónyuge necesita es crucial para hacer que *carpe quinque* funcione.

Puede «anclar» su rutina diaria en esas reuniones cortas pero importantes[12]. Crear tradiciones y rituales únicos como pareja debe comenzar desde el primer día. Pero si no ha comenzado, entonces piense en hacer un nuevo comienzo hoy. Estos rituales son, según la educadora Lois Clark: «Repetidos, coordinados y significativos. Algunos ejemplos de los rituales del matrimonio son una taza de té después de que los niños se hayan ido a dormir, una caminata en la mañana antes de que los niños se levanten o un abrazo y un beso al regresar del trabajo»[13].

Otro investigador da el siguiente dato con la intención de animar:

> La investigación científica dice que los momentos pequeños y positivos son lo que importa para mantener

satisfechas las relaciones. Los días no tienen que estar llenos de fuegos artificiales, sino que deben tener momentos de conexión, algo que puede parecer difícil cuando el tiempo es escaso[14].

Entienda las diferencias de género

Así como hay diferencias de género en los estilos de comunicación, también hay diferencias entre los hombres y las mujeres en su expectativa de tiempo juntos que vigoriza.

Los hombres prefieren «hacer cosas juntos». Los hombres buscan diversión, risa, humor y sexo.

Las mujeres están en busca de conexión emocional profunda. Las mujeres buscan unión en la relación, un lugar para expresar los sentimientos.

Las mujeres buscan unión en la relación, un lugar para expresar los sentimientos.

Cómo suplir las necesidades de los hombres

Tengan una cita de noche semanalmente. Es un tiempo divertido que se pasa fuera de casa. Es notablemente más probable que las parejas que específicamente se dedican tiempo una vez a la semana disfruten de relaciones de alta calidad y una tasa de divorcio más baja, en comparación con las parejas que no se dedican mucho tiempo de pareja[15].

Una noche a la semana, por un mínimo de dos horas, salgan solos para divertirse. El propósito de una «cita» es disfrutarse haciéndose preguntas, recordando cosas pasadas, probando algo nuevo. No administre ni rija su matrimonio mientras estén en una cita, hablando del presupuesto, de los niños, de las responsabilidades de la casa, de los horarios o de los listados de asuntos pendientes. Esto hace que la cita se sienta transaccional, como una reunión de negocios en lugar de un tiempo para conectarse y divertirse.

De igual manera, proteja sus tiempos divertidos del conflicto. El conflicto destruye la recreación porque intensifica las emociones, y la gente no puede relajarse y disfrutarse entre sí. (¡Usted vio esto en la historia inicial del caballo que me mordió!) Si este patrón ocurre demasiado seguido, el esposo puede perder el deseo de pasar tiempo con su esposa porque la experiencia termina en conflicto. En lugar de permitir que el enojo y los sentimientos de dolor tomen el control, reduzca la intensidad del conflicto o discusión sensible al acordar hablar del asunto en otra ocasión.

La meta de una esposa atenta es planificar citas que sean atractivas al deseo de actividad del hombre. Los estudios revelan que las actividades nuevas activan el sistema de recompensa del cerebro, y crean emoción, regocijo y alegría[16]. Haga cosas como estas:

- Salir en caminatas
- Jugar minigolf
- Ir de compras
- Ver una película nueva
- Jugar boliche
- Hacer ejercicio en el gimnasio, el centro recreativo o el club de ejercicios

A las mujeres les parece que estas actividades le inyectan juego y emoción a su matrimonio. Las parejas que pasan noventa minutos en actividades emocionantes que no hacen normalmente evidencian un aumento significativo mayor de la satisfacción matrimonial[17].

LAS CHICAS QUE DICEN ADIÓS

Greg y yo casi siempre compartimos una bebida caliente en la mañana antes de que alguno de nosotros salga de la casa. Una mujer en una conferencia matrimonial nos dijo que su esposo siempre deja una nota en su tocador antes de irse temprano en la mañana. Ella se despierta, encantada por tener un saludo. Otra mujer dice que su esposo le da un beso suave antes de salir calladamente por la puerta. El beso permanece en su subconsciente, y aunque ella no se despierta, *sabe* que es amada. En contraste, una mujer que conocí hace mucho tiempo me dijo que ella hacía la cama encima de su esposo si él dormía más que ella. Ese no es un momento diario que yo imitaría.

Uno de mis estudios favoritos para compartir en las conferencias matrimoniales es el estudio del beso de despedida. Hace más de cuarenta y cinco años, un investigador alemán estudió información que revelaba que los hombres que tenían esposas lo suficientemente cariñosas como para despedir a sus maridos con un beso vivían más tiempo, ganaban más dinero y eran más saludables. Otro beneficio era que sus esposos tenían menos accidentes automovilísticos. Es una estadística extraña, ¡pero yo seguiré el consejo y besaré a Greg![18]

Cómo suplir las necesidades de las mujeres

Las mujeres necesitan tiempo ininterrumpido para sentirse nutridas y amadas. Así que, si solo tiene cinco minutos, escuche acerca de la vida emocional de su esposa. Ella necesita desahogarse y explicar lo que hay en su mente y corazón. Si no puede liberar esa información, la acumulará, se enfriará y se pondrá distante, o se endurecerá y se enojará.

Ayúdela en los quehaceres de la casa en la noche y apague su teléfono celular, por respeto, cuando hable con ella. Cierre la computadora portátil. Apague el televisor. Pretenda que su periódico, su liga de fútbol de fantasía o la bolsa de valores no existen. Ayude a limpiar la cocina y a bañar a los niños, o supervise sus tareas; esfuércese en conocer y ser conocido, como se describe en el «Secreto romántico #3».

Hágale saber a su esposa que es valorada. Elógiela por las cosas ordinarias pero maravillosas que hace: cocinar, trabajar, hacer ejercicio, trabajar en el jardín, llevar a los niños en el carro, ofrecerse como voluntaria, lavar ropa o lucirse bien para usted.

La meta de un esposo atento sería demostrar curiosidad e interés, hacerle preguntas que no tienen un sí o no como respuesta. Por ejemplo, pregunte: «¿Cómo te sientes emocionalmente hoy?».

En la mesa de cena de los Smalley, hacemos la pregunta mejor-peor: ¿Qué fue lo mejor de tu día y qué fue lo peor? Nos parece que esa pregunta da lugar a conversaciones significativas de valores y experiencias importantes.

Aquí hay algunas otras ideas para actividades que pueden hacer juntos:

- Preparar la cena
- Saludar a su esposa cuando vuelve a casa: muéstrese emocionado por verla
- Compartir una taza de café en la mañana antes del trabajo
- Agradecerle a su esposa por algo que hizo ese día
- Elogiar a su esposa por su apariencia
- Orar por y con su esposa en la mañana
- Hablar a la hora de dormir, pero no hablar de dinero, el trabajo o los hijos
- Hacer tareas juntos y hablar mientras trabajan
- Llamar a su esposa mientras conduce a casa para saber acerca de su día

A los hombres les parece que estas actividades los mantienen al día, actualizados con sus esposas. Estos son tiempos juntos que pueden anhelar.

He aquí un consejo final que recibí de un sabio mentor con quien trabajo y quien recibió el consejo de un sobreviviente de cáncer: «Compre recuerdos, no cosas». Ningún otro uso del dinero será más satisfactorio, tanto ahora como en los años venideros.

A continuación, la guía al sexo genial para la pareja de casados: «El amor verdadero abraza».

SECRETO ROMÁNTICO #8

EL AMOR VERDADERO ABRAZA

Levantémonos temprano y vayamos a los viñedos
para ver si brotaron las vides,
si ya abrieron las flores,
y si las granadas están en flor.
Allí te daré mi amor.
Cantar de los Cantares 7:12

Recientemente, supe de una pareja de casados que ora justo antes de tener relaciones sexuales: «Señor, gracias por este regalo que estamos a punto de recibir». Me encanta la forma en que esta oración coloca el sexo en el contexto correcto, ¡pero nunca más podré mantener la cara seria cuando alguien haga esta misma oración antes de la comida!

El sexo es un regalo maravilloso que Dios le da a la pareja de casados, como un medio para experimentar varias cosas:

- Unión sagrada: Una forma de experimentar la intimidad más profunda e intensa con su cónyuge, dos que llegan a ser uno (Génesis 2:24).

- Placer: El sexo es agradable y se supone que debemos disfrutarlo. Un orgasmo produce una corriente de endorfinas en el cerebro, lo que nos hace sentir bien y anticipar repetir la experiencia.

  El sexo y nuestros cuerpos físicos son la invención de Dios y son «muy buenos». Un pastor dice que esto no es sorpresa: «Cuando nuestros primeros padres consumaron su pacto, Dios no se sintió impactado ni horrorizado, porque Él creó nuestros cuerpos para el sexo. La razón por la que el sexo es divertido, placentero y maravilloso es porque es un reflejo de la bondad amorosa de Dios que lo creó como un regalo para que lo administremos y lo disfrutemos» (Génesis 2:24-25)[1].
- Conexión: Dios usa la frase «conocer a alguien» como una forma de describir el sexo en el matrimonio. Una pareja nunca está más cerca físicamente que en el momento que acaban de tener relaciones sexuales.

  Rochelle Peachey, esposa y madre, casada por diez años, comparte su perspectiva: «El sexo produce una cercanía que va más allá de las palabras. Los relaja, los pone en sintonía mutua y lima las asperezas de las pruebas y las tribulaciones de todos los días»[2].

  La experta en relaciones Francine Kay coincide: «El sexo es prácticamente el pegamento en un matrimonio. Ustedes simplemente no se pueden acercar más que cuando tienen relaciones sexuales. Consolida el vínculo que mantiene a la gente unida»[3].
- Procreación: Dios nos creó con la intención de que el hombre y la mujer estén equipados para crear una vida nueva, dos que forman a otro más. En Génesis 9:7, Dios les dijo a Adán y a Eva: «Sean fructíferos

y multiplíquense». Nuestro mundo es bendecido constantemente con las vidas nuevas y la promesa de un futuro, gracias al regalo del sexo.

Con mi propio padre aprendí una lección valiosa acerca de aprovechar al máximo el regalo maravilloso del sexo para una pareja de casados. Sí, una lección incómoda... pero valiosa.

Apenas unos días antes de mi boda, mi papá y yo estábamos hablando, cuando de repente dijo:

—No creo que alguna vez hayamos hablado de la clave para unas relaciones sexuales fabulosas.

Recuerdo que pensé: *Y yo sé por qué. ¡Eso incluye a mi madre, y yo no quiero oírlo!*

—La clave para ser un amante excelente —comenzó mi papá...

¡Noooooo!

—Yo no pienso nunca en suplir mis necesidades. ¿Sabes qué quiere decir eso?

Sí... ¡Por favor, deja de hablar!

—No pienso en mí, en mi orgasmo.

¡Papá! No. Lo estás arruinando. Ahora ni siquiera voy a poder tener relaciones sexuales porque te estoy escuchando.

—No se trata de ti —continuó papá—. Tienes que poner a tu esposa primero. Se trata de estar 100 por ciento enfocado en sus necesidades, en cuidar de ella, en darle placer a ella. Eso es lo que pienso con tu mamá.

—Tienes que detenerte —le dije—. ¡Ni siquiera puedo oír lo que dices porque sigues hablando de mamá!

¿Incómodo? Verdaderamente. Pero me encanta ese consejo porque se trata de servir a su esposa.

Tenga la mente de un siervo

El sexo que honra a Dios y al matrimonio es amor que se entrega a sí mismo. El sexo no es un acto egoísta, una conquista para la satisfacción personal. El sexo virtuoso se trata del autosacrificio, no de la autosatisfacción.

Unas palabras para los esposos: gánense el derecho de entrar al cuerpo de su esposa

Una queja común de los esposos: «Mi esposa no tiene interés en el sexo». Es fácil echarle la culpa por esa falta de deseo a su calendario lleno, a las interminables responsabilidades de la casa, a los niños, al trabajo, a los mandados, etcétera. Definitivamente, el estrés y el agotamiento impactan de manera negativa la libido de su esposa, pero usted no tiene control sobre las dificultades de administrar una familia. La solución no es que su esposa ignore su agotamiento y que «simplemente lo haga»... a usted no le toca exigir eso.

Cayeron abruptamente en una intimidad de la que nunca se recuperaron.

F. Scott Fitzgerald, novelista

Más bien, enfóquese en algo que usted puede controlar. Sus propias acciones. Esposos, en lugar de quejarse porque a su esposa no le interesa el sexo, ¡usted tiene que ganarse su derecho a la cama matrimonial! Yo digo que así es como Dios hizo que nuestra relación sexual funcionara.

Mire cómo fueron hechos nuestros cuerpos para el sexo. La forma en que el cuerpo del hombre fue creado implica «comienzo» y tomar la iniciativa. Por el diseño perfecto de Dios, fisiológicamente, antes de que la relación sexual sea incluso posible, el hombre debe comenzar una erección. La palabra «erigir» significa crear, iniciar, establecer o construir algo. Esposos, de la misma manera que es nuestro trabajo tener una erección antes de entrar a nuestra esposa sexualmente, nuestro trabajo es primero obtener acceso a su corazón. Antes de entrar a la cama matrimonial, necesitamos el permiso y la bendición de nuestra esposa.

A los hombres les gusta una buena búsqueda. Desafortunadamente, demasiados hombres obtienen su aventura en los juegos de video y su romance en la pornografía. A las esposas: ¡permita que su hombre la corteje y la atraiga! Ayúdelo a disfrutar la aventura de cautivarla.

Yo creo que una razón principal por la que una esposa pierde su deseo sexual es que su esposo se vuelve despreocupado y deja de tratar de ganarse acceso hacia la cama matrimonial. «¿Qué? —podría pensar usted—. Pensé que el apóstol Pablo dijo: "La esposa le da la autoridad sobre su cuerpo a su marido, y el esposo le da la autoridad sobre su cuerpo a su esposa. No se priven el uno al otro de tener relaciones sexuales, a menos que los dos estén de acuerdo en abstenerse de la intimidad sexual por un tiempo limitado para entregarse más de lleno a la oración. Después deberán volverse a juntar, a fin de que Satanás no pueda tentarlos por la falta de control propio" (1 Corintios 7:4-5). Yo no tengo que tener que "ganarme" nada; es su responsabilidad responder. Su cuerpo es mío».

¡Incorrecto! Aunque usted no debe rehusarse a tener sexo con su cónyuge, no puede adoptar la actitud de que el cuerpo de su esposa es suyo, por lo que no tiene que hacer nada por atraerla. Más bien, considere el punto de vista del Dr. Mohler sobre la responsabilidad del hombre:

> Considere el hecho de que la mujer tiene todo el derecho de tener la expectativa de que su esposo se ganará el acceso a la cama del matrimonio. [...]

Por lo tanto, cuando digo que el esposo debe «ganarse» regularmente el acceso privilegiado a la cama matrimonial, me refiero a que el marido le debe a su esposa la confianza, el afecto y el apoyo emocional que la llevaría a entregarse libremente al esposo en el acto sexual[4].

¿Cómo se gana el esposo acceso a la cama matrimonial?

Si usted quiere que su esposa esté más interesada en el sexo, llegue a ser «interesante». Si ella parece indiferente, apática o desinteresada ante sus avances sexuales, entonces llegue a ser atractivo: atráigala y llame su atención. La única vez en la Biblia que Dios actúa en el papel de esposo es cuando trata de recuperar a Su novia infiel, los hijos de Israel. Oseas 2:14 dice: «Pero luego volveré a conquistarla. La llevaré al desierto y allí le hablaré tiernamente». Esto es significativo. Dios el esposo no dice que Su esposa «debería» responderle simplemente porque es su deber. En lugar de eso, Él toma la iniciativa y busca a Su esposa. Comienza Su búsqueda para recuperarla conquistándola. Él trata de llamar su atención, de cautivarla. ¿Cómo atrae su atención? Va en busca de su corazón.

Si usted quiere que su esposa esté más interesada en el sexo, llegue a ser «interesante».

El autor y consejero Donald Paglia explica que quizá usted

querrá intentar cortejar a su propio cónyuge: «Parte de lo que hace que la relación sea romántica es la emoción que llega al descubrir a una nueva persona y observar que usted le importa a esa persona. Por supuesto, eso no quiere decir casarse con alguien nuevo; más bien, significa cortejar a su cónyuge como si todavía estuviera empeñado en ganarse su amor. Básicamente, significa reestructurar esas mismas cosas que fueron parte de su relación al principio, pero sin la amenaza de rechazo o pérdida»[5].

«La llevaré al desierto» quiere decir que Él la regresa al lugar donde su historia de amor comenzó. Dios está tratando de sacar a Su esposa de todas las distracciones y reenfocarla en el momento en que se enamoraron. Los hombres son buenos en «enamorar» a las mujeres antes del matrimonio. ¿Qué hizo usted para «ganarse» la mano de su novia en matrimonio?

Sea un hombre digno de su cuerpo. Si usted quiere «respeto», entonces sea respetuoso. Provea para sus necesidades financieras, de cualquier manera posible. Protéjala de todos los peligros, tanto exteriores como domésticos. Mantenga su apariencia física y tenga buena higiene personal. Tenga un buen carácter moral. Sea fiel.

Sea tierno. Para cautivar a Su esposa, Dios el esposo le habla tiernamente. La ternura es un afrodisíaco para la mujer. Por eso es que varias veces en la Biblia se le recuerda al esposo que sea tierno: «Maridos, ame cada uno a su esposa y nunca la trate con aspereza» (Colosenses 3:19), y «De la misma manera, ustedes maridos, tienen que honrar a sus esposas. Cada uno viva con su esposa y trátela con entendimiento. Ella podrá ser más débil, pero participa por igual del regalo de la nueva vida que Dios les ha dado. Trátenla como es debido, para que nada estorbe las oraciones de ustedes» (1 Pedro 3:7).

La clave para la relación no es encontrar a la persona adecuada. Es llegar a ser la persona adecuada.

Andy Stanley, pastor y autor

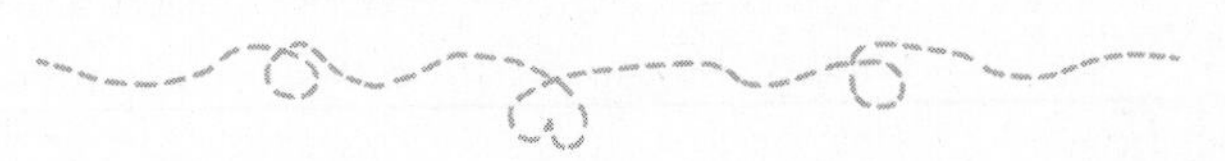

Conéctese emocionalmente con su esposa. Los hombres rápidamente se encienden y se excitan sexualmente, pero las mujeres necesitan más tiempo para estar listas para esa conexión física. Necesitan sentirse seguras y valoradas. Así que genere esa seguridad. Dedíquese a un matrimonio en el que la mujer que usted ama se sienta en el lugar más seguro de la tierra.

Como lo mencioné antes en este capítulo, el término del Antiguo Testamento para la relación sexual es «conocer». (A los lectores de la versión Reina Valera a veces les parece confuso que «conoció Caín a su mujer» o que «conoció Adán a su mujer». ¡Pareciera obvio que ellos ya conocían a sus esposas!) Aunque el lenguaje ha cambiado, todavía es cierto hoy día que la intimidad que se requiere para una conexión sexual satisfactoria se basa en *conocer* completamente a su esposa y en poner sus necesidades por encima de las suyas.

Unas palabras para las mujeres: esté preparada para recibir a su esposo

Esta sección es de Erin...

Damas, si el cuerpo del esposo fue hecho para iniciar, su cuerpo fue hecho para abrirse y recibir a su esposo. Por el diseño perfecto de Dios, fisiológicamente, la esposa se abre para recibir el pene erecto del hombre. De la misma manera que usted no puede controlar si su esposo «inicia» o no, usted tiene que enfocarse en lo que usted puede controlar. Sus propias acciones. De usted depende abrirse y ser capaz de recibir a su esposo. Recibir quiere decir «aceptar» o «acoger». Así como usted quiere crear un espíritu acogedor en su hogar, también debe querer tener un espíritu acogedor para bendecir a su esposo.

Cuando el césped se ve más verde en el jardín ajeno, es hora de regar su propio jardín.

Jimmy Evans, autor y anfitrión de *Marriage Today* (El matrimonio hoy)

Busque la disponibilidad personal (prepárese para el sexo). Nosotras las mujeres somos responsables de preparar «toda nuestra persona» para el sexo: ser abiertas. Eso quiere decir que alegremente podemos servir a nuestro esposo sexualmente al nutrir a «toda la persona» (corazón, espíritu, mente, cuerpo). Veamos cada uno de estos elementos en detalle.

Primero, considere cómo puede preparar su *corazón* para el sexo.

Algunas mujeres se quejan: «Mi esposo no es romántico: él solo piensa en el sexo». Yo sé que a usted le importa el romance; por eso es que a muchas lectoras les atraen las novelas románticas. Si en realidad quiere romance, entonces piense en cómo puede cortejar a su esposo. Pero usted tiene que cortejarlo como le gusta al hombre ser cortejado, no como a usted le guste. El romance tiene elementos tanto de relación como de una aventura romántica. ¿Ha considerado tener una aventura romántica con su esposo?

Así como el hombre es como un horno de microondas sexualmente, la mujer es como un horno de microondas relacionalmente. Las mujeres rápidamente pueden ir a niveles profundos emocionalmente. Pero los hombres son como una olla de cocimiento lento relacionalmente: son lentos para entrar en calor en una conexión emocional.

Así que podría intentar crear una conexión física primero y dejar que la conexión emocional venga rápidamente después.

> *Podría intentar crear una conexión física primero y dejar que la conexión emocional venga rápidamente después.*

Luego, enfóquese en preparar su *alma* para el sexo.

Al orar juntos, hablar de lo que Dios les está enseñando, al abrazar la belleza de la creación de Dios, al adorar juntos... todo eso involucra lo que llamamos «coito espiritual». Cuando usted se conecta con su esposo en cuanto a asuntos espirituales, se unen a un nivel muy íntimo.

¿Y qué significa preparar su *mente* para el sexo?

Comienza con tener la perspectiva correcta. Algunas mujeres, incluso las esposas cristianas, interpretan mal el impulso sexual de sus esposos. Lo ven como una demanda sin fin o como algo desagradable. Es importante que una esposa entienda cómo Dios diseñó a su hombre para la intimidad.

Comprenda que el sexo «es» intimidad para el hombre. Aunque la mayoría de las mujeres necesitan tener una conexión emocional para tener sexo, la mayoría de los hombres pueden separar el acto sexual de una relación. Para los hombres, la relación emocional fluye de la intimidad física. El sexo es la forma del hombre de demostrarle a su esposa cuánto la ama.

Para una mujer, puede ser difícil entender el impulso sexual del hombre. Quizá se da cuenta de que su impulso sexual es menos que el de él, pero muy frecuentemente, las mujeres desestiman por completo lo importante que el sexo es para sus esposos. El sexo es una legítima necesidad física para el hombre, que involucra el impulso fisiológico y la necesidad de «liberarse» de una manera que no es típica para la mujer.

Los hombres se «encienden» muy rápidamente. Aunque las mujeres generalmente nos excitamos gradualmente y necesitamos entrar en calor ante la idea del sexo, los hombres no requieren de mucho juego previo, ni siquiera premeditación, para estar listos para el sexo.

No lo tome como algo personal cuando su esposo no inicie la relación sexual. El impulso sexual del marido se puede ver afectado por asuntos como el enojo sin resolver, el conflicto, el estrés, los problemas de trabajo, la pornografía, el abuso de sustancias o los problemas físicos como la disfunción eréctil y cambios en los niveles de testosterona.

Ayude a su esposo a luchar en contra de la tentación sexual.

Ayude a su esposo a luchar en contra de la tentación sexual. Comprenda que Dios la llevó a su vida como «ayudante». Usted ayuda a su hombre a protegerse en contra de la tentación cuando él está conectado con usted sexualmente de manera regular. La autora Juli Slattery dice: «Su esposo depende de usted para que sea su socia en esta batalla en contra de la tentación sexual. Aunque usted no es responsable de sus acciones, usted es un componente en su victoria. ¡Usted es la única mujer en el mundo a quien su esposo puede ver sexualmente sin comprometer su integridad!»[6].

Por último, si bien no menos importante, considere cómo puede preparar su *cuerpo* para el sexo.

En tanto que las preocupaciones físicas frecuentemente son la barrera más grande para una vida sexual satisfactoria, no acepte pasivamente el agotamiento, la vaciedad, la fatiga y el estrés. Esté consciente de lo que podría impedirle recibir a su esposo sexualmente. Algunas posibilidades incluyen:

- estrés
- falta de sueño
- conflicto matrimonial u otros problemas relacionales
- miedo a la intimidad
- problemas hormonales
- batallar con recuerdos de abuso o trauma sexual
- depresión o ansiedad
- impulso sexual disminuido por el uso de anticonceptivos
- ciertos medicamentos para la depresión, la presión arterial y la diabetes, los cuales pueden causar problemas sexuales
- culpa por relaciones íntimas en el pasado
- sentimientos negativos acerca de su propio cuerpo
- preocupación por quedar embarazada
- problemas físicos como dolor por alguna herida, diabetes o artritis
- tener algún problema sexual como dificultad para excitarse o para llegar al orgasmo, o dolor durante el coito
- cambios físicos relacionados con la menopausia

Conviértase en estudiante de su cónyuge

Cuando usted toma la iniciativa para mejorar su vida sexual, lo primero que tiene que hacer es convertirse en un estudiante de su cónyuge. Yo (Greg) tardé diez años de estudios para llegar a ser psicólogo. A lo largo de ese tiempo, estuve expuesto a una buena cantidad de información sobre la sexualidad humana. No hace falta decir que me sentí más equipado que la mujer promedio para entender las necesidades del esposo. ¡Cuánto sobrevaloré mi educación sexual!

Independientemente de su formación, usted tiene mucho que aprender de la sexualidad de su cónyuge. De hecho, mucho de lo que usted supone en realidad puede estar equivocado. Si usted quiere una vida sexual profundamente satisfactoria, tiene que volver a ser estudiante. Estudie y observe las formas en las que Dios hizo a los hombres y a las mujeres sexualmente distintos, y cómo se requiere de vulnerabilidad, esfuerzo y creatividad para crear una intimidad genuina.

Hablen acerca del sexo

Como una pareja de casados, tenemos que sentirnos seguros para discutir nuestra relación sexual juntos: hablar honesta y abiertamente de lo que nos gusta y lo que nos disgusta.

La despreocupación puede ser el beso de la muerte para muchas relaciones. Hacer el tiempo y el esfuerzo para tener relaciones sexuales es crucial, aunque no le apetezca.

Agregue emoción y pasión

La emoción y la pasión interna no resulta de experimentar con nuevas posiciones o técnicas. Eso es lo que el mundo quiere que usted crea. El verdadero romance requiere de curiosidad, dice un experto:

Dentro del matrimonio, las parejas necesitan cultivar un equilibrio saludable tanto de certidumbre como de emoción. Pero en esto yace el problema básico: el amor busca la cercanía, en tanto que el deseo necesita distancia. Demasiada distancia, sin embargo, puede ocasionar una falta de conexión, en tanto que demasiada similitud destruye la atracción de dos individuos únicos. Esa es la paradoja esencial de la intimidad y el sexo[7].

ERIN ACERCA DE LA COMUNICACIÓN SEXUAL

Sí, el sexo es complicado. Y nuestras situaciones y necesidades como personas son muy distintas. Algunas mujeres se sienten culpables cuando rechazan los esfuerzos de sus esposos con la intimidad, mientras que otras pueden culparse si sus esposos parecen no interesados en el sexo.

Cuando una mujer oye que ella debería estar descansada y lista para las relaciones sexuales, o que debe iniciarlo más seguido, puede sentir que solo el esposo importa y que la esposa solo está allí para complacer al hombre. O, después de algunos años, quizá ya no sienta que vale la pena el esfuerzo que se necesita para mantener el sexo interesante. Unas cuantas mujeres hasta podrían desear ¡que toda la parte sexual de la relación matrimonial simplemente desapareciera!

Como mujer, quiero aceptar el regalo de la relación sexual que Dios ha diseñado. Yo sé lo importante que es desarrollar y recargar la conexión que tengo con mi esposo. Y quiero mantenerlo como una prioridad en mi vida ocupada. Pero todo eso puede ser más fácil decirlo que hacerlo.

En resumen, una relación sexual vibrante requiere de una comunicación excelente. Esa es la clave. Yo le animo a dedicar su tiempo y su energía a hablar con su esposo de sus preocupaciones, sus deseos, sus esperanzas y sus temores, mucho más allá que el tema de sus gustos y disgustos. Es un privilegio compartir nuestros sentimientos profundos y tratar nuestros problemas íntimos con nuestros esposos. Cuando huimos de la conversación, o enterramos nuestros sentimientos, solamente nos sentimos más distantes o aisladas en el matrimonio.

Me ayuda a mantenerme en el rumbo recordar que el sexo es una de las formas en las que nos podemos servir mutuamente en el matrimonio. La decisión de servir es una decisión que me toca tomar. Y podemos hacer ese acto de servicio con mala gana o con alegría. Pero cuando todo mi ser está a bordo (mente, cuerpo, alma y corazón), soy más capaz de responder a Greg en amor, sin importar qué más esté demandando mi energía y mi atención[8].

Así que, no caiga en una rutina que pueda llevarlo al aburrimiento con el otro. Busque formas de mantener su relación renovada y viva. La intimidad depende de la familiaridad, así como del misterio y la sorpresa. Sea creativo en las maneras que se acerca al otro, y disfrute su amor y relación sexual como el regalo que Dios diseñó.

¿Un problema en el dormitorio?

¿Qué puede hacer una pareja cuando tiene problemas con la intimidad sexual?

Es vital que busquen soluciones y que no ignoren los problemas sexuales en el matrimonio o que simplemente guarden esperanzas de que desaparezcan. Un recurso excelente para las parejas que batallan en esta área es el libro del Dr. Kevin Leman,

Sheet Music (*Música entre las sábanas*). En él, insta a las parejas a confrontar el problema:

> Cualquiera que sea la causa que está detrás de su propia falta de deseo sexual, por favor, por el bien de su matrimonio, ¡ocúpese de eso! Sencillamente, no es saludable para un matrimonio que cualquiera de los dos demuestre una constante y persistente falta de deseo sexual. Solo es cuestión de tiempo para que el cónyuge tome esta falta de deseo como algo personal. Para ser justo, es sencillamente natural que lo haga. [...]
>
> Sin falta, póngale empeño a su deseo de mejorar. Visite a un buen consejero. Trate con los problemas que lo están inhibiendo. No acepte el *statu quo* si su desinterés ocasiona falta de armonía y frustración en su matrimonio.
>
> Podría seguir diciéndose: «Trataré con eso... algún día». Pero, con el tiempo, su cónyuge podría decir: «¡Ya basta!». He visto muchos matrimonios destruidos por la falta de deseo sexual por parte de un cónyuge o el otro[9].

Así que, haga lo que sea necesario. Reciba consejería. Programe un examen físico de rutina. Busque ayuda médica si es necesario. No se dé por vencido en busca de una respuesta y de mejoría.

Mientras tanto, asegúrese de practicar la paciencia, conceder el perdón y mantener la relación saludable, incluso cuando el lado físico esté deficiente.

No se demore en buscar ayuda

Debido a que la relación sexual de la pareja tiene un impacto tan profundo en su relación emocional, si un problema se desatiende, puede llegar a los extremos. En un caso, una pareja pasó por años de desconsuelo y dolor antes de buscarme para que los ayudara.

Los jóvenes tímidos se sentaron en mi oficina, allí por primera vez. Explicaron que habían sido vírgenes cuando se casaron. Ninguno sabía mucho acerca del sexo, y la novia no había seguido la sugerencia de un consejero prematrimonial de tener un examen físico antes de la boda. Por lo que para los dos fue una sorpresa total en su luna de miel cuando fueron incapaces de tener relaciones sexuales (un problema ocasionado por la condición no diagnosticada de la novia de algo llamado vaginismo).

La noche se vino cuesta abajo rápidamente. Él la culpó a ella, y sugirió que ella había hecho algo mal y que Dios la estaba castigando. Por supuesto, eso la hizo cerrarse emocionalmente. Y, no era de extrañar, su próximo intento de tener relaciones sexuales también fracasó.

Al ser incapaz de consumar el matrimonio, el novio se fue enojado. La luna de miel se arruinó, y el matrimonio nuevo tuvo un mal comienzo, por no decir más. «Han pasado cuatro años —me dijo el esposo—, y nunca hemos tenido coito».

¡Cuatro años! El daño que se había hecho emocional y relacionalmente durante todo ese tiempo requirió de mucho tiempo para repararlo. Por supuesto, a la esposa se le envió inmediatamente para que la diagnosticaran y le dieran cuidado médico, pero el trabajo verdadero requería que esta pareja estableciera otra vez la apertura emocional.

Nunca olvidaré el día en que la pareja regresó a mi oficina, con los rostros resplandecientes, los dos tan emocionados como una pareja de adolescentes. «Tuvieron relaciones sexuales, ¿verdad?». Fue fácil acertar.

A fin de cuentas, esta pareja fue restaurada al matrimonio que habían querido hacía todos esos años.

Te he visto en tus peores momentos y todavía creo que eres la mejor.

Tony DiLorenzo, *One Extraordinary Marriage* (*podcast* Un matrimonio extraordinario)

Si tiene algún problema físico, busque ayuda médica profesional. Hay muchas opciones que podrían marcar un mundo de diferencia y permitir que la cercanía física en su matrimonio active la intimidad y la alegría.

Y recuerde, la necesidad de una vida sexual satisfactoria puede ser tan fuerte por parte de la esposa como del esposo. Hace casi un siglo, una mujer conocida como «Frau S» decidió no permitir que nada se interpusiera entre ella y su esposo. Aunque su hombre estaba lejos de casa luchando en la Primera Guerra Mundial, ella le escribió esta carta a su oficial al mando:

2 de enero de 1917

¡Estimado líder de la compañía!

Yo, la suscrita, tengo una petición que hacerle. Aunque mi esposo solamente ha estado en el campo por cuatro meses, me gustaría pedirle que le concediera un permiso para ausentarse, específicamente debido a nuestra relación sexual.

Me gustaría tener a mi esposo solo una vez para la satisfacción de mis deseos naturales. Simplemente ya no puedo vivir así. No lo puedo aguantar. Por supuesto que es imposible para mí satisfacerme de otra manera, en primer lugar por todos los niños y, en segundo lugar, porque no quiero traicionar a mi esposo. Por lo que me gustaría pedirle muy amablemente que me conceda mi petición. Entonces seré capaz de seguir adelante hasta que seamos victoriosos.

Con toda reverencia,
Frau S[10]

Si Frau S estaba dispuesta a esforzarse tanto para unirse con su esposo en su cama matrimonial, ¿no deberían ustedes también combatir cualquier barrera que les impida disfrutar de la intimidad sexual juntos?

Creo que nuestra querida amiga de la guerra habría apreciado algo del consejo que nos encanta a Erin y a mí, del libro de John y Stasi Eldredge *Love & War* (*Amor y guerra*): «Tienen que hacerlo. A menudo. De manera que los dos lo disfruten. Inmensamente»[11].

Hacer el amor y no la guerra es un gran pensamiento... no lo olvide. Ahora sigue un capítulo acerca de cómo negociar en la guerra de los quehaceres: «Secreto romántico #9: El amor verdadero sirve».

SECRETO ROMÁNTICO #9

EL AMOR VERDADERO SIRVE

Por último, todos deben ser de un mismo parecer. Tengan compasión unos de otros. Ámense como hermanos y hermanas. Sean de buen corazón y mantengan una actitud humilde.

1 Pedro 3:8

Imagine esto: una pareja de casados regresa de vacaciones, agotados. Dejan su maleta grandota en el descanso de las escaleras de la sala: a plena vista. Y allí permanece. Por tres semanas.

Ray, el esposo, piensa que es tarea de su esposa llevarla al segundo piso. Después de todo, está llena de ropa sucia, y la lavandería es su responsabilidad. Por lo que él la «ignora».

La esposa, Deb, también pretende ignorar el equipaje. Hasta que dice airadamente: «Yo tengo que hacerlo todo en esta casa. Soy quien tiene que lavar la ropa. ¿Por qué tengo que ser yo quien arrastre esta cosa al segundo piso? ¿No se supone que es el *hombre* el que debe cargar las cosas?».

La batalla pasiva-agresiva de varias semanas no se le escapa a una visita frecuente, el papá de Ray. Frank le dice a su hijo: «Oye, escúchame. Esto no tiene que ver con una maleta. Se trata de quién lleva los pantalones en la familia».

Finalmente, Ray y Deb se dan cuenta de que se han comportado como niños tercos. Hasta que estalla otro tira y afloja: un relajo loco cuando cada uno trata de «ganar» en ser el primero en subir la maleta al segundo piso.

Si usted es seguidor de la comedia clásica, reconocerá esta historia del episodio clasificado cuarto entre los mejores de la serie televisiva *Everybody Loves Raymond* (*Todos quieren a Raymond*)[1]. ¿Qué lo hizo ser uno de los mejores episodios entre cientos? Fue favorito para los seguidores porque las parejas de casados podían identificarse con sus temas universales: la división causada por «¿quién hace qué?» y las batallas de poder que frecuentemente surgen por desacuerdos aparentemente menores. Es gracioso porque es cierto.

¿Es incorrecto que los cónyuges tengan desacuerdos? No. El desacuerdo sincero puede ser saludable para la relación; vimos eso en el «Secreto romántico #4: El amor verdadero lucha por la paz».

Pero cuando usted siente constantemente que está en una batalla interminable por las responsabilidades del hogar y las funciones de cada uno, su relación comienza a sentirse antagonista. Si usted y su cónyuge constantemente pasan de ser compañeros de equipo a ser oponentes, su matrimonio rápidamente comienza a sentirse inseguro.

El resultado no saludable de la desunión en un matrimonio es una lucha sin resolución por el poder. Casi toda pareja se ha topado con esto, frecuentemente a principios del matrimonio. Por ejemplo, una típica lucha por el poder ocurre cuando las parejas entran en un tira y afloja relacional por quién hará qué para administrar su hogar, por dentro y por fuera. El resultado puede fracturar el vínculo que une a la pareja.

Esto es exactamente a lo que Jesús se refería cuando dijo: «Todo reino dividido por una guerra civil está condenado al fracaso. Una familia dividida por peleas se desintegrará» (Lucas 11:17). Las batallas de poder no saludables destruyen las relaciones porque el resultado está garantizado. ¡Un matrimonio dividido caerá!

Definición de guerra de quehaceres

Hay un amplio rango de temas por los que la pareja puede decidir discutir: el dinero, los quehaceres del hogar, los niños, el sexo, el trabajo, el tiempo libre, los suegros y más. Aun así, los estudios revelan que las parejas de casados son sorprendentemente similares cuando se trata de asuntos que llevan a la armonía o la discordia en casa.

Un enorme 70 por ciento de adultos dice: «Compartir los quehaceres del hogar es "muy importante" o "algo importante" para el éxito matrimonial». Para este tema, poca variedad de opinión existe entre los géneros, entre la gente de distintos grupos etarios o entre personas solteras versus casadas. La gente está sorprendentemente unida en esta observación[2].

¿Es eso cierto en su matrimonio? Si así es, no está solo.

La mala noticia que usted probablemente ya sabe

Muchos esposos y esposas perciben que es injusta la división del trabajo del hogar y terminan en conflicto. Pasan una enorme cantidad de tiempo discutiendo acerca de quién va a cuidar de los hijos, preparar la comida, hacer la jardinería, limpiar la casa, sacar la basura, doblar la ropa limpia, pagar las cuentas, sacar el perro a caminar, lavar los platos, hacer las compras y llevar a los hijos de una actividad a otra.

Los sentimientos de resentimiento —de que su cónyuge se aprovecha de usted y no lo aprecia— desgarran la tela del matrimonio.

La buena noticia que usted probablemente no sabe

La buena noticia es que, según una encuesta de Pew Research Poll, compartir los quehaceres del hogar se clasifica como el tercer elemento en importancia relacionado con un matrimonio *de éxito*, inmediatamente después de la fidelidad y el buen sexo[3]. Eso quiere decir que, si ustedes pueden aprender a compartir quehaceres, su matrimonio tendrá uno de los distintivos de la unidad.

Hay más beneficios al ser capaz de negociar la paz en la guerra de los quehaceres que simplemente tener una casa limpia. El Dr. John Gottman observa que las relaciones más felices y más satisfactorias en lo sexual son aquellas en las que los esposos participan igualmente en el cuidado de los hijos y en los quehaceres del hogar[4].

Mientras nos enfocamos en los problemas específicos asociados con compartir las responsabilidades de la casa, mantenga en mente estas palabras reveladoras de Frank Barone: «No se trata de la maleta».

Deje de lado la idea de ganar

Los problemas verdaderos son más profundos que quién saca la basura o corta el césped. Y la resolución tampoco debería tratarse de «ganar». Lo que importa es la manera en que usted trata con los asuntos diarios comunes. El enfoque correcto puede establecer una base sólida para resolver los obstáculos más grandes que inevitablemente surgirán en su trayectoria de vida juntos.

Consideremos cuatro desafíos importantes que enfrentan las parejas que tratan de escapar de la guerra de los quehaceres. Cada desafío se basa en un punto de vista defectuoso, muy humano. Usted no tendrá que buscar con afán para encontrarse a sí mismo y a su cónyuge en uno de estos conflictos demasiado comunes.

Desafío #1: «¡No es justo!»

Es cierto que la distribución o la división de los quehaceres y otras responsabilidades de la casa frecuentemente es desigual e injusta. Aun cuando las parejas tratan de compartir la carga por igual, no siempre funciona de esa manera en la vida real.

Los estudios e investigaciones en los Estados Unidos señalan que aunque muchas mujeres trabajan fuera de casa, todavía tienden a hacer la mayor parte de los quehaceres del hogar. Los hombres típicamente hacen alrededor de 9,6 horas de trabajo en la casa cada semana; las mujeres típicamente hacen alrededor de 18,1 horas. En lo que concierne al cuidado de los hijos, los hombres promedian alrededor de 7 horas a la semana, en tanto que las mujeres aportan alrededor de 14 horas en el cuidado de los hijos[5].

Esta desigualdad común puede dejar que la esposa se sienta sola o no valorada. ¿Ha sentido o ha dicho alguna vez uno de los siguientes? ¿O lo ha escuchado de su cónyuge?

«Yo tengo que hacerlo todo».

«No aportas el esfuerzo que te corresponde».

«Quieres que yo haga más trabajo cuando tú te has divertido todo el día».

«No valoras lo que hago por nuestra familia».

«Por lo menos tú no estás atrapado en casa con los niños todo el día».

La guerra de quehaceres puede convertirse en un debate interminable en cuanto a qué cónyuge hace más. Detesto admitirlo, pero Erin y yo hemos tenido discusiones desagradables por esto. Durante algún tiempo, casi no podíamos hablar de eso de una manera racional.

A veces surge por un problema de comunicación, cuando cada cónyuge no está consciente de lo que el otro hace en el curso del día, o la semana. Lo mencioné en el «Secreto Romántico #3: El amor verdadero se esfuerza por conocer y ser conocido», que Erin me llamaba cuando yo estaba de viaje. En esa época de nuestro matrimonio, ella se sentía demasiado cargada con los quehaceres de la casa porque yo no estaba allí para ayudar. Creo que yo no apreciaba totalmente lo difícil que es ser una madre que se queda en casa y cómo se pueden desarrollar sentimientos de aislamiento.

Frecuentemente, los cónyuges tienen anteojeras y solo comprenden totalmente sus propios trabajos y funciones de la casa.

Frecuentemente, los cónyuges tienen anteojeras y solo comprenden totalmente sus propios trabajos y funciones de la casa. Sé exactamente cuán desafiante es mi trabajo, por ejemplo, aun si Erin no lo capta. Ella es mejor administradora que yo, por ejemplo, y lo que pareciera fácil para ella son tareas que casi me echan al suelo cada día.

Como resultado de hacer suposiciones y de no lograr

comunicarse abiertamente, uno o los dos cónyuges puede acabar sintiéndose invalidado, devaluado, minimizado o marginalizado.

Desafío #2: «¡No es suficiente!»

La forma en que una persona está diseñada por Dios puede contribuir a expectativas ampliamente distintas dentro de una casa. Algunas preferencias individuales quizá no tengan sentido para un cónyuge que tiene otro conjunto de prioridades.

Mientras que algunos atribuyen nuestras diferencias a las características relacionadas con el género (las mujeres tienden a ser personas que acomodan el hogar y nutren; los padres son proveedores y protectores), es cierto que las diferencias entre individuos son más amplias que las diferencias entre los grupos. Así que, aunque la esposa se pregunte si los hombres de su familia siquiera pueden *ver* el polvo que la vuelve loca, fácilmente bien podría ser el hombre quien desprecia el polvo y anhela el orden en la casa.

Algunas expectativas se basan en su familia de origen. Tal vez su mamá era perfeccionista; su papá solo hacía oficios masculinos. O algún cónyuge se puede resistir a una vida hogareña demasiado rígida y decidir hacer a un lado los quehaceres del hogar de manera intencionada.

Algunos cónyuges hacen más quehaceres porque, en realidad, prefieren hogares más limpios u ordenados. Quizá quieren que la ropa limpia se clasifique de una forma específica o tengan una rutina poco variada para limpiar los pisos y los mostradores de la cocina. Otros esperan hasta que llegue visita y entonces limpian en un frenesí de acción. Y algunas personas simplemente disfrutan una casa con esa apariencia de que está «habitada».

Yo admito ser un verdadero cavernícola. Recientemente tuvimos visitas, y Erin quería ayuda para limpiar el refrigerador. Para ella, era una fortaleza de suciedad y bacterias. Yo miré hacia dentro y pensé: *No hay gusanos. Lo veo bien.*

Cuando usted ama, quiere hacer cosas por la otra persona. Quiere sacrificarse. Quiere servir.

Ernest Hemingway, *A Farewell to Arms* (*Adiós a las armas*)

Si usted es como nosotros, haga un inventario personal y esté consciente de sus propias preferencias en cuanto a la limpieza. Yo detesto cambiar las sábanas y hacer la cama, por ejemplo, pero me queda bien lavar carros o desocupar el lavaplatos.

En general, las mujeres tienen tolerancias más bajas tanto para el polvo como para el desorden, por lo que es posible que esperen que ciertos quehaceres de la casa se hagan más frecuentemente que lo que harían los hombres en su vida. Esto a menudo quiere decir que se quedan atascadas haciendo mucho más que la parte justa de esos oficios.

El problema surge cuando hay un gran desacuerdo en el que se involucran las preferencias y las prioridades. Aun si yo no quiero limpiar (esa es mi preferencia personal), pero Erin sí quiere limpiar, yo tengo que involucrarme o pagar las consecuencias.

En la guerra de los quehaceres, el «más limpio» parece ganar más frecuentemente. O acaban en un alejamiento, como Ray y Deb, que dejaron su maleta en el descanso de las escaleras por tres semanas. Es decir, hasta que Ray iba a salir de la ciudad y metió un pedazo de queso apestoso dentro del bolso antes de irse. En serio, estas batallas se pueden poner feas, ¡y apestosas!

¿Hay alguna forma de lograr un acuerdo mutuo? ¿Hacer menos? ¿Hacer más? Cuando tanto el esposo como la esposa trabajan fuera de casa (y en el año 2014, el 47,7 por ciento de parejas de casados en los Estados Unidos estaban ambos empleados)[6], simplemente no hay suficiente tiempo para hacerlo todo. Por lo que decidir qué es prioridad se reduce a las preferencias y los deseos individuales.

Cada cónyuge tiene una idea de lo que se tiene que hacer como mínimo. (Típicamente, yo elegiría descansar en vez de limpiar la mayoría de los días). Por lo que estas preferencias de quehaceres del hogar crearán conflicto cuando los cónyuges no puedan llegar a un acuerdo en cuanto a lo básico.

Desafío #3: «¡No es mi responsabilidad!»

Erin y yo hemos estado casados por más de veinticuatro años, y la división de los quehaceres de la casa es ciertamente un asunto que hemos enfrentado regularmente. Sin embargo, no hace mucho tiempo, ocurrió algo que ha cambiado totalmente mi perspectiva de esta frustración recurrente. Desde entonces, he contado esta historia una o dos veces, porque fue un momento decisivo para nosotros en la guerra de los quehaceres.

Una tarde después del trabajo, cuando entraba a la cocina, pude oír lo que sonaba como puro caos. Erin estaba ocupada preparando la cena, dos de nuestros cuatro hijos estaban discutiendo, la televisión estaba a todo volumen y la tarea de alguien estaba esparcida sobre el mostrador y el suelo.

Al escuchar la metafórica bomba de tiempo a punto de explotar, emití cuatro palabras pequeñas que cambiaron mi vida: «¿En qué puedo ayudar?».

A primera vista, esta frase suena positiva, ¿verdad?

«¿En qué puedo ayudar?». En otras palabras: «Puedo ver que las cosas están fuera de control y quiero ayudar de alguna manera porque te amo».

La parte triste de eso es que, cuando la mayoría de la gente promete estar allí en las alegrías y en las penas, en realidad solo se refieren a las alegrías.

Ken Bevel como el teniente Michael Simmons en *Fireproof* (*A prueba de fuego*)

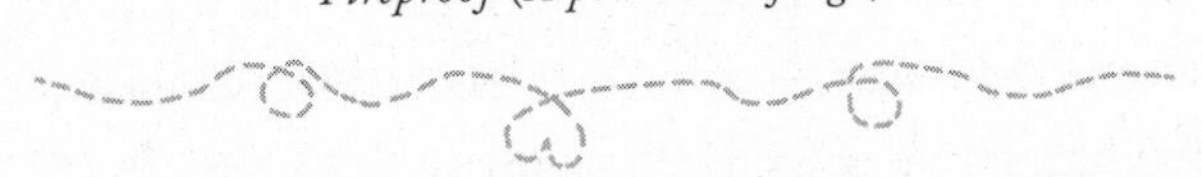

Pensé que ese ofrecimiento haría énfasis en mi naturaleza de «esposo amoroso». Definitivamente, mi corazón estaba en el lugar correcto, pero rápidamente me di cuenta de que, sin saberlo, estaba creando una enorme grieta en mi matrimonio. La evidencia fue la forma en la que Erin respondió a mi amable ofrecimiento: «Ya eres mayorcito. Observa a tu alrededor. Mira qué es lo que hay que hacer. Involúcrate y hazlo».

Para ser sincero, al principio, me sentí ofendido. Pero luego pasé rápidamente a una indignación: *Qué descaro,* pensé. *No puedo creer que me acaba de responder bruscamente cuando ofrecí darle una mano.*

Y allí fue cuando ocurrió la revelación. Mientras estaba allí parado de mal humor, me di cuenta de que mi ofrecimiento de «ayuda» de muchas maneras implicaba que Erin era la única responsable del trabajo que se tenía que hacer en nuestro hogar. Y yo le estaba ofreciendo mi ayuda como un asistente y no como un copropietario.

Aprecio la perspectiva divertida de Jim Thornton en su libro *Chore Wars* (La guerra de los quehaceres) sobre lo que la esposa en realidad escucha cuando su esposo le ofrece ayuda:

> Los dos sabemos que estos quehaceres son tu responsabilidad a final de cuentas, querida, pero si me explicas exactamente lo que quieres que yo haga, a regañadientes te ayudaré con nuestro trabajo. Y, a propósito, será mejor que me demuestres un poco de agradecimiento por mi ayuda. Y si quieres que vuelva a ayudar, tendrás que recordarme todas y cada una de las ocasiones que esta tarea odiosa surja[7].

Esa noche, mientras Erin y yo hablábamos, le pedí perdón por cualquier ocasión en la que involuntariamente hubiera implicado que ella era la única responsable por los quehaceres de la casa y que yo era simplemente su «ayudante». Me aseguré de que ella supiera que somos compañeros de equipo y que yo también era 100 por ciento responsable del cuidado y el mantenimiento de nuestro hogar y de nuestros hijos[8]. Sin duda, yo podía haber argumentado que yo contribuyo trabajando de tiempo completo fuera de casa, pero eso solamente nos habría llevado al mismo punto muerto al que habíamos llegado demasiadas veces antes. Porque el asunto no tiene que ver con el trabajo *dentro* de la casa o el trabajo *fuera* de ella. Tiene que ver con apropiarse de todas las tareas y responsabilidades que son parte de la vida en familia, sin importar quién acabe supliendo cierta necesidad inmediata.

Así que no caiga en la trampa. Pedir ayuda puede dar la impresión de que los quehaceres de la casa en realidad son trabajo y responsabilidad únicamente de usted. O en tanto que usted podría pensar que es algo bueno ofrecer ayudar a su cónyuge, en realidad podría enviar otro mensaje y crear sentimientos negativos.

Desafío #4: «¡Es interminable!»

La realidad de tener trabajos demandantes y cuatro hijos activos es que el trabajo que se tiene que hacer en nuestra casa nunca se acaba. En serio, Erin y yo podríamos trabajar 24 horas por 7 días a la semana y aun así no terminar nunca. Pero yo no quiero que nuestro hogar represente «trabajo». No me opongo al trabajo duro, pero también necesito que se sienta como que hay espacio para el descanso y el juego en nuestro hogar. Mi temor más grande es que nunca más haya descanso en nuestra vida. Nunca más.

Uno de mis motivos de queja es que tenemos hijos saludables y capaces, pero frecuentemente fallamos en involucrarlos en los quehaceres de la casa. Yo llego a casa o estoy trabajando en algo, y Erin me pide que me encargue de un oficio sencillo, en lugar de pedirle a uno de nuestros hijos. Eso me vuelve loco, porque es importante que los hijos aprendan responsabilidad y que contribuyan en el hogar que todos compartimos.

Por encima de toda la gracia y todos los dones que Dios les da a sus amados está el de vencerse a uno mismo.

San Francisco de Asís

Erin dice que eso ocurre porque es más fácil pedirme a mí que me encargue del quehacer que pedírselo a nuestros hijos. Ella anticipa que va a tener una discusión, o que va a tener que requerir de más tiempo para explicar el proceso que lo que demoraría en hacerlo ella misma. Pero está ocupada, ¡por lo que opta por mí!

Cuando esto ocurre en familias con hijos, puede desarrollar el resentimiento de que los hijos no ayudan. Y les da a los hijos la imagen irrealista de la vida compartida. Cuán fácil sería ocuparse de la carga de trabajo si todos colaboraran, ¿verdad? Recientemente, leí que las cochinillas viven en familias y que los insectos bebés en realidad trabajan juntos para limpiar su hábitat[9]. ¡Me irrita que los insectos tengan más control que yo!

Otro resultado de un listado de tareas pendientes aparentemente infinito es la posibilidad de promesas rotas o tareas incompletas.

Ganar es perder cuando una pareja no es capaz de someterse el uno al otro en amor.

Esto crea un problema más grande de desconfianza general. Cuando su palabra no es buena, cuando usted no logra hacer lo que prometió hacer, pierde credibilidad con su cónyuge. Esto lleva a problemas mucho más grandes que un césped descuidado o un lavaplatos lleno de platos sucios.

Desarrollar confianza en un matrimonio es tanto fundamental como bíblico. Estar unidos como pareja cristiana no es simplemente algo bonito. No se trata de definir sus funciones y luego no tener que ocuparse nunca más de los asuntos básicos de los quehaceres del hogar. En realidad, es un asunto espiritual. Evitar las discusiones pequeñas y los impases pasivo-agresivos es vital para poner en práctica el modelo bíblico de un matrimonio amoroso.

Ganar es perder cuando una pareja no es capaz de someterse el uno al otro en amor y unidad.

El autor y líder Francis Chan escribió que se trata de un asunto de seguir a Cristo, y resume el dilema:

> Las discusiones se intensifican cuando queremos tener la razón más de lo que queremos ser Cristo. Es fácil enceguecerse en el calor del desacuerdo. Pronto, todo lo que queremos es ganar, aunque la victoria requiera pecar. El que gana la discusión generalmente es el que actúa menos como Cristo[10].

Cómo desplazarse hacia el servicio en su matrimonio

A fin de cuentas, la «manera» en que dividan las responsabilidades del hogar (el proceso) es más importante que las soluciones finales que decidan. Las siguientes pautas les ayudarán a mantenerse unidos como pareja cuando la división de quehaceres trate de separarlos.

1. Sean igualmente responsables de la administración de su vida juntos. Dividir las responsabilidades del hogar comienza con una mentalidad clara: *ambos* somos igualmente responsables de nuestro hogar, por dentro y por fuera. Somos un equipo y tenemos que funcionar como tal.

2. No simplemente espere una oportunidad y luego ofrezca ayuda. En lugar de preguntar en qué puede ayudar, tome la iniciativa. No espere que su cónyuge le diga lo que hay que hacer en la casa. Es tan simple como ver que los platos están limpios y que hay que sacarlos del lavaplatos. Nadie debería tener que enseñarle a un adulto a guardar los platos o recordarle cada día que eso es importante.

Cuando Erin y yo conversamos de nuestros propios problemas en esta área, el mayor deseo de ella era que yo tomara la iniciativa, que no esperara que ella me dijera lo que hay que hacer en la casa. Llegar a un entendimiento fue una «victoria» para ella.

El matrimonio llega a ser una serie de sorpresas para la mayoría de nosotros, y una de ellas es cuán frecuentemente tenemos que perdonar y ser perdonados.

Dr. Ed Wheat, *The First Years of Forever* (*Los primeros años del resto de tu vida*)

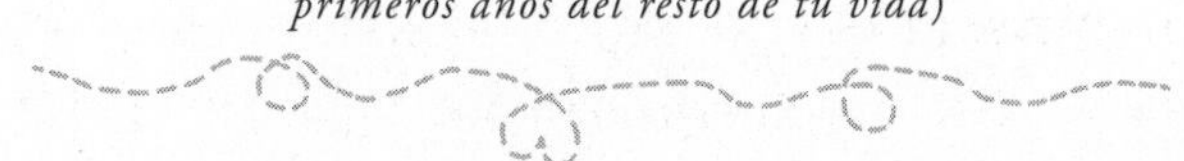

Para mí, mi «victoria» es tener un poco de descanso como familia cada noche. Es importante que haya cabida en nuestra vida para relajarnos, pasar tiempo juntos y hacer esas cosas que nos ayudan a descansar y relajarnos. Así que el tiempo de descanso es una prioridad para mí.

Una forma en la que hemos incorporado ambas «victorias» en una solución es que yo tomo la iniciativa para meter los platos en el lavaplatos al final de la noche, y luego lo desocupo justo antes de llevar a los niños a la escuela en la mañana. Me encanta este sistema, porque no siento que lavo platos todo el día. Y es una cosa menos de las que Erin se tiene que preocupar.

Lleve su servicio al siguiente nivel y dé de su tiempo y de su energía de manera sacrificial.

3. Trate de servir más que su cónyuge. Con base en el fundamento de la apropiación equitativa, nuestro trabajo es servir a nuestro cónyuge más que nuestro cónyuge nos sirve a nosotros, todos los días. «Pues ni aun el Hijo del Hombre vino para que le sirvan, sino para servir a otros» (Marcos 10:45).

Lleve su servicio al siguiente nivel y dé de su tiempo y de

su energía de manera sacrificial. Eso quiere decir que cuando llego a casa después de un día activo de trabajo, me involucro y hago lo que haya que hacer inmediatamente. No solo es mi responsabilidad, sino que es una oportunidad de servir a mi esposa y superar las expectativas.

La autora George Eliot lo dijo bien: «¿Para qué vivimos si no es para hacer la vida menos difícil para los demás?»[11].

4. Exprese la gratitud que se deriva de la empatía. Forme el hábito de agradecerle a su cónyuge por el trabajo que hace regularmente. Sea específico, y si tiene hijos, asegúrese de que ellos lo escuchen elogiando a su cónyuge y siendo agradecido. Es un buen ejemplo para darles, y les recuerda que las cosas de la casa no las hacen unos duendes mágicos que trabajan mientras uno duerme.

5. Hablen de sus expectativas y preferencias. Si está ocasionando división, que su actitud sea «suéltalo» (como dice la canción). Encuentre el equilibrio entre una casa limpia y nítida y una casa «hecha higiénica para su protección».

Recuerde que algunos cónyuges hacen más quehaceres domésticos porque prefieren casas más limpias o quieren que algo se limpie de cierta forma. Allí es donde entra la buena comunicación. Esté consciente de sus propias preferencias de limpieza (piense en todas las maneras distintas de cambiar sábanas, limpiar los pisos o limpiar/desinfectar un mostrador). Negocie estas tareas con base en expectativas realistas.

Es posible que tenga que liberar a su cónyuge para que entonces haga la tarea a su manera. Si el equilibrio es aceptable para su cónyuge, entonces declárenlo parejo y sigan adelante.

6. Dividan las responsabilidades de manera justa. La forma en que dividen específicamente sus quehaceres de la casa requiere que tengan una conversación acerca de las expectativas como «compañeros de equipo». Recuérdele a su cónyuge que están del mismo lado. Por lo tanto, la única solución posible para la guerra de los quehaceres de la casa es que los dos se sientan muy bien con ella. Pongan en práctica Filipenses 2:4: «No se ocupen solo de sus propios intereses, sino también procuren interesarse en los demás». En otras palabras, dividan los quehaceres de una manera que se sienta pareja o justa para ambas personas. Descubran un beneficio mutuo.

Tomen en cuenta el período de funcionamiento del reloj biológico de cada uno. Algunos cónyuges se ponen en marcha en la mañana, y algunos no entran en plena energía hasta la noche. Presionar a un cónyuge para que haga un trabajo de acuerdo al horario propio en vez del horario de él o ella es una excelente forma de iniciar una discusión.

Compartir los plazos sincronizará las expectativas, aunque no sincronice sus relojes biológicos.

Compartir los plazos sincronizará las expectativas, aunque no sincronice sus relojes biológicos. Mantengan el flujo de la comunicación administrativa para que cada uno pueda anticipar qué tareas tienen que hacerse a qué hora. Avísense de reuniones importantes, citas con el médico, horarios de ejercicio y cosas similares. Pónganlos en el calendario y suéltenlo.

7. No se queje, ni critique los detalles ni regañe. Escriban un contrato, un listado o un calendario de quehaceres, o encuentren una forma escrita de administrar los quehaceres y los mandados. Colóquenlo en un área común. Esto es esencial para las parejas que están en las fases iniciales de una tregua en la guerra de los quehaceres.

Muérdase la lengua si su cónyuge no hace alguna tarea como usted la haría. Pero si separar la ropa y lavarla de cierta forma es una proposición de vida o muerte, entonces lave usted la ropa.

Esté dispuesto a hacer a un lado los roles de género tradicionales. La división del trabajo en la casa frecuentemente cae todavía dentro de las esferas tradicionales de «masculino» y «femenino». Erin hace gran parte de nuestro cuidado de jardín, y como ya lo mencioné, yo me he hecho cargo del trabajo del lavaplatos.

UN TRONCO EN LA CITA DE GREG CON EL OFTALMÓLOGO

Una vez, Greg y yo tuvimos una discusión acalorada porque él había supuesto que yo estaría disponible para llevarlo y recogerlo de una cirugía ambulatoria del ojo. Él también esperaba que yo tuviera tiempo para recogerlo de un estudio bíblico de hombres al otro lado de la ciudad. Él no había considerado que yo ya tenía que llevar a varios niños a múltiples escuelas esa mañana y que tenía una reunión en el trabajo. Su comunicación fue mala y, como resultado, tuvo que improvisar y pedirle a un amigo que lo llevara y lo recogiera. ¡Eso fue frustrante! Yo valoro sus estudios bíblicos. Yo quería estar con él antes y después de su cirugía, pero simplemente no podía hacerlo todo, especialmente de última hora.

Después de hablarlo con calma, pudimos encontrar una solución de beneficio mutuo. Un amigo llevó a los niños por mí, por lo que estuve disponible para llevar a Greg a la cita. La comunicación fue la clave.

Este es el último punto para recordar: al único que usted puede cambiar es a usted mismo; no puede cambiar a su cónyuge. Su meta es ser *realista*, no *perfeccionista.* Si no puede alcanzar una perspectiva más amplia, considere contratar a alguien para que haga esos quehaceres que no se hacen. O (¡prepárese!) deje que sus estándares bajen o renuncie a una tarea por completo. Pero asegúrese de que no se caiga el techo: no me refiero a ser haragán. Limpiar el baño solo una vez a la semana en lugar de todos los días quizá sea la mejor manera de servir a su cónyuge. O podría ganarse el corazón de su cónyuge al demostrar respeto por quince segundos al enjuagar sus platos.

Cuando ambos son *100 por ciento responsables* de la casa, cuando dividen las tareas regulares con la mentalidad de equipo y cuando su meta es servir más que el otro, pueden darle fin a la guerra de los quehaceres domésticos.

Y la próxima vez que lleven a casa una maleta llena de ropa apestosa de las vacaciones, tal vez se peleen por el honor de arrastrarla hacia el segundo piso.

SECRETO ROMÁNTICO #10

EL AMOR VERDADERO PERDURA

Les he dicho todo lo anterior para que en mí tengan paz. Aquí en el mundo tendrán muchas pruebas y tristezas; pero anímense, porque yo he vencido al mundo.

Juan 16:33

La película de 1992 *El último de los mohicanos*, que se desarrolla en el bosque al norte del estado de Nueva York durante la guerra franco-india, nos revela a una pareja resistente: Ojo de Halcón, un héroe francotirador de un fusil largo, criado por indios, y Cora, la bella, valiente y previamente mimada hija del coronel Edmund Monroe. En el transcurso de unos cuantos días, la guerra le acarrea muchos desafíos a la pareja.

En la vista del panorama general, su destino está entrelazado con cuatro fuerzas opositoras: el ejército británico, el ejército francés, los indios y los colonos pioneros. Pero la vida de ellos está principalmente enredada por los malvados planes de venganza de Magua, un hurón malhumorado que está obsesionado con Cora. Le daría igual quemarla en la estaca o casarse con ella. De un modo u otro, está determinado a hacerla sufrir.

A lo largo de la mayor parte de la película, Cora y Ojo de Halcón coinciden en una cosa: desean una vida juntos, preferiblemente una vida larga. Para hacer que eso suceda, de alguna manera tienen que soportar una serie de crisis: indios en pie de guerra, disparos al azar de francotiradores, ataques violentos de los soldados franceses, secuestros, pelotones de fusilamiento, una flecha que atraviesa el corazón, quemaduras en la estaca y caídas de despeñaderos altos.

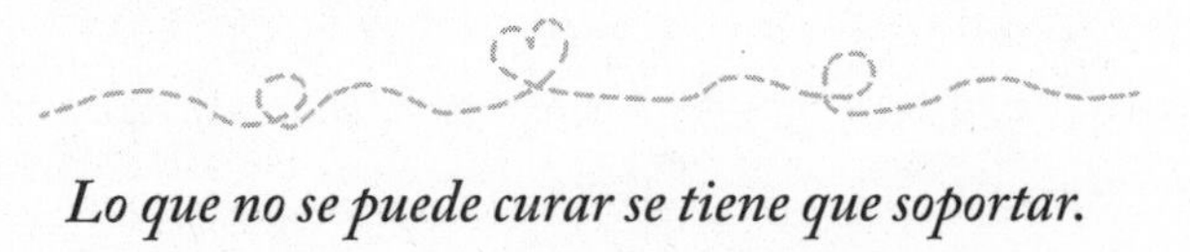

Lo que no se puede curar se tiene que soportar.

John Adams en una carta a su esposa, Abigail

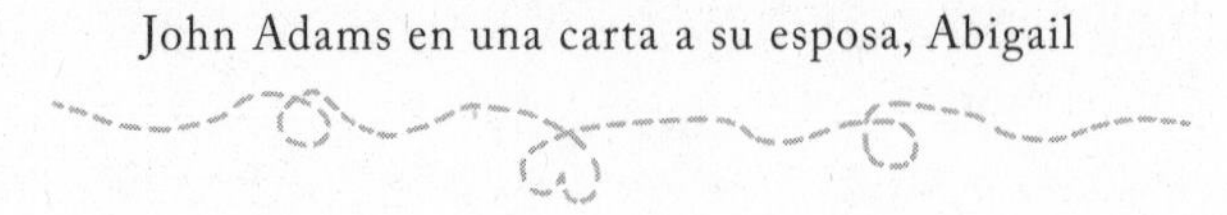

En un momento crucial de la película, Ojo de Halcón se da cuenta de que tiene que dejar a Cora, quien entonces caerá sin duda en manos de Magua. Justo antes de su funesta separación nocturna, la pareja está de pie en una cueva con una cascada detrás de ellos. El robusto pionero le grita a su belleza británica por encima del ruido del torrente de agua: «¡Sé fuerte, sobrevive! [...] ¡Sigue viva, sin importar lo que pase! Yo te encontraré. No importa cuánto tarde, no importa cuán lejos, yo te encontraré»[1].

Al igual que John y Stasi Eldredge, creo que cada pareja vive «en una gran historia de amor que se desarrolla en medio de la guerra»[2].

Permítame explicar a qué me refiero con «en medio de la guerra». Significa una crisis o una fuerza exterior que actúa sobre su matrimonio, y no se trata de peleas entre esposos. En el «Secreto romántico #4: El amor verdadero lucha por la paz», usé el término *conflicto* para describir la lucha interna, o los problemas de cónyuge versus cónyuge. El término *crisis* se refiere a un problema «externo». Las crisis matrimoniales llegan en distintas formas: cáncer, discapacidad, familia política, pérdida de trabajo, fracasos financieros, infidelidad, pérdida de un hijo y demás. Es la pareja versus todo o todos los demás. En el caso de Ojo de Halcón y Cora, era básicamente todo el universo del Nuevo Mundo que iba en contra de ellos.

Cuando una crisis ataca su hogar, ¿qué hace para proteger su matrimonio? ¿Qué espera como resultado?

Cuando Erin y yo enfrentamos una crisis, aunamos esfuerzos, y esperamos crecer a raíz de la experiencia, sin importar cuán ardua sea. *¡Vaya, Greg!* Podría pensar usted, *yo espero tomar tranquilizantes o irme de vacaciones después de una crisis, pero ¿qué quiere decir usted con «crecer a raíz de la experiencia»?*

Ya le demostré cómo se puede reducir una discusión a estas fórmulas descabelladas y contrarias a la lógica común:

FRICCIÓN EN LA RELACIÓN + PERCEPCIÓN =
INFORMACIÓN PARA LA INTIMIDAD

INFORMACIÓN PARA LA INTIMIDAD + COMUNICACIÓN SALUDABLE =
MATRIMONIO FELIZ

El manejo del conflicto en realidad puede ayudarle a desarrollar intimidad una vez que aprende a resolver los problemas.

De la misma forma, sobrevivir una crisis matrimonial no

solo es posible, sino que Dios también puede redimir esos tiempos difíciles y transformarlos en experiencias que fortalecerán su matrimonio. Aunque sea doloroso, lidiar con una crisis puede obligarlo a crecer como persona. Entonces tendrá la madurez para enfrentar y solucionar otros problemas de su relación, quizá problemas en los que ha estado «atascado» por años. El proceso es algo así:

CRISIS + PERCEPCIÓN = CRECIMIENTO PERSONAL

CRECIMIENTO PERSONAL + RESOLUCIÓN DE CONFLICTO = MATRIMONIO MÁS FUERTE

He aquí un listado de situaciones que pueden crear una crisis en el matrimonio. Marque las que usted y su cónyuge ya han enfrentado en el transcurso de su matrimonio.

- ❑ muerte de un ser amado
- ❑ hijo con una discapacidad
- ❑ cuidado de un padre anciano
- ❑ aborto espontáneo
- ❑ desastre natural
- ❑ estrés en el trabajo
- ❑ infidelidad
- ❑ infertilidad
- ❑ jubilación
- ❑ traslado
- ❑ dificultades sexuales
- ❑ problemas con la familia política
- ❑ pérdida de trabajo y/o problemas financieros
- ❑ enfermedad física o mental

- ❑ ataque espiritual
- ❑ guerra
- ❑ inicio de un programa de universidad o posgrado
- ❑ contratiempo en la carrera profesional
- ❑ nueva fase en la vida[3]

Si alguna vez han enfrentado alguna de estas crisis, entonces usted y su cónyuge son veteranos y ya han desarrollado algo de fortaleza y sabiduría con la experiencia. En las secciones siguientes, voy a presentar lo que creo que son los distintivos de las parejas que saben cómo soportar, coincidir en una visión, unir fuerzas para enfrentar una crisis con éxito y salir más fuertes.

Las parejas fuertes saben que la crisis es la norma

A las parejas fuertes no les parece extraño que las pruebas los acosen. Saben que la vida contiene muchos lugares semejantes al «valle de sombra de muerte» del salmista. Pero saben que esos lugares peligrosos aparecen entre cada punto culminante de la vida. La pareja puede tener reacciones emocionales fuertes cuando la crisis ataca, y puede que los agarre desprevenidos, pero ellos no se sorprenden. Incluso como soltero, el apóstol Pablo sabía esta verdad. Escribió: «Los que se casen en este tiempo tendrán problemas» (1 Corintios 7:28).

Al inicio de *El último de los mohicanos*, Cora es una recién llegada al bosque. Ella se conmociona al encontrar la hacienda de unos colonos pioneros consumida por el fuego, con los cuerpos de mujeres y niños dejados tirados en el campo abierto.

En la escena final, ella ha experimentado casi cada problema que 1757 puede ofrecer, excepto la viruela, pero si eso también atacara a la heroína luchadora, uno tiene la sensación de que estaría preparada.

PERFILES DE CORAJE MATRIMONIAL

He estado intrigado por un libro que nuestra hija Murphy leyó en la escuela secundaria: *Perfiles de coraje,* libro ganador del Pulitzer en 1957, escrito por John F. Kennedy. El libro describe las carreras de ocho senadores estadounidenses que actuaron valientemente y con integridad bajo la oposición agobiante. Estos hombres tomaron decisiones que creyeron que eran las mejores, a costa de su reputación y favor dentro de su partido político.

El libro está escrito en el espíritu del Salón de la Fama de Hebreos, el listado de excelentes hombres y mujeres de fe (Hebreos 11). Yo aprecio las historias de los héroes porque necesito recordatorios de que, si otros pueden hacerlo, yo también puedo.

En el área del matrimonio, hay una pareja que yo agregaría a un libro de coraje matrimonial: Abigail y John Adams. Ellos vivieron durante la Revolución estadounidense. Las pruebas eran su vida: la muerte, las enfermedades, la pobreza, la separación y la exclusión política los siguieron a lo largo de su matrimonio. Ellos se sabían el versículo: «Queridos amigos, no se sorprendan de las pruebas de fuego por las que están atravesando, como si algo extraño les sucediera» (1 Pedro 4:12).

Abigail y John vivieron en uno de los períodos más sangrientos de la historia de nuestro país. Documentaron sus aflicciones en miles de cartas. He aquí una de esas cartas que Abigail le escribió a John el 1 de octubre de 1775.

Weymouth, 1 de octubre de 1775

Ten piedad de mí, ten piedad de mí, oh, tú mi amado, porque la Mano de Dios ha caído sobre mí.

Pero yo me quedaré callada y en silencio y no abriré mi boca porque tú, oh Señor, lo has hecho.

Cómo puedo decirte (oh mi corazón que explota) que mi querida madre me ha dejado, este día como a las 5 en punto se fue de este mundo por uno infinitamente mejor.

Después de mantener 16 días de conflicto severo con la naturaleza, se desvaneció y se quedó dormida. Espíritu Bendito, ¿dónde estás? A veces casi estoy lista para desmayarme bajo este ataque severo y pesado, separada de ti que solías ser un consolador hacia mí en la aflicción, pero bendito sea Dios, Su oído no es duro para que no pueda oír, pero Él nos ha hecho clamarle a Él en tiempo de angustia.

Sé que tú eres un doliente sincero y cordial conmigo y que orarás por mí en mi aflicción. [...]

Este es un tiempo horrible en toda esta provincia. Las enfermedades y la muerte están casi en cada familia. Ni puedo imaginarme enfermedad más impactante y terrible que esta excepto la plaga.

Que Dios todopoderoso reprima la pestilencia que camina en la oscuridad y que consume al mediodía y que ha dejado en el polvo a una de las madres más amadas. Que la vida de otro padre amado sea alargada para sus hijos afligidos y tu angustiada Portia*.

* Abigail solía firmar sus cartas usando un apodo.

Las parejas fuertes perduran

Los Adams de la época colonial (Abigail y John, no los loquitos Morticia y Homero) aguantaron cincuenta y cuatro años de «en las alegrías y en las penas» y tuvieron más «penas» que muchas parejas tendrán en este siglo. Ellos conocían la clase de fortaleza que Dios promete en Romanos 5:3-5:

> Nos alegramos al enfrentar pruebas y dificultades porque sabemos que nos ayudan a desarrollar resistencia. Y la resistencia desarrolla firmeza de carácter, y el carácter fortalece nuestra esperanza segura de salvación. Y esa esperanza no acabará en desilusión. Pues sabemos con cuánta ternura nos ama Dios, porque nos ha dado el Espíritu Santo para llenar nuestro corazón con su amor.

¿Cómo ayuda esa clase de carácter a sostener un matrimonio? Aun si usted no es feliz ahora y piensa en darlo por terminado, o si se siente atrapado en un matrimonio sin amor, perdure. La resistencia vale la pena. Esta es la razón: dos tercios de cónyuges infelizmente casados, que permanecieron casados, reportaron que sus matrimonios eran felices cinco años después. Además, los matrimonios más infelices reportaron los giros más dramáticos: entre los que clasificaron sus matrimonios como muy infelices, casi ocho de diez que evitaron el divorcio estaban felizmente casados cinco años después[5].

Erin tiene unos amigos que encajan en esta descripción: Arianna y J. J. Withers. Ella los conoció por casualidad en el parque una noche de verano. Erin cuenta la historia:

> Mientras los hijos gemelos de Arianna y J. J. jugaban con Taylor y Murphy en los resbaladeros y los columpios, yo estaba sentada en una mesa de pícnic con los Withers, pelando pistachos. J. J. estaba particularmente deprimido, y la pareja pensaba en separarse para que Arianna no tuviera que tratar con su enojo. Habían tenido un mal comienzo

en su matrimonio porque Arianna quedó embarazada en su último año de la universidad, lo cual los «obligó» a casarse. J. J., especialmente, se sentía atrapado.

Ya habían pasado cinco años, y ninguno de los dos tenía una carrera y habían prácticamente renunciado a sus sueños. Pagaban cuentas día a día, cambiaban de trabajos cada dieciocho meses, sentían que estaban atascados y que su juventud se había echado a perder. J. J. admitió que últimamente estaba perdiendo el control de su temperamento; había hecho un agujero con su puño en la pared del dormitorio de los gemelos cuando ellos pusieron plastilina en el aparato de aire acondicionado.

Yo los animé a mantenerse en el camino, que las cosas solo iban a empeorar si J. J. se iba. Pero yo también sabía que tenían que tratar con el enojo de J. J. inmediatamente. Le pedí que se reuniera con Greg, y el siguiente sábado por la mañana, desayunaron juntos. Greg desafió a J. J. a que se espabilara, que dejara de mirar hacia atrás y que avanzara. Le dijo que no se puede ver a donde va si uno tiene los ojos en el retrovisor. El matrimonio no era lo que lo atrapaba, sino su mentalidad de que, de alguna manera, había sido engañado.

Ahora, los sigo en Facebook. J. J. se graduó de una maestría de negocios, se mudaron, y ahora gana suficiente dinero trabajando para una compañía de gaseosas en Atlanta. Arianna me envió un mensaje de Facebook el otro día, agradeciéndome por animarlos a permanecer juntos hace cuatro años. A ella le encanta ser mamá (su cuarto hijo está por llegar), y J. J. está «de regreso a la normalidad», más parecido al hombre feliz y optimista que ella conoció en la universidad.

Las parejas fuertes reconstruyen la confianza después de una grieta

> *La confianza no es dada una vez por todas en un matrimonio; debe reconstruirse cada día.*

La confianza no es dada una vez por todas en un matrimonio; debe reconstruirse cada día. «El nombre del SEÑOR es una fortaleza firme; los justos corren a él y quedan a salvo» (Proverbios 18:10).

¿Se acuerda de mi amigo Geoff del «Secreto romántico #3»? Él se reconcilió con su esposa después de su «catástrofe de Betsabé». La infiltración de la otra mujer fue la crisis. Geoff y su esposa escudriñaron cada uno su corazón para encontrar entendimiento, crecimiento, perdón, sanidad y después fortaleza. Su esposa tardó un poco en confiar en él, pero su confesión hizo mucho para ayudarla a hacerlo. Ella sabía que él verdaderamente quería confesar la verdad, y eso la ayudó a soltar la amargura.

LAS PAREJAS FUERTES RECONOCEN AL ENEMIGO VERDADERO

Así como los Smalley, y en realidad así como todas las parejas, ustedes enfrentarán dificultades, enfrentarán sufrimiento, enfrentarán oposición y enfrentarán una multitud de ataques de nuestro enemigo declarado.

En su libro *Love & War* (*Amor y Guerra*), John y Stasi Eldredge escribieron lo siguiente acerca del enemigo principal del matrimonio:

> El matrimonio es difícil. Es difícil porque sufre *oposición*. El diablo detesta el matrimonio; detesta el cuadro bello de

Jesús y su novia que representa. Detesta el amor, la vida y la belleza en todas sus formas. El mundo detesta el matrimonio. Detesta la unidad, la fidelidad y la monogamia. Nuestra carne no es nuestro aliado aquí tampoco: se rebela cuando ponemos a los demás en primer lugar. Nuestra carne detesta morir[6].

Necesitamos a Dios y nos necesitamos el uno al otro... desesperadamente.

La estrategia de Satanás parece ser mantenernos inconscientes del panorama general que se mencionó al principio del capítulo: nuestro matrimonio es una historia de amor que se desarrolla en medio de la guerra. Si no entendemos esto en el fondo de nuestro corazón, caemos justo en la segunda estrategia de Satanás, que es hacernos pelear el uno con el otro para poder «dividir y conquistar».

¡Su cónyuge no es el enemigo! Satanás es el enemigo. «¡Estén alerta! Cuídense de su gran enemigo, el diablo, porque anda al acecho como un león rugiente, buscando a quién devorar. Manténganse firmes contra él» (1 Pedro 5:8-9). Nuestro matrimonio tiene un enemigo incansablemente activo que quiere «robar, matar y destruir» nuestra relación con Dios y el uno con el otro. Usted debe mantener un frente unido que diga: «¡Estamos juntos en esto! Necesitamos a Dios y nos necesitamos el uno al otro... desesperadamente».

Las parejas perdurables confían en Dios

El profeta Malaquías les cuenta a los Israelitas el mensaje de Dios: «¡Yo odio el divorcio!» (Malaquías 2:16). A Dios le importa el matrimonio. Permítame también decir de otra manera ese pensamiento: a Dios le importa *su* matrimonio. Si lo duda, medite en los siguientes pasajes con su cónyuge e individualmente:

- Pongan todas sus preocupaciones y ansiedades en las manos de Dios, porque él cuida de ustedes. (1 Pedro 5:7)
- Dios es fiel; no permitirá que la tentación sea mayor de lo que puedan soportar. Cuando sean tentados, él les mostrará una salida, para que puedan resistir. (1 Corintios 10:13)
- Dios es nuestro refugio y nuestra fuerza; siempre está dispuesto a ayudar en tiempos de dificultad. (Salmo 46:1)
- Sabemos que Dios hace que todas las cosas cooperen para el bien de quienes lo aman y son llamados según el propósito que él tiene para ellos. (Romanos 8:28)

Permítame recordarle la historia de Janine y Bertie Harris del «Secreto romántico #7». La parte que no le conté fue cómo Janine llegó a ser lo suficientemente firme como para soportar los tiempos difíciles. Al principio de su matrimonio, ella asistía a los eventos y los estudios bíblicos de mujeres de la iglesia. Janine se enamoró de las Escrituras. Ponía tarjetas decoradas con versículos bíblicos positivos alrededor de la casa. Compraba almohadas, cuadros, colchas, papelería, tazas para café, camisetas y joyas con pasajes bíblicos en ellos. Con el tiempo, Bertie comenzó a pensar de manera distinta, porque adondequiera que mirara en la casa, un versículo bíblico le esperaba para que lo leyera, esperando consolarlo.

Si necesitan desarrollar su fe como pareja, consideren unirse a una clase de escuela dominical para parejas o a un grupo pequeño, o hacer juntos un estudio bíblico en el hogar.

Las parejas fuertes oran

Creo que usted debería orar individualmente y con su cónyuge. Erin y yo hemos trabajado en esto con el paso de los años. Pasamos unos momentos juntos en las noches y oramos por nuestra familia. También oramos como familia. Cuando estamos en la iglesia y nos piden que oremos, los miembros de nuestra familia nos buscamos mutuamente para tomarnos de la mano.

Dios promete darle sabiduría si usted se la pide con fe a través de la oración. Entonces, ¿qué espera? He aquí algunos versículos que pueden inspirarlo:

- Pon todo lo que hagas en manos del Señor, y tus planes tendrán éxito. (Proverbios 16:3)
- No se preocupen por nada; en cambio, oren por todo. Díganle a Dios lo que necesitan y denle gracias por todo lo que él ha hecho. Así experimentarán la paz de Dios, que supera todo lo que podemos entender. La paz de Dios cuidará su corazón y su mente mientras vivan en Cristo Jesús.

  Y ahora, amados hermanos, una cosa más para terminar. Concéntrense en todo lo que es verdadero, todo lo honorable, todo lo justo, todo lo puro, todo lo bello y todo lo admirable. Piensen en cosas excelentes y dignas de alabanza. No dejen de poner en práctica todo lo que aprendieron y recibieron de mí, todo lo que oyeron de mis labios y vieron que hice. Entonces el Dios de paz estará con ustedes. (Filipenses 4:6-9)
- Si a alguno de ustedes le falta sabiduría, pídasela a Dios, y él se la dará, pues Dios da a todos generosamente sin

menospreciar a nadie. Pero que pida con fe, sin dudar. (Santiago 1:5-6, NVI)

Las parejas fuertes mantienen abierto el corazón

Hay un mito en nuestra cultura que dice: «Ya no estoy enamorado de ti, por lo que tengo la libertad para dejarte». Por favor, escúcheme cuando digo que «el amor» no es el problema; tenemos acceso a eso en abundancia a través de Dios. Mantener un corazón abierto para permitir que el amor de Dios fluya a través de nosotros es el primer trabajo y el más importante de cualquier cónyuge. (Vea las secciones «Cómo manejar el conflicto de maneras saludables» y «Cerrarse como almeja versus combate mortal» en el «Secreto romántico #4»).

Tal vez más matrimonios sobrevivirían si los compañeros se dieran cuenta de que a veces las alegrías llegan después de las penas.

Doug Larson, caricaturista y columnista

El verdadero problema es un corazón cerrado o endurecido. Permítame decirlo de esta manera: Jesús *no* dijo: «Moisés permitió el divorcio porque... *usted no está enamorado de su esposa... o sus necesidades no están siendo satisfechas... o porque usted encontró a otra persona.*» De hecho, Él dijo que esta es la razón del divorcio: «Una concesión ante la dureza del corazón de ustedes» (Mateo 19:8).

Permítame contarle de una persona que conocí en el National Institute of Marriage (Instituto Nacional del Matrimonio). Esto ocurrió en 1999, cuando Microsoft comenzó a ofrecer su servicio de mensajes instantáneos, y Bradley Peterson no sabía que el historial de los mensajes se guardaba automáticamente. Él lo descubrió a las duras cuando su esposa, Olive, descubrió una serie de conversaciones ilícitas guardadas en la computadora de la familia.

Puedo decirle esto, Olive no se sintió muy «enamorada» de Bradley, especialmente porque tenía pruebas de que él estaba «enamorado» de alguien más.

La verdadera batalla es mantener el corazón abierto y protegerse de la apatía y la dureza.

Después de unas cuantas sesiones de consejería individual, Olive decidió no cerrar su corazón y no separarse de su esposo. En lugar de eso, abrió su corazón a la idea del perdón, dándole una segunda oportunidad a Bradley. Primero, ella tuvo que confiar en él cuando le dijo que los mensajes y las llamadas telefónicas eran todo lo que había compartido con una mujer que vivía a más de 2000 kilómetros de distancia. Después de eso, Olive le extendía la confianza a Bradley cada día, porque con cada nuevo dispositivo o aplicación que se introducía al mercado general, su esposo tenía otra oportunidad de buscar a alguien más a escondidas. Ella sentía que, aunque obtuviera un título en informática, no habría forma de patrullarlo, porque incluso entonces él podría escribir una carta con papel y pluma, y no habría rastro de evidencia electrónica que lo incriminara.

Pero Olive ya no tiene que preocuparse por la infidelidad digital o escrita en papel. Debido a la sanidad y la apertura de comunicación que se llevó a cabo entre ella y Bradley, ellos han sido capaces de reestablecer la confianza.

Olive aprendió que ella no podía controlar el amor, pero *sí* podía controlar la condición de su corazón. Ella confió en Dios para que hiciera el resto.

Las parejas fuertes se aseguran de que no se les cierre el corazón y, de esa manera, evitan que desciendan «directo a graves problemas» (Proverbios 28:14). La verdadera batalla es mantener el corazón abierto y protegerse de la apatía y la dureza. Enfocarse en su propio crecimiento personal como individuo es probablemente lo más importante que puede hacer para salvar o mejorar su matrimonio. Erin y yo le enseñaremos cómo hacer esto en el siguiente capítulo: «Secreto romántico #11: El amor verdadero se autoevalúa».

Las parejas fuertes siguen una visión

Al inicio de *El último de los mohicanos*, Cora y Ojo de Halcón podrían parecer opuestos, porque él era un pionero que usaba medias de cuero y ella era de Boston y usaba medias de seda. Aunque sus apariencias externas eran diferentes, solamente se requirieron unas cuantas escenas para establecer lo que en realidad los conectaba, aparte de la atracción física: el llamado del sueño americano, con su libertad, autonomía e individualismo. Al oír a Ojo de Halcón describir a la gente que vive en el bosque, ella dijo: «Es más profundamente estimulante para mi sangre de lo que podría haber sido cualquier cosa imaginada»[7]. Desde ese momento, Ojo de Halcón queda cautivado por su pasión compartida por la independencia.

Si el matrimonio de usted podría ser más fuerte, tal vez necesita un cambio de paradigma. No trate de sellar los agujeros de una barca de remos si lo que en realidad necesita es un barco de vela. No trabaje en la relación que tiene; en lugar de eso, desarrolle algo nuevo, algo que los emocione a los dos. Jesús les dijo a los fariseos que pusieran vino nuevo en odres nuevos[8], no en viejos. Esa es la misma idea.

Las parejas fuertes combaten las creencias negativas

Yo creo que la mayoría de los conflictos se deben a los malentendidos. Las parejas fuertes dejan de hacer suposiciones negativas y las reemplazan por la curiosidad. Concédale a su cónyuge el beneficio de la duda. Reconozca el valor de su compañero. Haga preguntas, porque eso muy probablemente evitará que usted se lance a una modalidad de juicio.

Si Erin y yo hubiéramos entendido cómo hacer esto, nunca habríamos experimentado el huracán N. Yo debí de haberle preguntado: «Cariño, ¿por qué no quieres nadar?» en lugar de suponer *Ella no quiere estar conmigo.* Me habría dado cuenta de que Erin tiene la tendencia de «catastrofizar», que es dar vueltas a las posibilidades en su mente a modo de que todo podría resultar en un desastre. Desde entonces, he aprendido a ser paciente cuando a ella se le presenta un escenario potencialmente amenazador.

Erin dice que ella también ha aprendido a darme el beneficio de la duda:

> Cuando Greg compró la máquina de la señora Pac-Man, por ejemplo, yo pude haber supuesto que lo hizo porque quería venganza ya que a veces me importa demasiado cómo se ve la casa, o que él era egoísta e insensible hasta la médula. Pero cuando le pregunté por qué la había comprado, me dijo que pensó que me haría recordar California. Una vez que pude ver su corazón, supe que él en

realidad, en cierto nivel primordial extraño, había estado intentando de reconectarse con los primeros días de nuestra relación. Una tarjeta de regalo para comer en Red Robin habría sido suficiente.

Las parejas fuertes celebran las diferencias

Las parejas fuertes aprenden a aceptar las diferencias como cosas buenas. He llegado a depender de Erin para que me ayude a juzgar lo que es mejor para los niños. Su experiencia como enfermera fue útil esta semana después de que Garrison tuvo un esguince en su tobillo. Por otro lado, ella dice que, como familia, tenemos más diversión porque yo estoy dispuesto a buscar aventura más seguido que ella. Sin duda, hemos tenido conflicto por eso pero, generalmente, ahora estamos más centrados y apreciamos las diferencias que cada uno de nosotros aporta al matrimonio.

Espere un problema como parte inevitable de la vida, y cuando surja [...] mírelo directamente a los ojos y diga: «Voy a ser más grande que tú».

Ann Landers, columnista de consejos y autora

También hemos aprendido a aceptar las limitaciones de cada uno. Usted tiene que darse cuenta de que, para ser feliz con su cónyuge, no necesariamente tiene que gustarle todo de él o ella. Tiene que aceptar que eso es simplemente parte del matrimonio. La mayoría de las parejas no resuelven gran parte de sus problemas clave. Y si dejan la unión matrimonial, muy probablemente encontrarán con la siguiente persona problemas distintos pero igual de terribles e irreparables.

En tanto que aprecio el sentido de responsabilidad de Erin, sé que a veces no se puede mitigar, y eso es frustrante. ¿Se acuerda del susto del ébola del 2014? Pues bien, si hubieran puesto a Erin a cargo de toda esa operación, ese virus habría estado temblando hasta la médula de su bicapa lipídica. Creo que ella es capaz de ganarle a cualquiera en cuanto a pensar y planificar. En casa, su primera reacción es proteger a los niños y a mí del daño. Esa es mi última reacción. Ella no va a cambiar, pero yo no dejo que eso me enoje como solía hacerlo en la fase de la luna de miel.

Superar sus diferencias personales los convierte en un equipo.

Superar sus diferencias personales los convierte en un equipo. De esa manera, o ganan o pierden juntos. No hay tal cosa como un arreglo en el que uno gana y otro pierde, porque ustedes están en el mismo equipo, y si su cónyuge pierde, inevitablemente usted también pierde.

Las parejas fuertes buscan ayuda

Por favor no hagan el matrimonio a solas. Busquen otras parejas que creen en el matrimonio y que los apoyen mientras buscan establecer una visión unificadora. Si están en problemas o si simplemente no están prosperando como pareja, busquen consejería, seminarios matrimoniales, libros, videos u otros recursos. Rodéense de gente comprensiva, sabiendo que «un amigo es siempre leal, y un hermano nace para ayudar en tiempo de necesidad» (Proverbios 17:17).

Las parejas fuertes apartan un tiempo semanalmente para hablar de cómo van las cosas en su relación. (Vea el «Secreto romántico #7: El amor verdadero requiere de tiempo para crecer»). Hablen de cualquier asunto que surja o de emociones que sientan. Programen este tiempo en la oficina de un consejero si necesitan ayuda para asegurar que estas discusiones sean productivas y no recaigan en echarle la culpa al otro o en discusiones.

Las parejas fuertes rememoran

El padre de una amiga tuvo un derrame cerebral el mes pasado. Ella fue a estar con sus padres para darles apoyo moral y práctico. Llevó consigo una grabadora y grabó más de seis horas de recuerdos matrimoniales de ellos. Sin duda, discutieron un poco de vez en cuando por ciertos detalles («No, fue la tía Agnes y no Rut quien llevó la gelatina de tomate»), pero en general, estuvieron emocionados cuando hablaron de su noviazgo, de su luna de miel y de la época que vivieron en las viviendas de la Fuerza Aérea en el extranjero.

La caridad definitivamente significa una de dos cosas: perdonar acciones imperdonables o amar a la gente difícil de amar.

G. K. Chesterton, *Orthodoxy* (*Ortodoxia*)

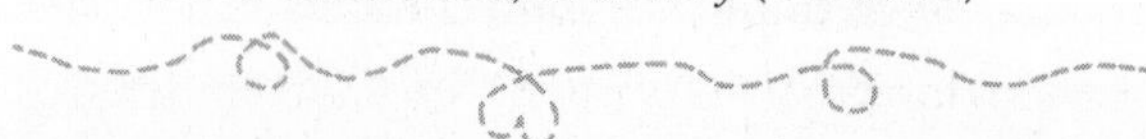

Enfóquese en los momentos de Hechos 14:27. Este versículo dice: «[Los discípulos] reunieron a la iglesia y le informaron todo lo que Dios había hecho por medio de ellos y cómo él también había abierto la puerta de la fe a los gentiles». Cuando usted tenga unos cuantos minutos, repase lo que dirá cuando tenga ochenta y tantos años y uno de sus hijos le pregunte cómo fue su matrimonio.

Las parejas fuertes cultivan la esperanza

Bueno, es la hora de hablar del final de la película. No lea lo que sigue si no ha visto *El último de los mohicanos* y tiene planes de verla.

En una de las escenas casi finales de la película, todo parece perdido para Cora y su hermana, Alice. Están en un sendero peñascoso de una montaña, y Magua y sus parientes las obligan a caminar por el sendero.

Unca, un joven amigo mohicano de Ojo de Halcón, ataca a Magua, tratando de liberar a las mujeres. Él pelea valientemente, pero muere a manos de Magua. Alice se desespera y se para en la orilla de un peñasco como si fuera a saltar. Mientras Magua intenta convencerla de que regrese a donde esté a salvo, ella, con una actitud desafiante, salta de la saliente, abandonando toda esperanza.

Cora, que entonces está casi deshecha, con el corazón destrozado al ver a su hermana caer, permanece con sus enemigos. Y en la siguiente escena, Ojo de Halcón desafía todas las posibilidades y la libera con la ayuda del padre de Unca, que ahora es el último de los mohicanos.

Parejas, cobren ánimo. Sean fuertes y valientes cuando se sientan rodeados por el enemigo[9]. Y estarán rodeados, eso es seguro. Pero he aquí una certeza aún mayor a la que pueden aferrarse: «Si morimos con él, también viviremos con él. Si soportamos privaciones, reinaremos con él. [...] Él permanece fiel» (2 Timoteo 2:11-13).

A continuación, el «Secreto romántico #11: El amor verdadero se autoevalúa», sobre cómo lidiar con su propia parte del problema y cómo Dios puede ayudarle a amar a su cónyuge a pesar de usted mismo.

Para ideas de salidas especiales de noche y preguntas de discusión, puede visitar www.12secretos.com.

SECRETO ROMÁNTICO #11

EL AMOR VERDADERO SE AUTOEVALÚA

El sentido común y el éxito me pertenecen.
La fuerza y la inteligencia son mías.
Proverbios 8:14

La galardonada película *Seabiscuit*, que se desarrolla en la desolada década de los treinta, es una historia real de un caballo de carreras temperamental y su habilidad extraordinaria de ganar en contra de todas las adversidades, lo cual inspiró no solo al mundo de las carreras, sino también a una nación desesperada bajo el asedio económico.

Como potro, Seabiscuit no es un campeón obvio; es más pequeño de lo normal y está desenfocado. Ninguno de sus entrenadores puede hacer que corra bien; uno de ellos, exasperado, le ordena al jinete que lo ponga en forma a latigazos. La crueldad produce agresión en vez de velocidad. A este punto, el purasangre está más pequeño de lo normal, muy desenfocado, salvajemente poco colaborador y está a la venta.

Cuando sus nuevos dueños, el señor y la señora Howard, ven a Seabiscuit correr en un hipódromo, observan al atlético potro de tres años zigzaguear torpemente alrededor de la pista y al jinete batallar para mantenerlo en línea.

La señora Howard observa:

«Parece bastante rápido».

El entrenador del caballo, Tom Smith, avergonzado por el desempeño del animal, mira hacia abajo y masculla:

«Sí, hacia todos lados»[1].

Smith atribuye los problemas del caballo al abuso que recibió en los establos anteriores:

«[Seabiscuit está] tan golpeado que es difícil decir cómo es. No puedo evitar sentir que lo maltrataron tanto corriendo en un círculo que ha olvidado para qué nació. Simplemente necesita aprender cómo ser caballo otra vez»[2].

Los Howard se animan cuando ven que Seabiscuit corre airosamente y con pasión en una pista abierta en un prado: haciendo precisamente lo que fue creado para hacer. Con el cuidado y la empatía de Smith, y la osadía y determinación del jinete Johnny «Red» Pollard, Seabiscuit gradualmente supera su desconfianza y aprende a competir en la pista de carreras, a pesar de los reveses y de la intensa competencia. Tardó un poco, pero Seabiscuit aceptó su derecho por herencia y se convirtió en el campeón que fue engendrado para ser[3].

Al igual que Seabiscuit, cada persona está sobrecargada de recuerdos infelices y las cicatrices de haber sido maltratada. Muchos han sido tan lastimados y heridos que a veces es difícil ver su verdadero potencial. Sus dones dados por Dios han sido descuidados y sus naturalezas honestas han sido retorcidas.

La cultura de hoy día tiene a muchas personas casadas tan confundidas que están corriendo en círculos en sus relaciones. Algunos han perdido la visión de para qué nacieron, para qué fueron creados, por lo que ya no entienden su propósito. Y sin la consciencia de eso, no pueden esperar tener los matrimonios prósperos que Dios ha planificado para ellos.

¿Se acuerda cómo fue definido su propósito en «Esta cosa llamada amor»? El destino de su matrimonio es «amar».

En el matrimonio sea usted sabio: prefiera a la persona antes que el dinero, la virtud antes que la belleza, la mente antes que el cuerpo; entonces tendrá una esposa, una amiga, una compañera y un alma gemela.

William Penn, *Some Fruits of Solitude*

(Algunos frutos de la soledad)

A lo largo de este libro, he estado animándolo para que haga precisamente eso. Fácilmente podría haber puesto este capítulo como el «Secreto romántico #2», pero lo he guardado para casi el final porque quiero que usted entienda el alcance y la profundidad del compromiso hacia el cual Dios quiere que usted se esfuerce.

Ningún cónyuge, ni siquiera el mejor, puede hacer con sus propias fuerzas estas cosas: nutrir, apreciar, unir, comunicar, perdurar, abrazar. El secreto de amar bien es ser transformado por Dios primero; solamente entonces puede usted verdaderamente servir a su cónyuge.

Veamos otra vez los principales mandamientos en las palabras de Jesús: «"Ama al SEÑOR tu Dios con todo tu corazón, con toda tu alma y con toda tu mente". Este es el primer mandamiento y el más importante. Hay un segundo mandamiento que es igualmente importante: "Ama a tu prójimo como a ti mismo"» (Mateo 22:37-39).

Cuando usted pone a Dios en primer lugar con todo su ser, Dios le honra al obrar a través de usted. Dios quiere que su corazón esté abundantemente lleno de Su amor para que puedan compartir Su amor con otros. Por eso es que el apóstol Pablo le escribió a la iglesia en Tesalónica: «Y que el Señor haga crecer y sobreabundar el amor que tienen unos por otros y por toda la gente, tanto como sobreabunda nuestro amor por ustedes» (1 Tesalonicenses 3:12).

El amor que fluye

Si hay escasez de amor, no es por parte de Dios. Su amor está disponible para siempre e incluso abunda. Es más alto que los cielos; conquista la tumba, evita que nos resbalemos y llena la tierra, literalmente[4].

Hay una imagen bíblica en particular que quiero que tenga en su mente cuando se trata de amor. El amor de Dios es una fuente de vida con aguas vivas que fluyen de ella[5]. Semejante fuente es necesaria para la felicidad matrimonial. Dele un vistazo a las palabras del rey Salomón en Proverbios 5:18: «Que tu esposa sea una fuente de bendición para ti. Alégrate con la esposa de tu juventud». Creo que esta fuente bendita representa el amor que se derrama en el matrimonio[6]. Así como el cuerpo necesita agua para sobrevivir, su relación necesita amor para prosperar.

Los hijos problemáticos

Si su fuente de amor se seca, entonces tendrá problemas. Este problema potencial involucra a gente como usted y yo, personas imperfectas. Cada uno de nosotros es, a veces, el hijo problemático de Dios. Los cónyuges interfieren con el amor de Dios que fluye a través de ellos cuando cierran la fuente de amor. Por eso es que el rey Salomón también escribió: «Por sobre todas las cosas cuida tu corazón, porque de él mana la vida» (Proverbios 4:23, NVI).

Si está fatigado, usted no puede darle a su cónyuge lo que usted no tiene.

En caso de que no lo notara, esta frase, «por sobre todas las cosas», no es solo una transición para hacer que el versículo sonara oficial o poético. En realidad significa primero, número uno y la más alta prioridad. Es vital que mantenga en su corazón el flujo del amor de Dios hacia otros. No ignore esta verdad profunda pero sencilla.

Yo sé que usted se está preguntando: *Entonces, Greg, ¿qué hace que se seque el corazón de una persona? ¿Qué impide que las personas cumplan los propósitos que Dios ha planificado para ellas?*

Algunas de las razones potenciales se presentaron en los «Secretos románticos» #4, #6 y #10, y las cosas que ocasionan conflicto o que atacan su matrimonio también pueden afectar el manantial de su vida. Si está fatigado, usted no puede darle a su cónyuge lo que usted no tiene. (Revise esos tres Secretos si siente que tiene que hacerlo). Sin embargo, en este capítulo, quiero enfocarme en una razón específica por la que su fuente de amor se puede secar: está atrapado en pecado, aferrándose a «cosas» que usted simplemente no puede soltar.

¿Cuál es su trampa para monos?

Una serie de fábulas, que se remonta hasta Esopo en el siglo VI a. C., advierte en cuanto a ser atrapados por una renuencia a soltar. En India, la leyenda gira alrededor de «la trampa para monos», que se refiere a un coco que se ha vaciado y se ha atado con una correa al suelo o a un árbol. La corteza tiene una sola apertura, lo suficientemente grande como para que quepa la mano pequeña y flexible de un mono.

Para cargar la trampa, se coloca una carnada dentro del coco: una rodaja de fruta o alguna otra delicia para tentar a un mono. Un mono curioso y hambriento mete su mano en el coco vacío y cierra su puño alrededor de la carnada. Pero cuando trata de sacar la mano, su puño es demasiado grande como para que salga por la apertura con la carnada todavía apretada dentro de su mano.

Entonces, ¿qué hace el mono? Tristemente, el mono se rehúsa a soltar la carnada, en perjuicio propio.

Claramente, no es el coco lo que atrapa al mono. Más bien, la verdadera trampa es la renuencia del mono de soltar el premio.

Muchos sufrimos de un aprieto similar. Frecuentemente en la vida, los esposos y las esposas se aferran mental, emocional y espiritualmente a las mismas cosas que los atrapan y apresan. Se rehúsan a soltar su búsqueda de dinero, pornografía, comida excesiva, compras o trabajo excesivo. O podrían ser heridas del pasado que no pueden soltar (abuso, fracaso, violación, abuso sexual, acoso escolar, promiscuidad sexual, aborto, etcétera). Y, al igual que el mono, cuando se rehúsan a soltar, se quedan atrapados.

La trampa para monos de Greg

Recientemente, pasé por un entrenamiento personal intensivo de cuatro días llamado «Impact Training», que está diseñado para ayudar a las personas a entender cómo pueden amar a los demás incondicionalmente. La experiencia me ayudó a reconocer el impacto que tengo en los demás.

En cierto momento del entrenamiento, la retroalimentación que recibí hizo que mi cabeza diera vueltas de confusión. Una y otra vez, la gente seguía usando palabras como *reservado*, *recluido*, *cauteloso* y *retraído* para describirme. Yo no sabía que daba esa impresión. Pensé que era tan abierto y amigable como un cachorro labrador.

Pero en el transcurso de los cuatro días, Dios reveló un patrón destructivo que yo había tenido toda mi vida. Me di cuenta de que mi trampa para mono, lo que me rehusaba a soltar, era esconder y guardar secretos. Desde una edad joven, yo había aprendido a cubrir mis errores. En lugar de enfrentar las consecuencias de mis decisiones, yo escondía las cosas que podrían avergonzarme o meterme en problemas.

Mi mente se inundó de ejemplos de mis secretos. Cuando era niño, escondía en mi habitación pastelillos y galletas de chocolate para que mi mamá no me atrapara comiendo comida chatarra. En la escuela primaria, escondí el hecho de que tenía un problema de aprendizaje porque me sentía muy avergonzado por mi lectura torpe. En la escuela secundaria, escondí una revista obscena en el ático. En la universidad, hubo un secreto muy oscuro que escondí de mi familia y mis amigos íntimos, que me lanzó a una depresión severa durante años: mi novia tuvo un aborto. A principios de mi matrimonio, escondí dinero en una lata de pelotas de tenis para no tener que pelear con Erin por gastar dinero. Una y otra vez, usé el mismo mecanismo de defensa: esconder.

Para mí, esto le dio un nuevo significado a la expresión *dura realidad*. No puedo decirle lo difícil que fue admitir mi propia

Ámame cuando menos lo merezca porque entonces es cuando en realidad lo necesito.

Proverbio sueco

trampa de mono. Mi conciencia se retorcía como un gusano sacado del lodo por una buena lluvia.

El patrón que me atrapa ha llegado a estar tan impregnado que frecuentemente ni siquiera lo veo. Por ejemplo, apenas cuatro días después del Impact Training, Erin y yo dirigimos un seminario matrimonial en Florida. La iglesia nos dio un regalo genial y nos pagaron el alojamiento en un balneario frente a la playa. En algún momento del fin de semana, Erin preguntó por qué yo parecía estar tan cerrado. En realidad, yo no tenía idea, pero también podía sentirlo. Pensé que quizá solo estaba fatigado.

Pero Dios está comprometido con ayudarme a liberarme de mi trampa para monos, y usó las Escrituras para demostrarme lo que yo hacía.

La mañana de nuestro seminario matrimonial, estaba reflexionando en algunos versículos que había escrito acerca de los secretos. Yo no había tenido tiempo para revisar los versículos desde el Impact Training. Cuando leí Salmo 51:6 (NVI): «Yo sé que tú amas la verdad en lo íntimo; en lo secreto me has enseñado sabiduría», la verdad me impactó. Me sentía cerrado porque había estado mirando lujuriosamente a las mujeres con bikini en la playa, y estaba tratando de esconder ese comportamiento de Erin al usar lentes de sol oscuros que oscurecían mis miradas furtivas.

Entonces leí un versículo de Job 24 y, no hay otra manera de decirlo, *me dejó helado*:

> La gente malvada se rebela contra la luz; se niega a reconocer los caminos de la luz y a permanecer en sus sendas. [...] El adúltero espera el anochecer porque piensa: «Nadie me verá»; esconde su cara. [...] La noche oscura es su mañana; hacen alianza con los terrores de la oscuridad (13, 15 y 17).

El Espíritu Santo y la Palabra de Dios conspiraron para acechar mi conciencia, y estoy agradecido por eso. Mi comportamiento lujurioso había hecho que me cerrara, ¡que me escondiera!

Apenas ahora estoy comenzando a entender completamente el precio que he pagado por mis secretos a lo largo de los años. Me ha costado mi integridad a veces, como cuando escondía dinero de Erin en una lata de pelotas de tenis, o cuando no le dije que había comprado algo tan sencillo como un DVD, o tan grande como una antigüedad de $3000, y me ha costado la intimidad auténtica y una conexión profunda con Erin. Ella también ha tenido que sufrir porque yo decidí esconderme.

La buena noticia es que Dios quiere ayudarlo a soltar cualquier cosa que usted esté agarrando dentro de su trampa para monos.

La buena noticia es que Dios quiere ayudarlo a soltar cualquier cosa que usted esté agarrando dentro de su trampa para monos y luego quiere usarlo para hacer cosas grandiosas. Segunda de Timoteo 2:21 ofrece esta promesa: «Si te mantienes puro, serás un utensilio especial para uso honorable. Tu vida será limpia, y estarás listo para que el Maestro te use en toda buena obra».

Cómo soltar su trampa para monos

Pero para recibir esa promesa, usted tiene que estar dispuesto a cambiar, a limpiar su alma y su conciencia. Para averiguar si usted tiene una trampa para monos, hágase las preguntas siguientes:

- ¿Cuál es una cosa que lo mantiene atascado? ¿Qué tiene que soltar para experimentar la libertad?
- ¿Qué le impide estar más sano y ser más alegre? ¿Una actitud negativa o una creencia incorrecta? ¿Una mentira que Satanás le ha estado diciendo?
- ¿Se está aferrando a la amargura o al resentimiento?
- ¿Lo tiene preso una herida del pasado?
- ¿Lo tiene cautivo el remordimiento de un error en el pasado?
- ¿Se aferra a un hábito no saludable? ¿A una relación no sana o una vida de fantasía?

Un matrimonio de éxito requiere de madurez; eso significa ser capaz de soltar sus trampas para monos. Ambos cónyuges tienen que estar comprometidos con el crecimiento y el desarrollo personal. Usted no debe criticar el comportamiento de su cónyuge ni señalar lo que él o ella sujeta erróneamente, sin primero mirar hacia dentro e identificar sus propias trampas para monos. Usted tiene que soltar primero.

Es posible sacrificar y no amar. Pero
no es posible amar y no sacrificar.

Kris Vallotton, autor y pastor

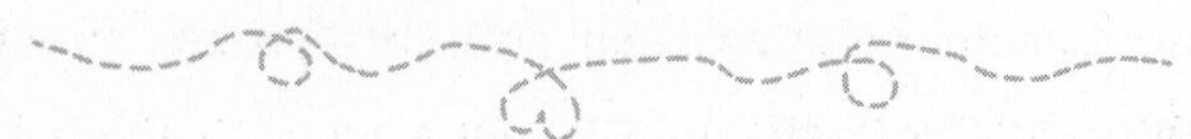

Jesús usó una descripción distinta. Él resumió ese principio usando la metáfora de las astillas y los troncos: «¿Cómo puedes pensar en decirle a tu amigo: "Déjame ayudarte a sacar la astilla de tu ojo", cuando tú no puedes ver más allá del tronco que está en tu propio ojo? ¡Hipócrita! Primero quita el tronco de tu ojo; después verás lo suficientemente bien para ocuparte de la astilla en el ojo de tu amigo» (Mateo 7:4-5).

Ser maduros quiere decir que somos *enseñables*, capaces de remover troncos. Esta cualidad debe desarrollarse intencionalmente. El autor y amigo Gary Chapman observa que en sus sesiones de consejería, él entrega papel y bolígrafos a la pareja. Luego les pide que enumeren sus propias fallas. Cada cónyuge generalmente enumera solo unas cuantas cosas que están mal consigo mismo. Pero cuando se les pide que enumeren las fallas de su compañero de matrimonio, los escritores frecuentemente piden más papel[7].

Ser maduros quiere decir que somos enseñables, *capaces de remover troncos.*

La persona madura es capaz de ser instruida, formada y entrenada por Dios, por un mentor y por su cónyuge. Esta persona puede ver con exactitud y con cierta objetividad sus fallas como lo que son: áreas de la vida que necesitan atención. A este proceso de perfeccionamiento personal Dios lo llama santificación, o llegar a ser semejante a Cristo. Segunda de Corintios 3:18 describe ese proceso así: «El Señor [...] nos hace más y más parecidos a él a medida que somos transformados a su gloriosa imagen».

Los cinco pasos hacia la libertad

¿Cómo viajamos hacia esta transformación prometida? He esbozado cinco pasos que le ayudarán a soltar su trampa para monos. Piense en cada paso como un dedo que se desengancha para liberarse de la trampa.

Paso #1: Tome consciencia. Trate de entender sus «asuntos». No acepte su comportamiento como tal, sino sea curioso sobre lo que lo hace actuar como actúa. Eso es lo que el Impact Training hizo por mí: me ayudó a revelar el patrón de esconderme que había tenido toda la vida.

Paso #2: Encuéntrese con la verdad de Dios. Durante el entrenamiento, la verdad de Dios fue capaz de sumirse en mí. Me di cuenta de que yo ya no quería estar escondido porque no vivía como la persona que Él quería que yo fuera. Cuando usted alinea su vida para que encaje con la enseñanza bíblica, cuando se esfuerza por obedecer, entonces sus trampas para monos ya no tienen control sobre usted. Jesús explicó este principio en Juan 8:31-32: «Ustedes son verdaderamente mis discípulos si se mantienen fieles a mis enseñanzas; y conocerán la verdad, y la verdad los hará libres».

Este es un paso doble. Primero, usted debe asegurarse de que su corazón esté abierto a la enseñanza y dispuesto a cambiar. Segundo, tiene que leer la Biblia. No puede edificar su fe sin exponer su vida a la verdad de Dios que desarrolla el carácter. «Toda la Escritura es inspirada por Dios y es útil para enseñarnos lo que es verdad y para hacernos ver lo que está mal en nuestra vida. Nos corrige cuando estamos equivocados y nos enseña a hacer lo correcto. Dios la usa para preparar y capacitar a su pueblo para que haga toda buena obra» (2 Timoteo 3:16-17). «Tu palabra es una lámpara que guía mis pies y una luz para mi camino» (Salmo 119:105). ¿Conclusión? Lea su Biblia o escuche una versión de audio si quiere un mensaje de Dios.

Paso #3: Practique la confesión de sus pecados en voz alta. Primera de Juan 1:9 declara: «Si confesamos nuestros pecados a Dios, él es fiel y justo para perdonarnos nuestros pecados y limpiarnos de toda maldad». La palabra griega para *confesar* es *homologeó*, que se usaba típicamente para una confesión pública; quiere decir profesar, declarar abiertamente, hablar abiertamente con libertad[8]. Cuando usted dice en voz alta una verdad difícil de admitir ante Dios u otros, esa acción crea humildad y le hace aceptar la responsabilidad o «apropiarse» de esa verdad.

La luz es lo que hace que todo sea visible.

Para empezar, simplemente admita la ofensa en voz alta en oración. Dígaselo a su cónyuge. Dígaselo a un mentor de confianza (Santiago 5:16). Saque a la luz ese pecado como nos lo instruye Efesios 5:11, 13-14: «No tengan nada que ver con las obras infructuosas de la oscuridad, sino más bien denúncienlas [...]. Pero todo lo que la luz pone al descubierto se hace visible, porque la luz es lo que hace que todo sea visible» (NVI). La experiencia le ayudará a aclarar lo que es correcto y lo que es incorrecto, digno e indigno, y lo preparará para sus buenas obras. (Vea 2 Timoteo 2:21 otra vez).

Paso #4: Experimente el perdón. Este paso sigue de cerca después de la confesión. El orden normal de la experiencia del perdón es pedirle a Dios que lo perdone. Darse cuenta de que ha ofendido a alguien o que ha cometido un error general en contra del Creador normalmente ocurre cuando lee la Biblia o reflexiona personalmente después de que se ha topado con cierta fricción en una relación. Por eso es que Jesús incluyó el pedir perdón en la oración que les enseñó a orar a los discípulos[9]. Hablar con Dios de sus fallas, particularmente en relación con su cónyuge, debe ser una máxima prioridad. Pero a veces es difícil aceptar Su gracia; la culpa se acumula como pelusas, incluso después de que usted cree que las ha barrido. Si la culpa lo acosa, mantenga 1 Juan 1:9 en alguna parte donde pueda verlo todos los días, para que recuerde que Dios sí perdona: «Si confesamos nuestros pecados a Dios, él es fiel y justo para perdonarnos nuestros pecados y limpiarnos de toda maldad».

Ser amado es la segunda bendición más grande; amar es la más grande.

Dr. Jack Hyles, *Blue Denim and Lace*
(Mezclilla azul y encaje)

Después, es posible que necesite que alguien lo perdone. De nuevo, esta persona frecuentemente es su cónyuge, porque usted tiene mucha interacción íntima con su compañero o compañera. Recientemente tuve que disculparme con Erin por una broma que salió mal. Yo no tenía la intención de agobiarla; en realidad no se trataba de ninguna malicia premeditada. De hecho, no le di ninguna «premeditación» a mi acción en absoluto, y Erin pagó el precio vergonzoso de parecer descortés en frente de la terapista de lenguaje de Annie.

La última etapa del paso #4 es perdonar a otros. Alguien pudo haberlo ofendido, y usted tiene que perdonarlo, perdonarla o perdonar a la entidad organizacional. Esto puede ser una maldad evidente o un leve desaire que lo humilló. De nuevo, la introspección (estar consciente) traerá esto a luz. La parte del enojo surge con el tiempo. Sin embargo, la necesidad de compartir gracia no es fácil de detectar.

La historia siguiente es una de las experiencias de Erin con el perdón profundo.

LA PEREGRINACIÓN DE ERIN HACIA EL PERDÓN

Antes de que en el seminario de Impact Training se expusiera la vida secreta de Greg, yo había participado en uno. Fui al evento intrigada por lo que mis amigas me habían contado de la experiencia. Buscaba un descanso y cierto autoconocimiento resplandeciente, como la versión adulta del campamento de verano cristiano. Quería ser maravillada. Pero después de la primera noche, quería volver a casa.

Esa noche, uno de los instructores, que no había tenido ningún contacto conmigo, me dijo que yo me veía exhausta, enojada y amargada. Sus palabras salieron de la nada, y se fue tan abruptamente que no pude preguntar de qué se trataban sus comentarios.

Su comportamiento me desquició. Yo no había pensado que estuviera enojada, pero cumplí sus expectativas: me puse furiosa.

Llamé a Greg más tarde esa noche y le dije: «Voy a regresar a casa mañana. No me voy a quedar aquí».

Toda la noche, reflexioné en la declaración del instructor y por qué yo estaba tan ofendida por su evaluación aleatoria. El hombre me hizo recordar a mi padre. Los dos eran bruscos e insensibles. Cuando los recuerdos de mi papá se manifestaron, no pude sacar los pensamientos de mi cabeza. De niña, había sido víctima de la ira de mi papá, y allí estaba yo, echando humo igual como él lo hacía todo el tiempo. No me gustó lo que vi en mi carácter. No quería pasarles ese legado de ira a mis hijos.

Después de dormir inquietamente, desperté la mañana siguiente dándome cuenta de que tenía más cosas de papá con las cuales tratar, aunque hacía algunos meses él me había pedido disculpas de manera sincera por su estilo brusco de crianza. Decidí dos cosas: (1) me quedaría en el seminario y (2) le pediría perdón a mi papá porque yo había estado albergando orgullo, pensando que yo era mejor como madre que él como padre y lo había menospreciado.

Yo quería una relación totalmente sanada de mi parte, por lo que lo llamé. Habría sido fácil pasar por alto esa conversación, pero he aprendido el valor de confesar «mis asuntos» para disfrutar la alegría de una relación restaurada.

Paso #5: Busque el tesoro en su dolor. ¿Se acuerda de las almejas de las que hablamos en el «Secreto romántico #4»? ¿Sabía que una almeja forma su concha del mismo material del que hace una perla? El dolor puede hacer que usted forme una concha alrededor del corazón, hermetizándolo, o puede hacer algo bello de eso... ¿Me atrevo a decirlo? ¡Una perla de sabiduría! Cuando los tiempos difíciles le lleguen, considere sumergirse en la búsqueda del tesoro. Las siguientes gemas llegan a través del Espíritu Santo: amor, alegría, paz, paciencia, gentileza, bondad, fidelidad, humildad, control propio[10], determinación, resistencia y esperanza.

Creo que Santiago entendía bien este concepto. Así es como pudo escribir, con toda seriedad y sin echarse atrás, que las pruebas deben considerarse acontecimientos *alegres*. (¿No se alegraría usted si abriera una almeja y encontrara una perla?) Tardé años en entender este pasaje profundo, pero ahora he llegado a entender que los mejores regalos de Dios frecuentemente se dan en paquetes envueltos con dolor:

> Amados hermanos, cuando tengan que enfrentar cualquier tipo de problemas, considérenlo como un tiempo para alegrarse mucho porque ustedes saben que, siempre

> que se pone a prueba la fe, la constancia tiene una oportunidad para desarrollarse. Así que dejen que crezca, pues una vez que su constancia se haya desarrollado plenamente, serán perfectos y completos, y no les faltará nada. (Santiago 1:2-4)

He aquí otro versículo que se refiere al sufrimiento impregnado de alegría:

> También nos alegramos al enfrentar pruebas y dificultades porque sabemos que nos ayudan a desarrollar resistencia. Y la resistencia desarrolla firmeza de carácter, y el carácter fortalece nuestra esperanza segura de salvación. Y esa esperanza no acabará en desilusión. Pues sabemos con cuánta ternura nos ama Dios, porque nos ha dado el Espíritu Santo para llenar nuestro corazón con su amor. (Romanos 5:3-5)

Erin y yo hicimos un listado corto de algunos tesoros de la familia Smalley que comenzaron como dolorosos:

- El abandono de Annie significó que nosotros pudimos adoptarla.
- Mi confesión de «esconder» llevó a una intimidad más profunda y más auténtica en nuestro matrimonio.
- Nuestra dificultad para lidiar con los conflictos al principio de nuestro matrimonio nos llevó a aprender a resolver el conflicto, por lo que ahora somos bastante buenos en eso.
- El aborto de mi novia en la universidad me ayudó a aprender a tener gracia hacia otros cuando cometen errores.

- La muerte de la madre de Erin le dio un aprecio más profundo por la familia y los amigos.
- Yo no aprobé la entrada a la escuela de leyes, lo cual me permitió llegar a ser un terapeuta matrimonial y ayudar a los matrimonios.
- Erin y yo dejamos Branson, Misuri, y un negocio familiar muy difícil, lo cual nos liberó para mudarnos al *Center for Healthy Relationships* (Centro para las Relaciones Saludables), y luego de allí llegar a Enfoque a la Familia para dirigir su departamento de matrimonios.

Sentirse seguros juntos

La sanidad interna los acerca más como pareja porque se sienten más seguros; no son una amenaza. Si alguien tiene problemas personales que no se tratan, eso hace que se sienta inseguro. Puede hacerle daño a usted (con enojo, ira, pasividad-agresividad), puede ser incapaz de conectarse con usted (por depresión o ansiedad) o puede ser muy necesitado emocionalmente y exigir que usted lo ame (se siente como una aspiradora que succiona al relacionarse o tratar de conectarse). Cuando usted trata con sus propios asuntos hace que su cónyuge sienta que usted es más seguro y menos amenazante. «Es mucho más fácil conectarme contigo porque pareces ofrecer seguridad».

Los libros de registro revelan que en 1938 y 1939, Seabiscuit ganó diecisiete de veintiséis carreras, y llegó en segundo o tercer lugar en todas menos una de las otras nueve[11]. El punto

CUESTIÓN DE ELEGIR EL MOMENTO OPORTUNO

Poco después de que nuestra amiga Rae se casó, se dio cuenta de que tenía una mano atrapada en una trampa para monos. Rae tuvo que soltar los sentimientos de que su matrimonio con Sam no era bueno para ella.

Después de un par de citas informales con Sam, Rae se trasladó de estado para asumir un trabajo nuevo en la industria de eventos. Ella pensó que la relación se había acabado. A pesar de las advertencias de Rae de que ella en realidad no estaba lista para casarse, y de que no estaba tan entusiasmada con él como él estaba con ella, Sam sabía que él quería casarse con ella. Él consiguió un trabajo y se trasladó para estar cerca de ella.

Rae sentía que Dios la llamaba a casarse con Sam. Ignoró ciertas advertencias internas que tenía en cuanto al tiempo apropiado, y cuando Sam le propuso matrimonio, ella dijo que sí. Sin embargo, los sentimientos de duda por el matrimonio pronto comenzaron a aparecer. Ella todavía tenía sueños que alcanzar. Su trabajo la llevaba lejos por largos períodos de tiempo, y la condición de su relación era insegura y frustrante. Los sentimientos de Rae de estar atada con alguien demasiado pronto le impedían invertir en el matrimonio.

Sam le dio su libertad a Rae y fue paciente. Pero llegó el día en que Rae se dio cuenta de que ellos se iban a apartar tanto que era posible que ella podría llegar a querer irse. Adicionalmente, el estilo de vida de la industria de eventos comenzó a agotarla: el ambiente no era exactamente sano, y los viajes interrumpían la vida diaria con Sam. Ella luchó con Dios y se dio cuenta de que tendría que poner a Sam en primer lugar, por lo que dejó su trabajo para darle al matrimonio el compromiso que necesitaba para prosperar.

destacado de la carrera de Seabiscuit fue cuando corrió cara a cara con War Admiral, un campeón de Triple Corona. El 1 de noviembre de 1938, Franklin D. Roosevelt y cuarenta millones de otros estadounidenses escucharon la carrera por radio. Seabiscuit le dio a un país la esperanza de que el «pequeñín» podía triunfar[12].

La película *Seabiscuit* claramente deja ver cómo ese caballo especial es un tesoro para la nación en general y para tres personas dañadas en particular. El dueño Charles Howard está dispuesto a arriesgarse otra vez después de la muerte de su hijo. El entrenador Tom Smith recupera su respeto por sí mismo después de perder su carrera de vaquero. El jinete Johnny «Red» Pollard encuentra un hogar y finalmente se siente valorado después de que su familia lo abandona y que la comunidad de carreras de caballos lo trata mal. En la última línea de la película, dice: «Sabe, todos creen que nosotros encontramos este caballo deteriorado y lo reparamos, pero no es así. Él nos reparó a nosotros. A cada uno de nosotros. Y creo que, en cierto modo, es como que también nos reparamos mutuamente»[13].

Tener una comunidad de apoyo es una manera en la que todos podemos «repararnos». El siguiente capítulo, «Secreto romántico #12: El amor verdadero busca una comunidad», le ayudará a identificar maneras en que puede formar parte de una comunidad que apoya el matrimonio.

SECRETO ROMÁNTICO #12

EL AMOR VERDADERO BUSCA UNA COMUNIDAD

Alguien que está solo puede ser atacado y vencido,
pero si son dos, se ponen de espalda con espalda
y vencen; mejor todavía si son tres, porque
una cuerda triple no se corta fácilmente.
Eclesiastés 4:12

Advertencia: *Esta sección contiene material de* El señor de los anillos. *Si está harto con las seis películas épicas y ya no puede soportar otra mención de la Comarca o ver que se asesina a otro orco, de todas formas permanezca conmigo... hay una lección tan esclarecedora como el vial de Galadriel.*

Por mi parte, sigo siendo seguidor de J. R. R. Tolkien porque me encanta una gran aventura y porque los temas del autosacrificio y el destino me hablan al alma. (Cada feriado de Navidad, Garrison y yo tenemos una maratón de películas de *El señor de los anillos* y de *El hobbit*).

Aunque el estreno de la película *El retorno del rey* fue hace más de una década, muchas verdades espirituales que aprendí de la trilogía todavía resuenan en mí. Las batallas de los personajes de Tolkien para derrotar al malvado Señor Sauron y el mal dentro de ellos me han dado inspiración. Veo que los temas de las leyendas son un paralelo con el matrimonio y las bodas.

Verá, tanto en *El señor de los anillos* como en las bodas, todo gira alrededor del anillo. (No esperaba eso, ¿verdad?)

Una de mis escenas favoritas de la primera película es durante el Concilio de Elrond. Es un bello ambiente de patio de piedra, con árboles maduros y un antiguo castillo elegante como un fondo pintoresco. Las hojas del otoño caen suavemente de los árboles. El gobernante de los elfos, Elrond, dirige el concilio con una dignidad sabia. Después de una discusión acalorada, Frodo, el humilde *hobbit*, inevitablemente acepta el llamado a servir como portador del anillo. La tarea va a ser un viaje largo y arduo; muy probablemente terminará en su muerte. Por lo que cuando un mago, un rey, un elfo, un enano y un guerrero experimentado se ofrecen para acompañar a Frodo en su viaje, se me conmociona el corazón. Y cuando sus tres mejores amigos consiguen con artimañas unirse al equipo viajero, o comunidad como se le llama en las historias, la escena queda completa[1].

Ahora bien, haga una pausa e imagine una boda al aire libre, en un patio similar. Reimagínese a Elrond en su mente como un reverendo sabio y digno que lleva puesta una túnica (pero sin esa cinta plateada en la cabeza). La novia y el novio esperan pacientemente para que el servicio comience. Los más o menos doce invitados están sentados en elegantes sillas acolchonadas, que están organizadas en un semicírculo.

El hombre que santifica a su esposa entiende que esta es una responsabilidad divinamente decretada. [...] ¿Está mi esposa llegando a ser más como Cristo por estar casada conmigo?

R. Kent Hughes, *Disciplines of a Godly Man* (*Las disciplinas de un hombre piadoso*)

El Reverendo Elrond se dirige a ellos con seriedad y dice:

—Si alguien de los presentes conoce alguna razón por la que esta pareja no deba unirse en santo matrimonio, que hable ahora o que calle para siempre.

De repente, varias personas de la audiencia hablan. El asesor académico de la escuela secundaria de la novia dice:

—¡Yo digo que no deben casarse en absoluto! ¿No sabe que el 40 por ciento de todos los primeros matrimonios terminan en divorcio?

La madre de la novia dice:

—Yo no creo que el novio gane suficiente dinero. Probablemente terminarán viviendo en mi sótano. Cancélela.

El compañero de habitación de la universidad del novio dice:

—Él mira pornografía. Ella debe salir corriendo antes de que sea demasiado tarde.

Las objeciones llegan sin parar. Ellos no tienen la edad suficiente. No están listos para tener hijos. Ella es una controladora. Él es un desordenado. No saben en qué se están metiendo.

Aunque el reverendo Elrond tranquiliza a los invitados, algunos todavía están obviamente molestos. Él se dirige a la pareja. «El compromiso que están haciendo es serio. ¿Entienden los peligros de esta aventura del matrimonio... y que únicamente terminará en muerte?».

La novia y el novio asienten con la cabeza. Intercambian los votos y los anillos.

Luego, el reverendo Elrond vuelve a mirar a los testigos. Dice:

—¿Quién acompañará a esta pareja en su viaje de vida y les dará ayuda para que tengan éxito?

Al principio, hay silencio. Luego, el padrino se arrodilla al lado del novio y dice:

—Si puedo protegerte con mi vida o mi muerte, ¡mi espada es tuya!

Algunas cosas suenan mejor en la Tierra Media que en la clase media de los Estados Unidos. Pero la palabra *comunidad* tiene un lugar en toda sociedad sana. En la Biblia, *comunidad* connota una visión compartida. Significa compañerismo, intimidad y participación conjunta[2]. El Dios de este universo nos creó para relacionarnos, con él y con otros. Nunca estuvimos destinados a enfrentar los desafíos de la vida y del matrimonio solos. Las parejas necesitan una fuerte comunidad de apoyo que los rodee todo el tiempo: una «comunidad de los anillos de bodas», por decirlo así.

Por eso es que me encanta cuando en la boda los miembros de la familia y los amigos cercanos hacen un voto de apoyo a la pareja. Cuando yo oficio, les pregunto a los invitados de la boda: «Como parte de la comunidad que rodea esta pareja, ¿ofrecen su amor y apoyo para mantener este matrimonio fuerte para siempre?».

Pedir este compromiso no solo es una jerga sentimental. Es

EL COMPROMISO DE LA CONGREGACIÓN EN EL MATRIMONIO

Mi buen amigo, el pastor Ted Cunningham, lleva el compromiso congregacional con el matrimonio a un nivel más alto. Esto es lo que él hace durante las bodas que oficia en la iglesia Woodland Hills, en Branson, Misuri.

> Tenemos una tarjeta de felicitación que hemos diseñado, llamada Más que el vino. Enfrente, tiene Cantar de los Cantares 1:4: «Cuánto nos alegramos por ti, oh rey; elogiamos tu amor aún más que el vino».
>
> Y adentro dice: «Deseo bendecir su matrimonio expresando palabras de gran valor sobre ustedes dos. Su matrimonio es importante para mí» y «Me regocijo, me deleito, alabo». Así que, ahora, cuando viene a una boda en Woodland Hills, o a una boda que yo oficio, o que cualquiera de nuestros pastores oficia, todos los que llegan a la boda reciben esta tarjeta en un sobre.
>
> En la «Bienvenida», ubico a la novia y al novio a un lado y los dejo que disfruten del día y el momento. Al mismo tiempo, hablo con la familia y los amigos y les pido que, a lo largo del día, llenen esa tarjeta y se regocijen en la luz y la alabanza y el amor de esta pareja.
>
> Y digo: «Hay tres formas de usar esta tarjeta. Muchos de ustedes la llenarán hoy y la pondrán en la caja de "Más que el vino" en el salón de la recepción. Y durante el primer año, la pareja va a meter una mano en la caja y sacará las tarjetas y se sentirán animados. El segundo grupo de ustedes, quiero que la "guarden" hasta el primer aniversario de ellos, y que se las entreguen entonces». (Y ahora, esta que sigue es la que a mí me encanta).
>
> «El tercer grupo son los padres, los abuelos, el cortejo nupcial y tal vez cincuenta o sesenta más de ustedes. Queremos que tengan esta tarjeta hasta que

se enteren que esta pareja pasa por un tiempo difícil, que se separa o se divorcia». Y entonces miro a la pareja y les pregunto: «¿Tenemos su permiso para enviarles cien de estas tarjetas cuando nos enteremos que hay problemas?». Y hago que me den una respuesta audible. (Similar a cuando usted está en el pasillo de salida de un avión, y le obligan a darles una respuesta audible, no solamente «asentar con la cabeza»). Por lo que tenemos todo eso grabado.

La gente está participando con estas tarjetas. Y lo que yo hago ahora es entregarles doce de estas tarjetas que tienen todos los mensajes distintos en ellas a la mamá y el papá de los novios, y les pido que envíen una tarjeta cada mes durante el primer año del matrimonio nuevo de su hijo.

mi forma de avisarles a los seres amados de la pareja que la pareja necesita apoyo, que la comunidad tiene que jugar un papel activo en la vida de ellos.

¿Por qué? Porque el matrimonio es difícil. Los poderes satánicos, aún más grandes que el enemigo de cualquier libro de fantasía, tratarán de romper el compromiso de la pareja. Y el egocentrismo innato de cada persona está destinado a crear problemas en el matrimonio. Hasta las relaciones más sanas pasan por conflicto, decepción y tentación. Por lo que la familia y los amigos tienen un papel continuo en la gran aventura de la pareja. Este es el momento en el que nuestros seres amados, que juraron apoyar y luchar por nuestro matrimonio, pueden marcar la diferencia entre la vida y la muerte de la relación. Su participación compartida no debe terminar después de que dejan el regalo y la tarjeta de felicitaciones en la recepción.

Tres tipos de círculos de comunidad

Erin y yo desesperadamente necesitábamos amigos cristianos que nos estimularan cuando enfrentábamos problemas. Cuando acabábamos de casarnos, estábamos eufóricos, rebosando de una actitud de ¡solo somos tú y yo en contra del mundo! Y cuando eso se convirtió en la actitud de ¡solo somos tú y yo, el uno en contra el otro!, no sabíamos cómo pedir ayuda.

Observamos en el «Secreto romántico #9: El amor verdadero sirve» que la unidad es esencial para un matrimonio fuerte. Pero una pareja también necesita a la comunidad o el compañerismo cristiano con amigos de mentalidad similar. Es una calle de doble vía: la pareja necesita a la iglesia y la iglesia los necesita a ellos. Para ser fuertes, una pareja tiene que dar y recibir. La Palabra de Dios nos manda a todos: «Pensemos en maneras de motivarnos unos a otros a realizar actos de amor y buenas acciones. Y no dejemos de congregarnos, como lo hacen algunos, sino animémonos unos a otros» (Hebreos 10:24-25). Las parejas de casados son parte integral de la comunidad de la iglesia.

Las parejas necesitan una fuerte comunidad de apoyo que los rodee todo el tiempo.

Un Dios relacional nos creó para el compañerismo, para unirnos en relaciones beneficiosas, como el proceso de hierro que se afila con hierro que se describe en Proverbios 27:17. Los cónyuges que comparten una relación saludable y vibrante dependen de su sistema de apoyo, pero también reconocen que tienen la responsabilidad de ayudar a otras parejas a prosperar. La comunidad es una parte de nuestro ADN. Fuimos diseñados para conocer y ser conocidos por nuestro cónyuge y, a un grado más limitado, por la comunidad. Un cónyuge por sí solo no es suficiente para cumplir nuestro profundo deseo de compañerismo. Al experimentar la vida de casados en una comunidad saludable, la pareja se da cuenta de los beneficios múltiples: beneficios que están documentados en una variedad de estudios de investigación[3].

Imagine el matrimonio como un medio para la misión, una oportunidad para que los cristianos llevemos a cabo nuestra misión de hacer discípulos de todas las naciones.

Francis Chan, *You and Me Forever* (*Tú y yo por siempre*)

¿Cómo debe uno desarrollar y mantener un sistema de apoyo fuerte? ¿Cómo puede contribuir a la salud de los matrimonios de otras parejas? Erin y yo recomendamos buscar amigos en tres categorías.

1. Parejas mentores

Gary y Carrie Oliver fueron los primeros mentores que Erin y yo tuvimos. Desafortunadamente, no los conocimos hasta que habíamos estado discutiendo por algún tiempo. Y no les pedimos ayuda: éramos tan disfuncionales que los Oliver tuvieron que entrar a nuestra vida. Todo comenzó porque necesitábamos ir de compras.

Vivíamos en Englewood, Colorado, y yo, irónicamente, era estudiante de posgrado en consejería en el Seminario de Denver. ¡Un caso total de un ciego que guía a otro ciego!

Una tarde, Erin salió de nuestro departamento para ir de

compras, y Carrie llamó por casualidad. Yo levanté el teléfono y dije hola.

—Hola, Greg —dijo Carrie—, ¿está Erin?

Yo estaba deprimido, distraído y distante porque había estado trabajando y ella me había interrumpido. Logré decir:

—Eh, ella se fue.

Hubo un silencio largo. Entonces Carrie dijo:

—Greg, lo siento mucho. Hemos estado muy preocupados por ustedes dos. ¿Vas a estar bien?

Su pregunta me confundió.

—¿Dé qué hablas? —pregunté—. Erin está en el supermercado de King Soopers.

Hubo una pausa larga, lo suficientemente larga como para que hasta un buey como yo entendiera que Carrie había pensado que yo había dicho que Erin se había *ido*: como si hubiera llenado una maleta y me hubiera abandonado.

Carrie dijo:

—Greg, creo que ustedes dos tienen que venir a nuestra casa esta noche. Gary y yo hemos estado con la intención de hablar con ustedes por un largo tiempo.

Aparentemente, los problemas de nuestro matrimonio eran lo suficientemente obvios como para haber hecho que los Oliver se angustiaran y se preocuparan por la estabilidad de nuestra relación. Yo me sentí avergonzado, pero también aliviado. Amaba y respetaba a los Oliver, y su matrimonio era como yo quería que fuera el nuestro.

Un cónyuge por sí solo no es suficiente para cumplir nuestro profundo deseo de compañerismo.

Los cuatro nos reunimos en su sala, y los Oliver comenzaron a orientarnos a Erin y a mí en cuanto a cómo amarnos el uno al otro. Por primera vez,

Erin y yo tuvimos una pareja con quien hablar, con quien compartir nuestros problemas de una manera real, sincera y franca.

Durante tres años, Erin y yo los observamos tan cuidadosamente como un crítico de la industria de cine evalúa una película. Cada día, los Oliver nos daban una nueva toma de la vida, una nueva escena de la cual recabar conocimiento. No solo aprendimos del matrimonio y cómo tener una relación íntima y espiritual, sino que también aprendimos de la crianza de hijos y cómo ser compañeros de trabajo. Su ejemplo creó un sueño para nosotros: comenzamos a creer que podíamos llevarnos lo suficientemente bien como para hablar juntos en eventos matrimoniales y aconsejar juntos a otras parejas.

Yo también me reunía solo con Gary. Corríamos juntos, y él me decía precisamente lo que significaba ser esposo. Él siempre fue un buen oyente, pero nunca toleraba mis quejas en cuanto a Erin. En lugar de eso, recomendaba formas para que *yo* cambiara, y decía cosas como: «Esta es la actitud que debes tener cuando interactúas con Erin». Con el paso de las décadas, constantemente ha orado por mí y me ha enviado mensajes de texto, correos electrónicos y me ha llamado por teléfono para animarme.

El llamado de los Oliver era invertir en nosotros, y cuando a Carrie le diagnosticaron cáncer, Erin y yo tuvimos la oportunidad de invertir en ellos, para devolver algo. Los animamos, les llevamos comidas, oramos con y por ellos y, cuando Carrie murió, apoyamos a Gary en su duelo.

Una pareja mentor cumple un papel similar al papel que el apóstol Pablo tuvo con la iglesia primitiva. Él dio una nueva perspectiva y sabiduría, y actuó como una inspiración para los demás.

Fue un pastor para los miembros de varias iglesias nuevas[4]. Erin y yo llamamos a las parejas mentores «Parejas Pablo» por esa razón.

Una pareja mentor típicamente es un esposo y una esposa mayores, con experiencia, que pueden ofrecer gran sabiduría porque ya han pasado por el mismo camino que una pareja más joven. La pareja mayor da orientación para la relación de la pareja, e invierte en ellos a través de la oración fiel y el consejo piadoso.

2. Pares que animan

Cuando Erin y yo vivíamos en La Mirada, California, yo asistía a la Escuela de Psicología Rosemead de la Universidad de Biola. Taylor era bebé. Erin trabajaba como enfermera en turnos nocturnos. Erin recuerda a nuestros pares que nos animaron:

> Tuvimos a dos parejas que fueron nuestros amigos durante los años en Rosemead. Eran mi lazo salvavidas. Debido a que yo hacía turnos vespertinos, tenía un horario disparejo, pero ellos todavía hacían el esfuerzo de juntarse con nosotros. No era un grupo pequeño formal, pero eran el bálsamo que Greg y yo necesitábamos. En realidad, podíamos disfrutar tiempo el uno con el otro cuando estábamos con estos amigos. Durante esa época, nuestro matrimonio no mejoró mucho, pero por lo menos se estabilizó un poco bajo la influencia de nuestros amigos.
>
> Una pareja, Alisa y Chris Grace, tenían dos hijos, los cuales le proveían a Taylor compañeros de juego cercanos a su edad. Alisa, especialmente, me apoyaba y me validaba como mamá. Estar con ella me reafirmaba en mi corazón el hecho de que yo sí tenía algo que ofrecer como madre y esposa.
>
> La segunda pareja, Chip y Rebecca Dickens, no tenían

hijos cuando los conocimos, pero fuimos amigos de ellos durante el embarazo de su primer hijo. También tuve el honor de ser su enfermera asistente cuando el bebé Josh nació. Esa fue una forma en la que espero que ellos se sintieron animados con mi amistad; sentía que daba en lugar de siempre recibir. Nosotros «llevábamos la delantera» en cuanto a tener hijos, pero Chip ya era profesor de universidad, y veíamos lo bien que él y Rebecca se apoyaban mutuamente.

Los Grace y los Dickens fueron nuestras personas de confianza. Estábamos en un recorrido por la vida juntos. Los veíamos interactuar, y aprendimos que no todas las parejas discutían como nosotros. Alisa especialmente era un buen ejemplo. Chris es divertido como Greg. Pero ella tiene un espíritu más compasivo y tranquilo que yo. Al observarla, aprendí que era posible no ser tan criticona y fácil para reaccionar.

Las parejas pares a quienes ustedes cultiven como amigos deben estar en la misma época de la vida. Generalmente, ellos han estado casados aproximadamente el mismo número de años o tienen hijos de edades similares. Erin y yo llamamos a las parejas pares «Parejas Bernabé» en la trayectoria de la vida. Estas parejas ofrecen ánimo y amistad regular, como lo hizo Bernabé con el apóstol Pablo y la iglesia primitiva[5].

3. Amigos o parejas más jóvenes

Por más de una década, he invertido en la vida de un amigo llamado Jackson Dunn. Conocí a Jackson en la John Brown University.

[Liderazgo espiritual es] saber dónde Dios quiere que la gente esté y tomar la iniciativa para usar los métodos de Dios para llevarlos allí, confiando en el poder de Dios.

John Piper, *Desiring God* (*Sed de Dios*)

Permítame decirle una razón por la que Jackson es el tipo correcto para ser mi pupilo: él puede apreciar una buena broma. La primera vez que fue a una caminata conmigo y los niños, él pasó la prueba Smalley de «¿aguantas una broma?». En este día de verano cálido y húmedo, planificamos llevar mi Ford Explorer Sport Trac a las montañas. Los niños (Taylor, Murphy y Garrison) amablemente le ofrecieron a Jackson el deseado asiento del copiloto, pero antes de que Jackson se sentara, activé el botón del calentador del asiento que está metido debajo del asiento, lo que esconde la luz que indica que se ha encendido.

Mientras conducíamos por la carretera y conversábamos, ocasionalmente miraba de reojo a Jackson. *Casi* me sentía mal por él. Era la mañana, y él tenía la ventana que daba al oriente, lo cual lo dejaba expuesto al sol ardiente. Estaba vestido de negro también, por lo que su ropa absorbía el calor. El sudor goteaba de su sien, y él se lo limpiaba con su manga. Constantemente ponía su mano en el ventilador, revisando para asegurarse de que el aire acondicionado no se había apagado. En el asiento de atrás, los chicos se reían, y apenas podían evitar soltar carcajadas.

Algún día se dará cuenta de que hay mucha más felicidad en la felicidad de otro que en la suya propia.

Honoré de Balzac, *Père Goriot* (*Papá Goriot*)

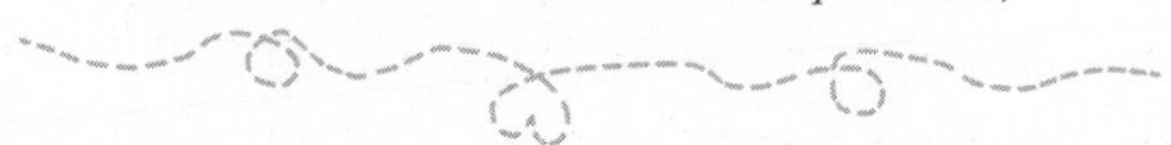

Después de que nos detuvimos en el punto de partida de la caminata y nos estacionamos, Jackson saltó rápidamente para salir del carro. Para entonces, los Smalley ya no pudimos esconder nuestro secreto.

—¿Te diste cuenta de que eres el único que está sudando? —le pregunté.

Curioso, Jackson nos miró al rostro a cada uno.

—Sí —dijo—, hacía calor aunque el aire acondicionado estaba encendido.

Cuando los chicos soltaron una carcajada, le mostré el botón y confesé el secreto. Jackson sonrió y amablemente se rió, revelando la gentileza y amabilidad imperturbables que son los distintivos de su carácter.

Desde ese día, Jackson y yo hemos hecho ministerio juntos. Estamos unidos por una causa común: luchar por el matrimonio bíblico en una cultura hedonista. Él y yo trabajamos en el Center for Healthy Relationships (Centro para las Relaciones Saludables) con Gary Oliver como jefe. Y en el 2011, cuando me uní al personal de Enfoque a la Familia, él llegó a Enfoque conmigo como director del departamento matrimonial.

Con el paso de los años, Jackson y su esposa, Krista, han llegado a ser de nuestros amigos más cercanos, y nuestras familias tienen muchos recuerdos en común.

Al caminar con Jackson, trabajar a su lado, orar con él, adorar con él, verlo criar a sus hijos, depender de él... estoy seguro que yo he crecido más que él a través de nuestra relación.

Recientemente, Jackson dejó su puesto como mi mano derecha. Tengo sentimientos conflictivos. Por un lado, sé que Dios lo está guiando hacia un nuevo lugar donde los talentos y dones de Jackson se desarrollarán. Pero por ahora, nuestra amistad de día a día se acabó, y yo lo extrañaré. Sin embargo, nuestro compañerismo seguirá siendo fuerte porque tenemos una visión compartida, una visión que Jackson tendrá consigo durante toda su vida.

Es sorprendente todo lo que *usted* recibirá cuando orienta a una persona o pareja más joven. Jackson no es mi único pupilo. Erin y yo nos hemos acercado a otras personas y parejas en nuestros seminarios matrimoniales, y nosotros nos hemos acercado más como resultado. Si usted y su cónyuge trabajan como equipo para ayudar a otros, llegarán a estar mucho más conscientes relacionalmente, mejorarán sus propias habilidades de comunicación y se acercarán más el uno con el otro. Su matrimonio llegará a ser más fuerte cuando se acerquen a otros en compañerismo.

Estos amigos más jóvenes son personas o parejas que son por lo menos cinco años más jóvenes, tal vez incluso una pareja que está comprometida y busca mentores. Esta clase de relación mentor-pupilo se define en Tito 2:3-5. Las mujeres mayores deben «enseñarles a otros lo que es bueno. Esas mujeres mayores tienen que instruir a las más jóvenes a amar a sus esposos y a sus hijos, a vivir sabiamente y a ser puras, a trabajar en su hogar, a hacer el bien y a someterse a sus esposos. Entonces no deshonrarán la palabra de Dios». No hay razón por la que los hombres no deban, de igual manera, enseñar a los hombres más jóvenes a amar a sus esposas, a criar hijos piadosos y a vivir la vida cristiana.

La comunidad de la iglesia

Yo soy introvertido, por lo que cuando Erin sugiere que la acompañe a fiestas o cenas, voy solamente porque quiero compartir la experiencia con ella. Pero cuando surge la oportunidad de unirnos a un grupo de otras parejas afines que quieren apoyar nuestro matrimonio, estoy totalmente dispuesto.

Las parejas amigas pueden dar el muy necesitado apoyo espiritual durante tiempos difíciles, así como en nuestros tiempos de celebración. Este modelo bíblico se describe en Proverbios 17:17: «Un amigo es siempre leal, y un hermano nace para ayudar en tiempo de necesidad». Los amigos íntimos se dan entre ellos el ánimo que se necesita para seguir adelante, así como apoyo cuando hay que llorar o, lo que yo a veces necesito, una patada en el trasero.

Me doy cuenta de que cuando Erin y yo estamos cerca de otras parejas, frecuentemente nos comportamos bien. Nos conectamos más en la conversación, compartiendo más historias de nuestro pasado, describiendo por qué nos pareció el otro atractivo en primer lugar. Cuando exhibimos lo mejor de nosotros mismos ante los amigos, al mismo tiempo nos acercamos, reavivando esos primeros sentimientos apasionados de admiración y atracción.

> *Cuando exhibimos lo mejor de nosotros mismos ante los amigos, al mismo tiempo nos acercamos.*

Desde que nos casamos, Erin ha encontrado amistad y apoyo

a través de los estudios bíblicos formales dirigidos por mujeres casadas. «Yo era nueva en el discipulado. Me encantaba ir a los estudios bíblicos donde las mujeres me afirmaban y me enseñaban principios espirituales. Esas mujeres y esos estudios me hacían seguir adelante. Aprendí que Dios me creó para tener fortalezas; yo era valiosa».

La transparencia es clave para el compañerismo

Recuerde, hay una clave fundamental para experimentar los muchos beneficios de compartir su trayectoria de matrimonio con otros, de tener comunidad. Depende de su disposición a ponerse al descubierto, de llegar a ser vulnerable al revelar sus más profundos pensamientos, temores, creencias, sentimientos, sueños, metas, fracasos y batallas.

El apóstol Pablo se interesaba tanto por la comunidad eclesiástica de Tesalónica que escribió: «Los amamos tanto que no solo les presentamos la Buena Noticia de Dios, sino que también les abrimos nuestra propia vida» (1 Tesalonicenses 2:8).

Ser real vale la pena del riesgo de ser descubierto, que nos conozcan como persona imperfecta y humana, tal como todos los demás. Aun así, muy frecuentemente la idea de ser transparentes en cuanto a nuestra vida interna y nuestros desafíos personales nos parece una amenaza. Nos cuesta poner en práctica Santiago 5:16 y confesar nuestros pecados. Decidimos mantener una máscara sonriente y tratar de transmitir que todo en nuestro mundo está perfectamente bien, muchas gracias. ¿Por qué es difícil ser sinceros cuando las recompensas son tan claras?

¿Qué es lo que nos dificulta a muchos ser transparentes?

Para algunos, el temor de no ser aceptados es paralizador. Las experiencias que se remontan a la niñez temprana pueden dejar cicatrices que impiden la confianza necesaria para una revelación completa y abierta.

Frecuentemente, el problema de la vida real es que los hijos o los padres ancianos, o ambas cosas, demandan de nuestro tiempo y energía, y dejan poco espacio para las relaciones sinceras. Un trabajo agotador o una dificultad financiera podría llevarse la motivación y el impulso de uno o de los dos compañeros de un matrimonio, esto hace que se pongan en modo de supervivencia y se enfoquen solamente en los asuntos domésticos.

LÍMITES EN SUS AMISTADES

Suzanne Hadley Gosselin, una bloguera de Boundless, un sitio web de Enfoque a la Familia, da dos principios para los que tienen amistades del sexo opuesto con amigos casados:

1. Tenga una amistad que esté exenta de reproches. Si su cónyuge u otros creen que parece sospechosa, probablemente lo es.
2. Honre a la pareja por encima de la amistad. Esto puede significar modificar el nivel de amistad que ha tenido en el pasado por el bien de la relación matrimonial de su amigo.

Suzanne también observa:

He apreciado cómo mi esposo, Kevin, ha recibido a mis amigos varones como «nuestros» amigos. No hago cosas a solas con amigos varones, pero, en lugar de eso, mi esposo y yo les ofrecemos amistad juntos. Además, si Kevin tiene siquiera un indicio de intranquilidad con una amistad en particular, yo respeto sus deseos en cuanto a eso[6].

Las personalidades también afectan el asunto de desarrollar relaciones. Mientras que algunos buscan la emoción de la conexión, a otros les resulta difícil mantener múltiples relaciones, y prefieren tiempo a solas para reponer fuerzas. Aun así, a veces los mejores socializadores están más cómodos con relaciones superficiales, en tanto que los introvertidos clásicos pueden compartir profundamente con ciertas personas en su vida. Cada persona tiene su propia experiencia con la sinceridad, y es más difícil para algunos que para otros.

> *Responder al llamado de Dios como pareja puede darle vida nueva a una relación de matrimonio.*

Independientemente de cómo ambos miembros de una pareja funcionen como personas, a los cristianos se les llama a buscar a otros para ayudarlos, para animarse mutuamente cada día (Hebreos 3:13). Responder al llamado de Dios como pareja puede darle vida nueva a una relación de matrimonio, a pesar de los desafíos.

Dónde y cómo conectarse en su comunidad

Mire a su alrededor en su propio mundo para descubrir el llamado y las conexiones que Dios pueda tener para usted hoy.

Si usted se imagina su mundo como una serie de círculos concéntricos, descubrirá una multitud de oportunidades para desarrollar relaciones juntos:

- Comience con su vecindario y las escuelas locales si sus hijos asisten allí. Considere cómo puede llegar a conocer a sus vecinos y compartir la vida con ellos regularmente. Busque incluso los puntos de conexión más básicos, como grupos de lectura y actividades de voluntarios.

- Su iglesia probablemente ofrece múltiples oportunidades para relacionarse con gente de todas las edades y descubrir las citas divinas que Dios ya le ha preparado.
- Las relaciones en el lugar de trabajo forman un puente natural para desarrollar confianza y acercarse más a los demás, tales como aquellos que comparten un trasfondo similar y aquellos que pueden ser muy distintos a usted.
- Si tienen una pasión específica y compartida, busquen actividades regionales para voluntarios y descubran el mundo más amplio de relaciones que su comunidad provee.
- Finalmente, considere oportunidades de involucrarse con otros a nivel nacional e internacional a través del alcance global tales como viajes misioneros, causas nobles y actividades saludables en las redes sociales.

Veintiún maneras de invertir en el matrimonio de otra pareja

Como hemos observado, reunirse regularmente con otra pareja en una relación de mentoreo es una excelente forma de invertir en el desarrollo de los matrimonios. Pero hay un montón de otras maneras en las que usted también puede animar a las parejas que lo rodean. Algunas son gestos sencillos; otras requerirán un poco de esfuerzo. Dele un vistazo al siguiente listado de ideas creativas de cómo usted y su cónyuge pueden ayudar a desarrollar matrimonios fuertes en su iglesia, su vecindario y su comunidad.

1. Organicen una cena compartida para las parejas de su calle.
2. Reúnanse con una pareja que se haya comprometido para estudiar juntos un libro de preparación para el matrimonio.
3. Usted y su cónyuge lleven postre, flores o una pequeña caja de provisiones para darle la bienvenida a una pareja nueva al vecindario.
4. Inicien un club de lectura para parejas.
5. Inviten a otra pareja a una cita doble con ustedes, y realcen el tiempo juntos con una conversación sobre cómo edificar el matrimonio.
6. Ofrézcanse para dirigir una clase de escuela dominical para parejas de casados jóvenes.
7. Inviten a una pareja que no asiste a la iglesia a ir con ustedes.
8. Inviten a otra pareja a asistir con ustedes a la próxima conferencia sobre matrimonios.
9. Orienten a una pareja menos experimentada y reúnanse con ellos una vez al mes durante el siguiente año.
10. Ofrezcan cuidar los niños de una pareja que esté limitada de dinero y que tenga niños pequeños, para que ellos puedan disfrutar una noche afuera a solas.
11. Si está consciente del aniversario de otra pareja, envíeles una tarjeta y tal vez un pequeño regalo para celebrar la ocasión.
12. Forme amistades con otros cónyuges de su propio género en su vecindario y anímelos en sus matrimonios. Comparta té o café o invite a la

persona a una salida divertida. Ofrezca un espacio seguro, un oído atento y una voz que reconforta.

13. Organice un evento en su iglesia para honrar a las parejas que han llegado a los cincuenta años o que han alcanzado otro hito significativo, y denles la oportunidad de compartir sus historias y lecciones aprendidas.
14. Páguele una evaluación de relación en línea a una pareja que está considerando el matrimonio.
15. Lidere un ministerio de orientación matrimonial en su iglesia (con la bendición de su pastor), quizá juntando a cada pareja de recién casados con una pareja experimentada.
16. Regale un libro devocional para matrimonios como obsequio de Navidad.
17. Sea anfitrión de una fiesta de compromiso para celebrar el acontecimiento de una pareja que ha dado ese paso hacia el matrimonio.
18. Ayude a organizar una celebración del Día de San Valentín en su iglesia.
19. ¡Sean espontáneos! Inviten a otra pareja a una parrillada improvisada en el patio, o a ir con ustedes al cine esa noche.
20. Cambien de casa con otra pareja por un fin de semana, como unas vacaciones económicas.
21. Busque oportunidades para elogiar a las parejas que conoce por la forma en que se demuestran amor el uno al otro.

Todos tenemos la responsabilidad de ayudar a desarrollar una comunidad de apoyo y ánimo para nuestros propios matrimonios y para otras parejas también. No olvide nunca: «Honren el matrimonio» (Hebreos 13:4). Comiencen al apartar tiempo juntos para tener una lluvia de sus propias ideas como pareja en cuanto a cómo empezar de la mejor manera.

Ayúdense mutuamente durante las pruebas intensas

La artista musical Plumb, también conocida como Tiffany Arbuckle Lee, dice cómo la comunidad cristiana la ayudó a mantener su matrimonio unido después de que Jeremy, su esposo, le envió un mensaje de texto diciéndole que se iba, y su mundo se desmoronó.

> La única cosa verdaderamente bella de este invierno fue la manera en que nuestra comunidad nos sostuvo. Todos esos amigos que habían estado con nosotros desde nuestros días de noviazgo se reunieron para darnos apoyo. [...] Dos días después de que [Jeremy] me dejó, cuarenta de nuestros amigos más cercanos se reunieron en la capilla en la que nos casamos para orar por nosotros. Nos sostuvieron en oración, y luego, en las semanas y los meses siguientes, nos sostuvieron físicamente con llamadas, comida, cuidado de los niños y más oraciones[7].

La próxima vez que esté en una boda, recuerde el Concilio de Elrond. La pareja que se está casando va a enfrentar dificultades, y así como Tiffany y Jeremy Lee, es posible que necesiten su ayuda si su matrimonio se enfrenta a la muerte. Únase a la «comunidad de los anillos de boda» de la pareja cuando la persona que oficia haga la pregunta, y responda: «Aceptamos».

Recuerde visitar www.12secretos.com para encontrar el material gratuito: las doce ideas de citas románticas y las preguntas de discusión.

LA TIERRA PROMETIDA DEL MATRIMONIO

A medida que este libro llega a su final, usted ha explorado ya las doce características, o hábitos, de un matrimonio próspero. Ha aprendido mucho de cómo hacer que un matrimonio tenga éxito y ha visto cómo poner esos hábitos en práctica a diario.

La meta es disfrutar lo que podríamos llamar un Matrimonio de la Tierra Prometida: un lugar o una relación donde «fluyen la leche y la miel» (Éxodo 3:8), donde usted experimenta todo lo que Dios quiso que el matrimonio fuera. Eso es realmente posible, como lo pueden testificar las incontables parejas que están alegremente casadas.

Pero al igual que los antiguos israelitas cuando se establecieron en su Tierra Prometida, yo me puedo desviar del camino. Y creo que usted también puede desviarse a veces. Es demasiado fácil distraerse de su propósito diario de desarrollar un matrimonio próspero. Usted puede verse influenciado por la cultura que lo rodea, que lo anima a irse de un matrimonio cuando el camino se pone difícil o cuando simplemente ya no esté feliz. Usted puede llegar a depender de sus propias habilidades, en lugar de reconocer su dependencia en la fortaleza y sabiduría de Dios.

Necesitamos elegir, todos los días, trabajar para lograr ser un gran matrimonio.

Al igual que los israelitas que vivieron en su Tierra Prometida por una cantidad de años y se olvidaron de la bondad de Dios, todos necesitamos que se nos recuerde el compromiso que hemos hecho con Dios y, en nuestro caso, con nuestro cónyuge.

Así como Josué desafió a su pueblo: «Elige hoy mismo a quién servirás» (Josué 24:15), nosotros también necesitamos elegir, todos los días, trabajar para lograr ser un gran matrimonio.

Tenemos que elegir la intencionalidad y no la pasividad...

Los pensamientos amorosos y no los pensamientos egocéntricos...

Las acciones amorosas y no las egoístas.

Y en el proceso de cumplir sus compromisos y actuar en

Mucha gente les dirá que se enfoquen en su matrimonio, que se enfoquen el uno en el otro; pero nosotros descubrimos que enfocarnos en la misión de Dios hizo que nuestro matrimonio fuera asombroso.

Francis Chan, *You and Me Forever* (*Tú y yo por siempre*)

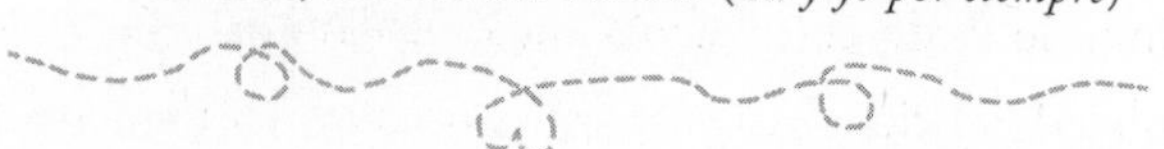

amor, ustedes se encontrarán disfrutando de un verdadero Matrimonio de la Tierra Prometida. Esto me hace regresar a Erin y aquella catarata hawaiana donde tuvimos la primera gran pelea de nuestro matrimonio.

Sin vacilar, Erin se lanzó al agua del estanque.

Yo me di cuenta de que habíamos entrado a nuestra tierra prometida cuando dirigimos un seminario matrimonial en la misma isla hawaiana donde tuvimos nuestra luna de miel, la que tenía la bella catarata que no llegué a disfrutar.

Erin y yo ya teníamos alrededor de quince años de casados, por lo que había pasado mucho tiempo desde que yo había estado en la isla. Después de que el seminario terminó, ella me sorprendió con una caminata por la selva. Habíamos caminado alrededor de una hora cuando nos topamos con una catarata que tenía un bello estanque abajo.

Me quedé ahí, parado boquiabierto, impactado. Era la misma catarata donde tuvimos nuestro primer gran conflicto, pero ya no había letrero. De alguna manera, no había reconocido el área donde habíamos estado caminando.

La sorpresa más grande fue que, esta vez, sin vacilar, Erin se lanzó al agua del estanque. ¡Ni siquiera me esperó! Ella nadó hacia la catarata, se subió a una roca que sobresalía como seis metros en el aire, y saltó de regreso al estanque. Yo estaba anonadado.

«¿Te vas a quedar ahí parado? —gritó ella alegremente—, ¿o vamos a saltar juntos?».

Aunque tardó casi quince años, definitivamente habíamos completado el ciclo. Así como los antiguos israelitas habían tenido que pasar por los enormes muros de Jericó para entrar a su Tierra Prometida, creo que nosotros teníamos que pasar por una catarata.

¿Y qué de usted? ¿Está preparado para disfrutar de un Matrimonio de la Tierra Prometida? ¿Está dispuesto a hacer el trabajo, sabiendo que con la ayuda de Dios usted también puede cosechar las recompensas? Tome esa decisión, haga ese compromiso, hoy y todos los días. Si lo hace, esta pequeña locura llamada matrimonio llegará a ser tanto su mayor servicio a Él como su mayor fuente de alegría verdadera y duradera.

Reconocimientos

Erin y yo queremos agradecer a las muchas personas que nos apoyaron para escribir *Una pequeña locura llamada matrimonio*.

Antes que nada, Marianne Hering, ¡eres una escritora asombrosa! No hay palabras para tu contribución. Aunque sabemos que este fue un trabajo que aceptaste, tu esfuerzo, compromiso y amor, tanto para Erin como para mí, fueron mucho más allá. Tu compromiso con la excelencia dice mucho de tu carácter. Verdaderamente ha sido una alegría trabajar contigo y anticipamos el próximo proyecto que tengamos la oportunidad de compartir... es decir, ¡si tienes la gentileza de aceptar otro!

Nos gustaría compartir nuestra profunda gratitud al equipo de matrimonios de Enfoque a la Familia. Su apoyo, amor y estímulo diario, tanto ahora como durante los últimos cinco años, ha sido invaluable. En esos días que son desafiantes, siempre uno de ustedes es quien da precisamente las palabras apropiadas, o nos hace reír cuando más se necesita. Gracias al equipo de Ministerios a la Familia en Enfoque: Jackson Dunn, Heather Dedrick, Sarah Mason, Karen Reedall, Treshia Kuiper, Nina Coppola, Hannah Fessler, Lisa Anderson y Anthony Ashley.

También, gracias a Edie Nielsen, Pam Woody y Brian Neils. ¡Ustedes son irremplazables!

Este libro no habría sido posible sin el arduo trabajo tanto del equipo editorial de Enfoque a la Familia (Larry Weeden, Liz Duckworth y Angela Messinger), como también del equipo de Tyndale. Gracias por su visión y esfuerzo para la realización de este libro.

Gracias a Jim Daly y Ken Windebank por su liderazgo en Enfoque a la Familia y por su compromiso para fortalecer los matrimonios. Sus esfuerzos continuos no pasan desapercibidos. Nos honra ser parte de su equipo en Enfoque, y es un privilegio servir conjuntamente con ustedes dos en el ministerio a los matrimonios. Verdaderamente, ustedes son hombres maravillosos de Dios y aman muy bien a nuestro personal de Enfoque.

Gracias a los pioneros del mundo del matrimonio cristiano como John Gottman, Scott Stanley, Gary Oliver y nuestro papá, Gary Smalley, que siguen estudiando y aprendiendo más acerca de lo que hace que los matrimonios tengan éxito. También, gracias al equipo del National Institute of Marriage (Instituto Nacional del Matrimonio). No podríamos hacer lo que hacemos sin sus estudios e investigaciones continuas para entender cómo ayudar a las parejas.

Por último, gracias a nuestros cuatro hijos maravillosos: Taylor, Murphy, Garrison y Annie. Cada uno de ustedes es una bendición en sí mismo: Taylor, tu espíritu tierno; Murphy, tu fortaleza y compasión; Garrison, tu amor por las personas y, ah sí, por el fútbol universitario; y Annie, por tu chispa y ánimo por la vida. Dios nos ha bendecido más de lo que ustedes podrán saber al permitirnos ser su mamá y papá. Gracias por amarnos a cambio y permitirnos ser humanos al criarlos a través de todas las distintas etapas de la vida. ¡Los amamos mucho!

A Greg: te amo más de lo que pueden expresar las palabras. Tus esfuerzos continuos de mejorar tanto personal como profesionalmente son un regalo. Tu compromiso con tu familia, incluso en la locura de la vida, dice mucho del hombre que eres. ¡Gracias por amarnos tan bien! ¡Te amamos más de lo que puedes imaginar!

A Erin: eres una esposa y madre asombrosa. Dios verdaderamente te ha dotado como consejera, oradora y escritora. Estoy entusiasmado por colaborar contigo para fortalecer los matrimonios alrededor del mundo. Gracias por ser mi mejor amiga y por el apoyo y estímulo continuo. ¡Te amo!

Erin Smalley

Notas

Esta cosa llamada amor

1. Drew DeSilver, «5 Facts About Love and Marriage» [5 datos acerca del amor y el matrimonio], Pew Research Center: FactTank, 14 de febrero del 2014, http://www.pewresearch.org/fact-tank/2014/02/14/5-facts-about-love-and-marriage/.
2. Susan Ratcliffe, ed., *Concise Oxford Dictionary of Quotations* [Diccionario conciso Oxford de citas famosas], s.v. George Sand: letter to Lina Calamatta [carta a Lina Calamatta], 31 de marzo de 1862, 315, https://books.google.com/books?id=KRiFmlT2cdIC&pg=PA315&dq=george+sand+there+is+only+one+happiness+in+life+letter+1862+oxford+dictionary+of+quotes&hl=en&sa=X&ved=0CB4Q6AEwAGoVChMIvM-4biSxgIVUpqICh3uMwDH#v=onepage&q=george%20sand%20there%20is%20only%20one%20happiness%20in%20life%20letter%201862%20oxford%20dictionary%20of%20quotes&f=false.
3. «Somebody To Love You» [Alguien que te ame], *Revelations* [Revelaciones], MCA Nashville, 1996. Letra por Gary Nicholson y Delbert McClinton. Derechos del autor: Lew-bob Songs.
4. El *Diccionario de la lengua española* de la Real Academia Española incluye la siguiente definición de *sacrificio*: «Acto de abnegación inspirado por la vehemencia del amor». *Diccionario de la lengua española*, 23.ª ed., s.v. *sacrificio*. Consultado el 13 de septiembre del 2017, http://dle.rae.es/?id=WxV80UR.

Secreto romántico #1: El amor verdadero se compromete

1. Sun Tzu, *El arte de la guerra,* traducido por Martha Baranda (México, D.F.: Lectorum, 2004), 7.
2. Du You, citado en la version del libro en inglés *The Art of War: Illustrated Edition*, trad. Lionel Giles (Nueva York: Fall River Press, 2014), 221.
3. Du Mu, citado en *El arte de la guerra ilustrado*, ed. Thomas Cleary, trad. Alfonso Colodrón (Madrid: EDAF, 1999), 195.
4. El nombre de este hombre se escribe de diversas maneras, y su historia no es clara, más que nada registrada en libros escritos acerca de la historia del islam o de España. Para una breve redacción del acontecimiento de «quemar las naves», vea la entrada en *Wikipedia* de «Táriq ibn Ziyad» en https://es.wikipedia.org/wiki/T%C3%A1riq_ibn_Ziyad.
5. Vea el libro v de la *Eneida* por Virgilio.
6. Varios libros de liderazgo relatan el dicho de Alejandro Magno: «Caballeros, cuando regresemos a casa lo haremos de la única forma posible, en los barcos de nuestros enemigos». Sin embargo, yo no pude documentar este incidente en ningún libro histórico acreditado.
7. Aztec-History.com, «Aztec Warriors» [Los guerreros aztecas], accedido el 1 de julio del 2015, http://www.aztec-history.com/aztec-warriors.html.
8. Porque no soy alguien que permite que unos cuantos datos arruinen una excelente historia, uso esta leyenda que frecuentemente se cuenta porque es vívida y dramática. Haga una búsqueda en Internet de «imágenes de Cortés quemando» para ver algunos cuadros magníficos de los barcos de Cortés que se consumen. Sin embargo, si usted es riguroso con la exactitud, tengo que decirle que los historiadores modernos afirman que Cortés dejó inservibles a sus barcos, pero en realidad no los quemó.
9. Scott Stanley, «The Half-Hearted Marriage» [El matrimonio indiferente], accedido el 3 de julio del 2015, http://www.focusonthefamily.com/marriage/strengthening-your-marriage/commitment/the-half-hearted-marriage, publicado originalmente en la revista *Focus on the Family* [Enfoque a la Familia], enero del 2007, © Scott Stanley.

10. American Psychological Association [Asociación Psicológica Americana], «Religion or Spirituality Has Positive Impact on Romantic/Marital Relationships, Child Development, Research Shows» [La investigación revela que la religión o la espiritualidad tiene un impacto positivo en las relaciones románticas/matrimoniales y en el desarrollo infantil], comunicado de prensa, 12 de diciembre del 2014, http://www.apa.org/news/press/releases/2014/12/religion-relationships.aspx.
11. Stanley, «The Half-Hearted Marriage».

Secreto romántico #2: El amor verdadero busca a Dios

1. Sun Tzu, *El arte de la guerra* (Biblioteca Virtual Universal), 5.
2. Ibíd.
3. Christopher Ellison, «The Religion of Couples, Relationship Quality, and Health» [La religión de las parejas, calidad de relación y salud], UTSA (University of Texas at San Antonio) *Discovery* [Descubrimiento], 4 (2011), https://www.utsa.edu/discovery/2011/story/feature-religion.html.
4. Alfred DeMaris, Katherine G. Kusner, Annette Mahoney y Kenneth I. Pargament, «Sanctification of Marriage and Spiritual Intimacy Predicting Observed Marital Interactions Across the Transition to Parenthood» [La santificación del matrimonio y la intimidad espiritual que predicen las interacciones matrimoniales observadas a lo largo de la transición a la paternidad], *Journal of Family Psychology*, 28, no. 5, (2014): 611, http://www.apa.org/pubs/journals/releases/fam-a0036989.pdf.
5. Jakob F. Jensen, Allen K. Sabey y Amy J. Rauer, «Compassionate Love as a Mechanism Linking Sacred Qualities of Marriage to Older Couples' Marital Satisfaction» [El amor compasivo como mecanismo que vincula las características sagradas del matrimonio para la satisfacción matrimonial de las parejas mayores], *Journal of Family Psychology*, 28, no. 5 (2014), 594, http://www.apa.org/pubs/journals/releases/fam-a0036991.pdf.
6. El templo de Salomón fue destruido en el siglo VI a. C. El segundo templo fue destruido en el año 70 d. C. Muchos eruditos bíblicos calculan que el apóstol Pablo escribió la carta a los efesios alrededor del año 62 d. C.
7. Paul Trebilco, *The Early Christians in Ephesus from Paul to Ignatius*

[Los primeros cristianos de Éfeso, desde Pablo hasta Ignacio] (Grand Rapids, MI: Eerdmans, 2007), 20.

8. Citado por la facultad de Física y Astronomía de Georgia State University, «Nuclear Fission» [Fisión nuclear], *HyperPhysics*, accedido el 22 de septiembre del 2015, http://hyperphysics.phy-astr.gsu.edu/hbase/nucene/fission.html.
9. Las estadísticas se basan en una entrevista con un representante del parque nacional Sequoia, 30 de septiembre del 2015. El parque recibe más de dos millones de visitantes al año.
10. News Release Today, «Gary Smalley Author Profile» [Perfil de autor de Gary Smalley], comunicado de prensa accedido el 25 de julio del 2015, http://www.newreleasetoday.com/authordetail.php?aut_id=21.
11. Robertson McQuilkin, *A Promise Kept* [Una promesa cumplida] (Carol Stream, IL: Tyndale, 1998), 6–7.
12. Ibíd, 21–23.
13. Vea Hechos 18:2, 18-19, 26; Romanos 16:3; 1 Corintios 16:19; 2 Timoteo 4:19.
14. U.S. Environmental Protection Agency [Agencia de Protección Ambiental de Estados Unidos], «Clean Energy: Nuclear Power» [Energía limpia: Fuerza nuclear], accedido el 22 de agosto del 2015, http://www.epa.gov/cleanenergy/energy-and-you/affect/nuclear.html.
15. Jonathan Cobb, «How Many Homes Can the Typical Nuclear Power Plant Power?» [¿A cuántos hogares puede suministrar la planta de energía nuclear típica?], Answers.com, accedido el 22 de agosto del 2015, http://www.answers.com/Q/How_many_homes_can_the_typical_nuclear_power_plant_power.
16. Lisa Zyga, «Mini Nuclear Power Plants Could Power 20,000 Homes» [Las mini plantas de energía nuclear podrían suministrar a 20.000 hogares], Phys.Org, 12 de noviembre del 2008, http://phys.org/news/2008-11-mini-nuclear-power-homes.html.
17. *Diccionario de la lengua española*, 23.ª ed., s.v. *sinergia*. Consultado el 13 de septiembre del 2017, http://www.rae.es/rae.html.
18. Neil Clark Warren, *The Triumphant Marriage*, (Nashville: Thomas Nelson, 1995), 18. Publicado en español como *El matrimonio triunfante*.
19. McQuilkin, *A Promise Kept*, 18–19.

Secreto romántico #3: El amor verdadero se esfuerza por conocer y ser conocido

1. Rochelle Bilow, «Want Your Marriage to Last?» [¿Quiere que su matrimonio dure?] *Your Tango*, 18 de noviembre del 2013, http://www.yourtango.com/experts/rochelle-bilow/want-your-marriage-last?htm_source=huffingtonpost.com&utm_medium=referral&utm_campaign=pubexchange_article.
2. Esa cantidad no incluye la joya de la corona de la *fanfic*: *Pride and Prejudice and Zombies* [*Orgullo y prejuicio y zombis*]. IMDB, «Pride and Prejudice» [Orgullo y prejuicio], accedido el 5 de agosto del 2015, http://www.imdb.com/find?q=pride+and+prejudice&s=tt&ref_=fn_al_tt_mr.
3. Amy Bellows, «Good Communication in Marriage Starts with Respect» [La buena comunicación en el matrimonio comienza con el respeto], *Psych Central*, 30 de enero del 2013, http://psychcentral.com/lib/good-communication-in-marriage-starts-with-respect/.
4. Your Tango Experts, «5 Ways Men & Women Communicate Differently» [5 Formas en las que los hombres y las mujeres se comunican de forma distinta], *Psych Central*, actualizado por última vez el 22 de julio del 2017, http://psychcentral.com/blog/archives/2012/04/01/6-ways-men-and-women-communicate-differently/.
5. Tonya Reiman, «Gender Differences in Communication» [Las diferencias de género en la comunicación], Body Language University, accedido el 7 de agosto del 2015, http://www.bodylanguageuniversity.com/public/213.cfm.
6. Julie Huynh, «Study Finds No Difference in the Amount Men and Women Talk» [Estudio no encuentra diferencia en la cantidad que los hombres y las mujeres hablan], programa de investigaciones de los estudiantes universitarios de la facultad de Biología de la University of Arizona, 19 de junio del 2014, https://ubrp.arizona.edu/study-finds-no-difference-in-the-amoun-men-and-women-talk/.
7. Ibíd.
8. Audrey Nelson, «Why You Stand Side-by-Side or Face-to-Face» [Por qué se para de lado o cara a cara], *Psychology Today* (blog), 27 de abril del 2014, https://www.psychologytoday.com/blog/he-speaks-she-speaks/201404/why-you-stand-side-side-or-face-face.
9. Zheng Yan, ed., *Encyclopedia of Mobile Phone Behavior*

[Enciclopedia del comportamiento del teléfono móvil] (Hershey, PA: Information Science Reference, 2015), 781.

10. Tasuku Igarashi, Jiro Takai y Toshikazu Yoshida, «Gender Differences in Social Network Development via Mobile Phone Text Messages: A Longitudinal Study» [Diferencias de género en el desarrollo de las redes sociales a través de los mensajes de texto de teléfono móvil: Estudio longitudinal], *Journal of Social and Personal Relationships*, octubre del 2005, 22: abstracto.
11. Yan, ed., *Encyclopedia of Mobile Phone Behavior* [Enciclopedia del comportamiento del teléfono móvil], 324.
12. Ibíd., 327.
13. Diogenes Laërtius, *Delphi Complete Works of Diogenes Laërtius* (Delphi Classics, 2015), Zeno. Publicado en español como *Las obras completas de Diógenes Laercio.*
14. Scott Williams, «Listening Effectively» [Cómo escuchar efectivamente], Wright State University, accedido el 9 de agosto del 2015, http://www.wright.edu/~scott.williams/skills/listening.htm.
15. Aunque esta cita se le ha atribuido al estadista alemán del siglo XVIII Wolfgang von Goethe, la fuente no pudo verificarse. Pero quien lo haya dicho primero ¡tenía toda la razón!

Secreto romántico #4: El amor verdadero lucha por la paz

1. Scott M. Stanley, Howard J. Markman, Michelle St. Peters y B. Douglas Leber (octubre de 1995). «Strengthening Marriages and Preventing Divorce: New Directions in Prevention Research» [Cómo fortalecer los matrimonios y prevenir el divorcio: nuevas direcciones en la investigación de la prevención], *Family Relations*, 44:4, 392–401.
2. «*Batman v Superman: El Amanecer de la Justicia* – Tráiler Comic-con en español HD», YouTube, 2:37, accedido el 21 de septiembre del 2017, https://www.youtube.com/watch?v=kof_CxLtri0.
3. B. R. Karney y L. A. Neff, «Stress and reactivity to daily relationship experiences: How stress hinders adaptive processes in marriage» [Estrés y reactividad a las experiencias diarias de las relaciones: cómo el estrés impide los procesos adaptivos en el matrimonio], *Journal of Personality and Social Psychology*, 97:3 (septiembre del 2009), 435–450.

4. 1 Corintios 1:10
5. Juan 8:44
6. 1 Corintios 13:4-5
7. Proverbios 15:1

Secreto romántico #5: El amor verdadero honra

1. YouTube, *The Run List Channel*, subido el 11 de julio del 2013, https://www.youtube.com/watch?v=kiLxdQEWYIg.
2. Adaptado de Greg Smalley, *Fight Your Way to a Better Marriage* [Luche por un mejor matrimonio], (Nueva York: Howard, 2012), 165–167.
3. John Gottman y Nan Silver, *The Seven Principles for Making Marriage Work* (Nueva York: Harmony, 2015), 71. Publicado en español como *Los siete principios para hacer que el matrimonio funcione*.
4. *Concordancia Strong*, s.v. 5902 *timé*, http://bibliaparalela.com/greek/5092.htm.
5. Booz se refiere a las personas como si fueran más jóvenes que él. Vea Rut 2:8, 2:5, 3:10. Hubo varios comentarios autopublicados que concordaban con esta aproximación de edad, pero no muchas de las obras verdaderamente eruditas citaban una edad específica, lo cual deja a los predicadores como yo sin otra opción más que tomar el texto así como está.
6. Deuteronomio 24:19, Levítico 19:9, Levítico 23:22.
7. Booz les dio un *efa* de cebada, que es una fanega de cebada en la jerga agrícola de hoy día. Una fanega de cebada es cuarenta y ocho libras, según los Códigos Administrativos de los Estados Unidos, http://www.ilga.gov/commission/jcar/admincode/008/00800600ZZ9998bR.html. Según mis cálculos, si Noemí y Rut comían una porción normal de cebada (157 gramos) tres veces al día, las cuarenta y ocho libras (21,7724 gramos) les durarían a las mujeres veintitrés días.
8. *Matthew Henry's Concise Commentary*, s.v. Rut 3:6-13, http://biblehub.com/commentaries/ruth/3-10.htm. Publicado en español como *Comentario bíblico de Matthew Henry*.
9. *Concordancia Strong*, s.v. 632 *aponemó*, http://bibliaparalela.com/greek/632.htm.
10. Food Editorial.Co, «What Makes the Starbucks Coffee Experience Special?» [¿Qué hace que la experiencia del café de Starbucks sea

especial?], accedido el 13 de octubre del 2015, http://www.streetdirectory.com/food_editorials/beverages/coffee/what_makes_the_starbucks_coffee_experience_special.html.

11. *GB Times*, «Woman Files for Divorce After Groom Gets Her Name Wrong» [Mujer solicita el divorcio después de que el novio dice mal su nombre], 8 de julio del 2013, http://gbtimes.com/china/woman-files-divorce-after-groom-gets-her-name-wrong-wedding.

Secreto romántico #6: El amor verdadero nutre

1. National Institute of Diabetes, Digestive, and Kidney Diseases [Instituto nacional de las enfermedades de la diabetes, digestión y riñones] «Overweight and Obesity Statistics» [Estadísticas del sobrepeso y la obesidad], accedido el 21 de julio del 2015, http://www.niddk.nih.gov/health-information/health-statistics/Pages/overweight-obesity-statistics.aspx.
2. *Concordancia Strong*, s.v. 1625 *ektrephó*, http://bibliaparalela.com/greek/1625.htm.
3. Vea también Levítico 26:4; Deuteronomio 28:12; 32:2; 2 Samuel 23:4; 1 Reyes 8:36; Job 5:10 y 2 Crónicas 6:27.
4. *Dictionary.com*, s.v. servant (siervo).
5. John Ortberg, *The Life You've Always Wanted*, (Grand Rapids: Zondervan, 2009), 105. Publicado en español como *La vida que siempre has querido.*
6. Jennifer Duke, «*Pride and Prejudice* Still on Top» [*Orgullo y prejuicio* todavía en la cima], *Upstart*, 10 de junio del 2010, http://www.upstart.net.au/2010/06/10/pride-and-prejudice-still-on-top/.
7. The National Healthy Marriage Institute, «Samples» [Muestras], accedido el 1 de octubre del 2015, http://www.healthymarriage.org/marriagetipssamples.htm.
8. Captain Frank Crescitelli, citado en Monte Burke, «Leadership Lessons from Fishing Guides» [Lecciones de liderazgo de parte de guías de pesca], *Forbes*, 24 de mayo del 2012, http://www.forbes.com/sites/monteburke/2012/05/24/leadership-lessons-from-fishing-guides/2/.
9. Este listado amplía el de Marriage Missions International [Misiones al Matrimonio Internacional], «100 Ways You Can Love Your Husband HIS Way» [100 formas en las que puede amar a su esposo a la manera de ÉL], accedido el 10 de octubre del 2015, http://

marriagemissions.com/100-ways-you-can-love-your-husband-his-way/.

10. Ampliamos y adaptamos el listado de Marriage Missions International [Misiones al Matrimonio Internacional], «100 Ways You Can Love Your Wife HER Way» [100 formas en las que puede amar a su esposa a la manera de ELLA], accedido el 10 de octubre del 2015, http://marriagemissions.com/100-ways-you-can-love-your-wife-her-way/.

Secreto romántico #7: El amor verdadero requiere de tiempo para crecer

1. Willard F. Harley Jr., *His Needs, Her Needs: Building An Affair-Proof Marriage,* (Grand Rapids: Revell, 2011), 70. Publicado en español como *Lo que él necesita, lo que ella necesita: Construya un matrimonio a prueba de infidelidades.*
2. M. Gary Neuman, «New Year's Resolutions for Your Marriage» [Resoluciones de año nuevo para su matrimonio], *Huffington Post* (blog), 31 de diciembre del 2012, http://www.huffingtonpost.com/m-gary-neuman/new-years-resolutions-for_b_2389532.html; y Dana Fillmore, «Dr. Dana's Help if You Have Grown Apart from Your Spouse» [Ayuda de la Dra. Dana si se ha alejado de su cónyuge], *Strong Marriage Now*, accedido el 7 de octubre del 2011, https://www.strongmarriagenow.com/important-problem/grown-apart-yt/.
3. Fillmore, «Dr. Dana's Help if You Have Grown Apart from Your Spouse».
4. W. Bradford Wilcox y Jeffrey Dew, *The Date Night Opportunity: What Does Couple Time Tell Us about the Potential Value of Date Nights?* [La oportunidad de la cita de noche: ¿Qué nos dice el tiempo en pareja del valor potencial de las citas de noche?] (Charlottesville, VA: National Marriage Project, 2012), 5.
5. David Mace, citado en John R. Buri, *How to Love Your Wife* [Cómo amar a su esposa] (Mustang, OK: Tate Publishing, 2006), 57.
6. Leslie Becker-Phelps, «Time Together: A Cure for Relationship Problems» [El tiempo juntos: La cura para los problemas de la relación], 27 de abril del 2011, *Art of Relationships* (blog), WebMD, http://blogs.webmd.com/art-of-relationships/2011/04/time-together-a-cure-for-relationship-problems.html.

7. IMDb, «Mrs. Doubtfire (1993): Quotes» [Citas textuales de *Papá por siempre* (1993)], accedido el 3 de octubre del 2015, http://www.imdb.com/title/tt0107614/quotes.
8. Roy Croft, citado en Hazel Felleman (ed.), *Best Loved Poems of the American People* [Los poemas más gustados del pueblo estadounidense] (Nueva York: Doubleday, 1936), 25.
9. Carolyn Pirak, «Make Time for Your Partner» [Dedíquele tiempo a su pareja], ParentMap (blog), 26 de agosto del 2008, https://www.parentmap.com/article/make-time-for-your-partner.
10. Michele Weiner-Davis, «Time Together» [El tiempo juntos], *Michele's Articles* (blog), *Divorce Busting* © 2009, accedido el 7 de octubre del 2015, http://www.divorcebusting.com/a_time_together.htm.
11. Fillmore, «Dr. Dana's Help if You Have Grown Apart from Your Spouse».
12. Becker-Phelps, «Time Together: A Cure for Relationship Problems».
13. Lois Clark, «Building a Strong Marriage: Finding Time» [Cómo desarrollar un matrimonio fuerte: Dedique tiempo], The Ohio State University Extension: Family Life Month Packet 2002, 2, http://ohioline.osu.edu/flm02/pdf/fs02.pdf.
14. Pirak, «Make Time for Your Partner».
15. Wilcox y Dew, *The Date Night Opportunity*, 6.
16. Tara Parker Pope, «Reinventing Date Night for Long-Married Couples» [Cómo reinventar las citas de noche para las parejas de mucho tiempo de casados], *New York Times*, 12 de febrero del 2008, http://www.nytimes.com/2008/02/12/health/12well.html?_r=0.
17. Ibíd.
18. Arthur Szabo, *Selecta* (una revista científica de Alemania Occidental de alrededor de 1968), citado en Margaret Anderson Bonn, «Morning Kiss Really Counts» [El beso de la mañana en realidad importa], *The Virgin Islands Daily News*, 26 de junio de 1968, 10, 13, citado en Noelia Trujillo, «10 Oh-So Fascinating Facts About Kissing» [Diez realidades muy pero muy fascinantes acerca de los besos], *Good Housekeeping*, 16 de marzo del 2015, http://www.goodhousekeeping.com/life/relationships/advice/a31659/kissing-facts/.

Secreto romántico #8: El amor verdadero abraza

1. Mark Driscoll, «What the Bible Really Says About Sex» [Lo que la Biblia en realidad dice acerca del sexo], 3 de enero del 2012, *Fox News Opinion* (blog), http://www.foxnews.com/opinion/2012/01/03/what-bible-really-says-about-sex/.
2. Rochelle Peachey, citado en Diana Appleyard, «How Important Is Sex to a Marriage?» [¿Qué tan importante es el sexo para el matrimonio?], *Daily Mail*, 23 de junio del 2011, http://www.dailymail.co.uk/femail/article-2007065/How-important-sex-marriage-Passion-marriage-wane-So-YOU-making-priority.html.
3. Francine Kaye, citado en Diana Appleyard, «How Important Is Sex to a Marriage?».
4. Al Mohler, «The Meaning of Sex in Marriage» [El significado del sexo en el matrimonio], Crosswalk.com (blog), 3 de junio del 2008, http://www.crosswalk.com/family/marriage/the-meaning-of-sex-in-marriage-1335493.html.
5. Donald Paglia, «Sex and Intimacy: The Marital Sexual Relationship» [Sexo e intimidad: la relación sexual matrimonial], accedido el 16 de octubre del 2015, For Your Marriage.org (blog), https://www.foryourmarriage.org/the-marital-sexual-relationship/.
6. Juli Slattery, *No More Headaches* (Carol Stream, IL: Tyndale, 2009), 107. Publicado en español como *No más dolores de cabeza.*
7. Paglia, «Sex and Intimacy: The Marital Sexual Relationship».
8. Adaptado de Erin Smalley, Greg Smalley y Gary Smalley, *The Wholehearted Wife* [La esposa de todo corazón] (Carol Stream, IL: Tyndale, 2014), 117–118, 135–136.
9. Dr. Kevin Leman, *Sheet Music* (Carol Stream, IL: Tyndale, 2008), 215. Publicado en español como *Música entre las sábanas.*
10. Mandy Kirby, «First World War: Love Letters from the Trenches» [La Primera Guerra Mundial: Cartas de amor desde las trincheras], *The Telegraph*, 15 de enero del 2014, http://www.telegraph.co.uk/history/world-war-one/10561261/First-World-War-love-letters-from-the-trenches.html.
11. John Eldredge y Stasi Eldredge, *Love and War: Find Your Way to Something Beautiful in Your Marriage* (Colorado Springs, CO: WaterBrook, 2011), 175. Publicado en español como *Amor y guerra: Busca el camino hacia algo hermoso en tu matrimonio.*

Secreto romántico #9: El amor verdadero sirve

1. Philip Rosenthal y Tucker Cawley, «Baggage» [Bagaje], *Everybody Loves Raymond* [*Todos quieren a Raymond*], temporada 7, episodio 22, dirigida por Gary Halvorson, trasmitido el 5 de mayo del 2003 en CBS.
2. Pew Research Center, «Modern Marriage» [El matrimonio moderno], 18 de julio del 2007, http://www.pewsocialtrends.org/2007/07/18/modern-marriage/.
3. Ibíd.
4. Virginia Rutler, «Love and Lust» [Amor y lujuria], *Psychology Today*, 1 de julio del 2014, https://www.psychologytoday.com/articles/201406/love-lust.
5. Suzanne M. Bianchi, «Family Change and Time Allocation in American Families» [Cambio en las familia y la asignación de tiempo en las familias estadounidenses], Focus on Workplace Flexibility [Enfoque en la flexibilidad en el lugar de trabajo], publicado en una conferencia en Washington D.C., Georgetown Law, Workplace Flexibility 2010, 29–30 de noviembre del 2010, patrocinado por la Fundación Alfred P. Sloan, http://workplaceflexibility.org/images/uploads/program_papers/bianchi_-_family_change_and_time_allocation_in_american_families.pdf.
6. Bureau of Labor Statistics, «Employment Characteristics of Families Survey» [Encuesta de las características de empleo de las familias], comunicado de prensa, 23 de abril del 2015, http://www.bls.gov/news.release/famee.nr0.htm.
7. Jim Thornton, *Chore Wars* [La guerra de los quehaceres] (Newburyport, MA: Conari Press, 1997), 71.
8. Adaptado de Greg Smalley, «Sharing the Load» [Cómo compartir la carga], ThrivingFamily.com, agosto/septiembre del 2014, http://www.thrivingfamily.com/Family/Life/For%20Him/2014/chores-and-your-marriage.aspx.
9. Jill Leviticus, «Roly Poly Bug Facts» [Datos de la cochinilla], Animals by Demand Media, accedido el 13 de octubre del 2015, http://animals.mom.me/roly-poly-bug-6984.html.
10. Francis Chan y Lisa Chan, *You and Me Forever: Marriage in Light of Eternity* (San Francisco: Claire Love Publishing, 2015), 68. Publicado en español como *Tú y yo por siempre: El matrimonio a la luz de la eternidad.*

11. George Eliot, *Middlemarch* (Londres: William Blackwood and Sons, 1907), 464.

Secreto romántico #10: El amor verdadero perdura

1. IMDb, «*The Last of the Mohicans* (1992): Quotes» [Citas textuales de *El último de los mohicanos* (1992)], accedido el 13 de octubre del 2015, http://www.imdb.com/title/tt0104691/quotes?ref_=tt_ql_3. Vea también «LotM—"I Will Find You"», subido el 25 de febrero del 2009, accedido el 13 de octubre del 2015, https://www.youtube.com/watch?v=yoSzetoxZ34.
2. John Eldredge y Stasi Eldredge, *Love and War: Find Your Way to Something Beautiful in Your Marriage* (Colorado Springs, CO: WaterBrook, 2011), 39. Publicado en español como *Amor y guerra: Busca el camino hacia algo hermoso en tu matrimonio*.
3. Este listado se creó de mi experiencia personal y se amplió con la escala de estrés de Holmes y Rahe (1967), que es un listado de cuarenta y un factores estresantes.
4. «Adams Family Papers: Letter from Abigail Adams to John Adams, 1 October, 1775» [Escritos de la familia Adams: Carta de Abigail Adams a John Adams, 1 de octubre de 1775], Massachusetts Historical Society [Sociedad histórica de Massachusetts], accedido el 5 de octubre del 2015, http://www.masshist.org/digitaladams/archive/doc?id=L17751001aa.
5. Linda J. Waite, Don Browning, William J. Doherty, Maggie Gallagher, Ye Luo y Scott M. Stanley, «Does Divorce Make People Happy? Findings from a Study of Unhappy Marriages» [¿El divorcio hace feliz a la gente? Hallazgos de un estudio sobre matrimonios infelices], (Nueva York: Institute of American Values, 2002), 5, https://fhjfactcheck.files.wordpress.com/2011/10/unhappymarriages2.pdf.
6. Eldredge y Eldredge, *Love and War*, 38–39.
7. IMDb, «*The Last of the Mohicans*: Quotes».
8. Vea Mateo 9:17; Marcos 2:22 y Lucas 5:37-38.
9. Vea Josué 1 para el ánimo de ser fuerte y valiente.

Secreto romántico #11: El amor verdadero se autoevalúa

1. IMDb, «*Seabiscuit* (2003): Quotes» [Citas textuales de *Seabiscuit* (2003)], accedido el 14 de agosto del 2015, http://www.imdb.com/title/tt0329575/trivia?tab=qt&ref_=tt_trv_qu.

2. Drew's Script-O-Rama, «*Seabiscuit* Script—Dialog Transcript» [Libreto de *Seabiscuit*], accedido el 14 de agosto del 2015, http://www.script-o-rama.com/movie_scripts/s/seabiscuit-script-transcript-horse-racing.html.
3. IMDb, «*Seabiscuit* (2003): Synopsis» [*Seabiscuit* (2003): Sinopsis], accedido el 14 de agosto del 2015, http://www.imdb.com/title/tt0329575/synopsis?ref_=ttpl_pl_syn.
4. Vea Salmo 86:13, 15; 89:2; 94:18; 108:4; 119:64 y 1 Tesalonicenses 3:12.
5. Vea Salmo 36:9; Proverbios 10:11; Proverbios 13:14; Jeremías 2:13; 17:13; Zacarías 14:8; Juan 4:10-11; 7:38 y Apocalipsis 7:17.
6. *Barnes' Notes* [Notas de Barnes], s.v. Proverbios 5, http://biblehub.com/commentaries/barnes/proverbs/5.htm y Gill's Exposition [Exposición de Gill], s.v. Proverbios 5, http://biblehub.com/commentaries/gill/proverbs/5.htm.
7. Gary Chapman, *The Marriage You've Always Wanted*, (Chicago: Moody, 2009), 24. Publicado en español como *El matrimonio que siempre ha deseado*.
8. *Concordancia Strong*, s.v. 3670 *homologeó*, http://bibliaparalela.com/greek/3670.htm.
9. El Padre Nuestro se encuentra en Mateo 6:9-13 y Lucas 11:1-4.
10. Los primeros nueve se conocen como «El fruto del Espíritu» (Gálatas 5:22-23).
11. Thoroughbred Greats, «Seabicuit's Race Record» [El récord de las carreras de Seabiscuit], accedido el 16 de agosto del 2015, http://www.tbgreats.com/seabiscuit/rr.html.
12. Thom Loverro, «Seabiscuit vs War Admiral: The Horse Race that Stopped the Nation» [Seabiscuit versus War Admiral: La carrera de caballos que detuvo a la nación], *The Guardian* (blog), 1 de noviembre del 2013, http://www.theguardian.com/sport/2013/nov/01/seabiscuit-war-admiral-horse-race-1938-pimlico.
13. IMDb, «*Seabiscuit* (2003): Quotes».

Secreto romántico #12: El amor verdadero busca una comunidad

1. «LOTR—The Fellowship of the Ring—The Council of Elrond Part 2 (Extended Edition)» [El Señor de los Anillos—La comunidad del anillo—El concilio de Elrond parte 2 (Edición extendida)],

YouTube, publicado el 10 de enero del 2015, https://www.youtube.com/watch?v=QOe_utzrsRU.
2. *Concordancia Strong*, s.v. 2842 *koinónia*, http://bibliaparalela.com/greek/2842.htm.
3. Aquí hay tres recursos que demuestran que la comunidad es buena para las parejas: Christopher R. Agnew, Timothy J. Loving y Stephen M. Drigotas, «Substituting the Forest for the Trees: Social Networks and the Prediction of Romantic Relationship State and Fate» [Cómo sustituir el bosque por los árboles: Las redes sociales y la predicción de la condición y el destino de la relación romántica], *Journal of Personality and Social Psychology* 81, no. 6 (diciembre 2001): 1042–1057; Geoffrey Greif y Kathleen Holtz Deal, *Two Plus Two: Couples and Their Couple Friendships* [Dos más dos: Las parejas y sus amistades de pareja] (Nueva York: Routledge, 2013); Sharon Jayson, «Couples Benefit from Friendships with Other Couples» [Las parejas se benefician de las amistades con otras parejas], *USA Today*, 9 de enero del 2012, http://usatoday30.usatoday.com/news/health/wellness/marriage/story/2012-01-08/Couples-benefit-from-friendships-with-other-couples/52457298/1.
4. Vea Hechos 20:1-30; 1 Corintios 9:19-23; y Colosenses 1:24-29.
5. Vea Hechos 4:33-37; 14:19-28; y 15:30-35.
6. Adaptado de Suzanne Hadley Gosselin, «Opposite Sex Friends Beyond Marriage» [Los amigos del sexo opuesto más allá del matrimonio], 9 de marzo del 2010, *Boundless* (blog), Focus on the Family [Enfoque a la Familia], https://community.focusonthefamily.com/b/boundless/archive/2010/03/19/opposite-sex-friends-beyond-marriage.aspx.
7. Extraído de Plumb y Susanna Foth Aughtmon, *Need You Now* [Te necesito ahora] (Nashville: Shoe Publishing and Street Talk Media, 2014), 133.